河北省社会科学发展研究课题，编号：20220101

河北省家庭养老的社会支持政策体系研究

王彦华　杜小巍　王　钊　王　璐

王琮民　魏满堂　吕　晶

著

中国原子能出版社

China Atomic Energy Press

图书在版编目（CIP）数据

河北省家庭养老的社会支持政策体系研究 / 王彦华
等著. --北京：中国原子能出版社，2023.9
ISBN 978-7-5221-3004-0

Ⅰ. ①河… Ⅱ. ①王… Ⅲ. ①养老–社会政策–政策
支持–研究–河北 Ⅳ. ①D669.6

中国国家版本馆 CIP 数据核字（2023）第 182182 号

河北省家庭养老的社会支持政策体系研究

出版发行 中国原子能出版社（北京市海淀区阜成路 43 号 100048）
责任编辑 张 磊
责任印制 赵 明
印 刷 北京九州迅驰传媒文化有限公司
经 销 全国新华书店
开 本 787 mm×1092 mm 1/16
印 张 16
字 数 280 千字
版 次 2023 年 9 月第 1 版 2023 年 9 月第 1 次印刷
书 号 ISBN 978-7-5221-3004-0 定 价 78.00 元

网址：http://www.aep.com.cn E-mail：atomep123@126.com
发行电话：010-68452845 版权所有 侵权必究

前　言

　　河北省家庭养老的社会支持政策体系研究对于促进老龄化问题的解决、提高老年人生活质量具有重要意义。随着人口老龄化程度的逐渐加深，家庭养老问题日益凸显。因此，建立和完善家庭养老的社会支持政策体系，对于推动老年人的长期照护和社会参与具有重要作用。

　　研究家庭养老的社会支持政策体系需要明确政府的责任和角色。政府在制定和执行相关政策时，应该明确地承担起提供养老服务和支持的责任。政府可以通过制定财政补贴政策、建立养老服务机构、培训养老护理人员等方式，为家庭提供养老服务的支持。

　　研究家庭养老的社会支持政策体系需要关注家庭养老的经济支持。家庭养老对于家庭经济的压力较大，特别是对低收入家庭而言。因此，政府可以通过建立养老金制度、提供养老补助等方式，为家庭提供经济支持，减轻家庭养老的经济负担。

　　研究家庭养老的社会支持政策体系还需要关注家庭养老的服务支持。家庭养老需要一定的护理、医疗和康复等服务支持。政府可以通过建立社区养老服务中心、推动居家护理服务、加强老年人健康管理等方式，为家庭提供服务支持，提高老年人的生活质量。

　　研究家庭养老的社会支持政策体系还需要关注社会支持的建设。社会支持是指社会各界对家庭养老的关心和支持。政府可以通过开展宣传教育活动、组织志愿者服务、鼓励社会组织参与等方式，增强社会对家庭养老的支持和关注，构建一个良好的社会支持网络。

河北省家庭养老的社会支持政策体系研究是一个重要课题。通过明确政府的责任和角色、关注经济支持、服务支持和社会支持等方面的建设，可以有效推动家庭养老的发展，提高老年人的生活质量。这不仅符合老年人的需求，也有助于推进社会的可持续发展。

著　者

2023 年 10 月

目　录

第一章

导　论

1.1　研究背景

我们的国家已经进入了老龄化社会阶段，并预计这将持续相当长的时间。尽管如此，我们人口结构所面临的问题是"未富先老"，社会保障体系尚待完善，且仍受多个历史遗留问题的困扰。在农村地区，由于城乡和地区发展失衡，家庭养老功能逐渐削弱，导致养老问题愈发显著。

随着国内经济和社会的快速发展，各个领域正在经历深刻的变革。在伴随老龄化人口背景的家庭结构显著改变之下，经济和社会方面的养老负担越来越沉重。同时，这也对社会管理水平、公共服务质量以及社会稳定结构产生了巨大影响。值得注意的是，城乡和地区之间养老负担也存在明显差异。因此，在清晰地认识到各种复杂的经济和社会发展环境之后，探讨构建合理且完善的家庭养老政策体系显得尤为重要。

1.1.1　老龄化形势严峻、失能老人数量剧增，养老需求不断扩大

中国养老问题已成为国内外广泛关注的重大社会和经济议题。根据《2022年中华人民共和国国民经济和社会发展统计公报》，截至 2022 年年底，60 岁及以上人口约占 24.3%，达到 3.41 亿；65 岁及以上人口约占 14.1%，达到 1.98 亿。我国老龄化进程正以每年一千万的速度快速推进，预计到 2025 年，65 岁及以上人口比例将升至 18%，进入深度老龄化阶段。随着老龄化发展加快，中国正走向一个不可逆转的老龄化社会。到 2050 年，预计 60 岁以上人口将占总人口的 35%，老年人总数将达到 4.37 亿，成为全球老龄化人口最多的国家。

在老年人群中，失能和全失能者比例相对较高。据中国老龄科学研究中心2023 年公布数据，《全国城乡失能老年人状况研究》显示，到 2022 年年底，全失能及半失能老年人约有 4 千 4 百万，大约占全部及部分失能老年人总数的五分之一。失能老年人需求不断增加，需要更多更细致的专业服务。无论在物质生活方面还是精神需求方面，失能老年人的要求不断提高，他们的养老需求逐渐扩大。因此，为了满足这些需求，我国在家庭养老发展方面面临更高的挑战。

1.1.2　家庭结构小型化，赡养压力加大，家庭支持不断弱化

在计划生育政策的深耕之下，中国的家庭结构表现出日趋小型化的特征。以"4+2+1"为特征的家庭模式铸成了一个沉重的养老课题，为了破解这个难题，探寻新颖的养老模式已经成为一股急流。快步进化的社会经济环境，逐渐褪色了家庭养老职能的鲜艳，家庭成员对于养老义务的承担能力开始退让。政府和社区的养老支持体系不健全，此时，老年人的养老质量成为了一个值得深思的问题。

老年人的养老需求主要包括经济支持、生活照顾和情感慰藉。目前，中国对老龄问题的主要解决方案是养老保险，以财经手段改善老人应对老龄问题的能力。然而，老人的生活照顾和情感需求，尤其需要从提升生活保障和家庭保障等方面予以解决。但是，家庭养老服务在中国尚待发展，基础落后，政策支持不足。家庭保障随着家庭结构的变迁呈弱化态势，养老服务的可得性下降。

随着城市化、工业化和现代化进程加速，城镇职工面临的职业压力加大，生活节奏加快，职业专业化程度上升。他们的流动性大，生活方式多样化，这些都使得他们承担养老责任的能力和意愿显著降低。特别是在实行计划生育政策后，中国仍然有超过 100 万的失独家庭，且以每年 76 000 的速度增加。他们不仅需要承受丧亲带来的恶劣心理影响，而且他们的养老问题亦是重大挑战。

总的来说，在人口老龄化大背景下，家庭结构的改变和家庭照料职能的削减，促使人们寻求与中国国情更符合的新途径。其中，家庭照料模式引发了大量关注和讨论。

英国首先提出"家庭养老"概念，政府鼓励老年人尽可能留在家中，并从社区获取所需服务和满足。中国第一个实施家庭养老模式的城市是大连，当地政府指导并训练高龄下岗工人，使其能为生活困难的老人提供照料，缓解了很

多家庭养老照料上的问题。这种模式显示了家庭养老的明显优点：一方面，老年人不必到专业养老机构才能得到养老服务；另一方面，家庭养老是社会公共资源的优化利用，是资源配置最经济的方式。

1.1.3 "家庭养老为基础"养老格局需要支持性政策

"家庭为核心，社区为基地，辅以机构"的养老模式，这是根据中国传统养老观念，经过多次的尝试，总结出来的一个重要的养老方式。"以家庭为中心，以社区作为辅助"是一种得到了国际通用认同的养老思路，同时也是与中国传统养老文化相适应的理性选择，还是顺应中国未来养老趋势的适当决定。

在 1982 年，联合国提出的《全球老龄化行动方案》中强调要寻找保护和维持家庭骨干以符合社会价值观和老人需求的途径。中国的社会价值观以及老人的需求，主要是维系亲情，不离家乡，而我国所施行的策略就是为了这个目标。

1991 年，联合国颁布的《联合国老年人权利原则》再次重申了"追求年老者能在自己的家庭环境中生活"这样的观念。与此同时，中国的家庭养老职能逐步弱化，而机构养老成为对于高龄、失能以及"三无"老人的主要支持。

自 2000 年以来，中国开始实践家庭养老，多种与社区服务相结合的方式被实验出来。政府逐渐认识到了加强对于家庭和社区养老服务的投入，使得社会养老资源得以最佳地利用和整合。显然，在家庭养老中，政府资金的投入仅仅是必需的职责，为了确保推动和发展，必须确保人力、物力和财力方面的国家支持，同时也必须健全和这些相适应的有关制度。

其中，养老保险、老人救助、社区管理、老人服务等的政策体系，以及家庭、社团、企业多方的参与，提供的多元化支持系统是必需的。显然，"以家庭为主"的方向是终极的目标，因此，需要构建完善的支持性政策制度，为家庭养老提供标准化和规范化的服务保证，使家庭养老能持续改进，实现长期可持续发展。

对家庭养老历程的梳理显示，政策支持对于其持续发展起着至关重要的影响。其实，保障家庭赡养老人合法且可行的政策是最基本的。就像英国政府，在 1987 年就公布《公众照顾》白皮书，为老年人和其他需要关爱的群体提供社区服务和帮助，为家庭养老制度提供合法保障。再者，政策可以明确国家对社区基础设施建设责任，并为家庭养老提供最基本的物质保障。例如，美国政府就推行社区基础设施的建设，设立老年活动中心和医疗护理中心，为健全家庭养老提供了强大的社区基础设施。

政府还通过政策，积极鼓励年轻人参与家庭养老，保证家庭养老行业的人力资源供给，从职业培训到家庭鼓励，比如，新加坡采取积分制度，为需要照顾老人的年轻人提供税收优惠；日本通过专业人力培训，提供资金支持，吸引年轻人投身护理行业。

最后，理性引导社会资本参与家庭养老服务，对家庭养老服务的健康发展起到重要支撑作用。如美国的 PACE 项目，这是私人机构投资运作的方法，政府进行监督，既防止政府过度投资，又以经济效益为标志。日本也有私人公司提供老年人养老保险，而政府主要负责其监督。

1.1.4 家庭养老发育缓慢，支持性政策合力不足

2012 年以后，我国相关职能部门相继出台了支持家庭养老服务发展的相关政策，特别是 2013 年，这些政策的密集出台被学界称为"养老政策元年"。"以家庭养老为基础"的模式已经确立，但是，怎样才能在我国的基本国情下，真正地构建出一个可以让老年人自由独立、有尊严、有质量的养老模式，这仍然是困扰决策者和学者的一个重要问题。原因在于，虽然在我国，家庭养老已经进行了很多年的探索，并且已经逐步形成了一些政策和体制，但是还没有形成一整套的经验方法。这些政策还不完整，各政策之间也没有形成有效的互补和互通的合力。目前，在家庭养老政策方面，还有几个方面的不足之处，一方面是由于在责任划分、资源分配、机制运作等方面的欠缺；另一方面，在资源投放、政策执行上也有一些不足之处，此外，在政策执行中，过分强调行政属性，而对养老产业的人才待遇和经济投入不足，从而导致了相应的发展困境。从这一点可以看出，我国积极向养老服务领域突破，采取诸多有效有力措施来应对人口的不断老龄化，起到了一定的作用。但是，因为政策工具不够清晰，政策执行思路也不够清晰。因此，在目前的家庭养老领域，各级政府应该怎样总结当地的经验，并与当地的实际相结合，因地制宜地推动家庭养老，从零散、杂乱无章的区域性实践中，对政策进行升级和总结，以规模化、程序化和专业化的方式来推进实践，这已经成为了目前家庭养老领域日益关注的一个重要话题。

1.2 核心概念

本节将对研究中所涉及的核心概念（家庭养老服务、家庭养老服务支持政策）作出明确界定。

1.2.1 家庭养老服务

家庭养老主要包括三个部分：经济支持、生活照顾和精神安慰。家庭养老在"分裂-融合"的基础上，可以将其内容划分为经济支持和服务（生活照顾和精神安慰）两个层面。家庭养老是养老的一项重要内容，它所涉及的是家庭养老的服务内容。所以在界定家庭养老的同时，必须明确"养老"和"家庭养老"这两个词的含义和外延。养老具有两面性，一方面，它是在主、客二元对立的基础上，把老人当作对象来看待。主要是通过对老人的经济、服务等方面的支持来实现；另一方面，关于老年人生存状况的一种表述，也就是他们怎样度过晚年的问题。这里所说的"养老"，就是指"赡养老人"。谈到养老，就一定要弄清楚两个基本因素：一是养什么，也就是确定老人的养老需要的内容。二是"谁来养"，也就是如何确定养老资源的供给主体。站在老年人需求的角度来看，老年人在进入老年期之后，其生理机能与心理机能会发生严重退化，高血压、糖尿病等老年性疾病频发，这不仅削弱了老年人的劳动能力与生活自理能力，还间接导致了老年人的心理障碍，产生自卑、孤独、抑郁等症状，导致其精神自养能力下降。

在劳动能力、生活自理能力和精神自养能力三重弱化的影响下，老年人对经济供养、生活照料与精神慰藉的需要不断增加，这些需求渐渐超过了其自身的供给能力，从而产生了养老问题。因此，"养老问题被提出的真正根源是老年人到了晚年存在着超出自己能力以外的，需要满足的依赖性需求"。其依附需要可以归纳为三个方面，即：经济支持、生活照顾和精神安慰。

在确定了"何种方式养老"的妥当方法后，我们要思考如何设定养老服务的主要供应者。在传统社会，家庭被视为主要的养老支持体，承担着几乎全部的养老责任。然而，随着社会转型，养老风险增加，家庭养老模式受到很大冲击。养老问题逐渐从家庭层面扩散到社会层面，并逐渐演变为一个社会问题。

因此，政府、市场和社会等各方也被吸引参与提供养老服务，并承担起日益沉重的责任。在当前阶段，中国的养老制度主要由家庭、政府、市场和社会四种力量共同承担。

定义养老的方式如下：家庭、政府、市场和社会这四个主体在经济上支持老人，并提供生活照顾以及心灵慰藉。为什么称之为家庭养老？学界对此有不同意见。姚远把家庭养老的定义分为三类：第一种是"亲情说"，即认为家庭养老是基于亲属关系的情感支持，比如张文范、郑玮斌、张友琴的观点。第二种是"家庭说"，将家庭养老定义为家人或通过家人供养的养老院，比如翟圣明，谭克俭的观点。第三种是"模式说"，定义家庭养老为一种照护模式或经营方式，这是洪国栋，张恺悌，党家康等人的观点。

然而，随着时代的改变，传统的家庭养老模式面临了前所未有的挑战，其功能、机制和模式也开始发生渐进式的变化。这使得上述三种视角无法完全解释家庭养老的新模式。例如，有一部分经济条件良好的老年人，依赖自己的经济资源或退休金很好地生活，甚至聘请保姆来解决生活上的问题，而仍和子女同吃同住。显然，这种形式的养老依然属于家庭养老，但"亲情说"和"家庭说"却未能将这种形式纳入家庭养老的定义内。"模式说"把家庭养老的方式和载体定义为在家养老，但是假设父母和子女居住在不同的城市，而子女全额负责父母的养老金，这是否属于家庭养老？显然，这属于家庭养老。

因此，针对各种新型家庭养老形式，我们需要重新定义家庭养老。穆光宗提出，重新定义家庭养老的关键在于弄清楚哪个主体是最终的养老支持力的来源。也就是说，究竟由谁提供经济资源、照顾资源以及精神资源。在这种情况下，家庭养老模式被提出为"以家庭为本，社会参与"的思路。在姚远看来，家庭养老代表一种"以人为本"的文化和运行模式。胡仕勇则认为家庭养老是一种以子女为主体，向父母提供经济支持、生活照料和精神安慰的行为。

为了深入理解家庭养老，我们需要在理论上对当前我国养老保障中可能混淆的一些概念，如"自我养老"和"家庭养老"进行区分。首先，我们要区分"家庭养老"和"家庭养老"。家庭养老源于农业社会，血缘关系是其基本支持系统，家庭是其支撑单位和责任主体；而家庭养老模式则源于工业社会，其基本支持系统为社会关系，家庭、政府和社会都成为支撑单位和责任主体。"家庭养老"更强调家庭的单方责任，而"家庭养老"则强调家庭、政府和社会的共同责任。

其次区分"家庭养老"和"自我养老"。我们可以根据养老支持力量的来源，把养老方式分为自我养老、家庭养老和社会养老。自我养老指的是以老人自身。

1.2.2 家庭养老服务支持政策

家庭养老服务支持政策的主要目标包括改善老年人生活质量、提高老年人生活满意度、满足老人活化需求以及保护和增强家庭的养老函数。为了实现这些目标，我国也出台了诸多相关政策。例如，出台了提供养老全面服务的政策，包括日常生活照料、健康管理、精神慰藉、网络信息四项齐全的生活服务。同时，他们也出台了提升金融养老保障能力的政策，如国家经济社会发展"十三五"规划、社会保障和家庭保障政策等，进一步提高我国家庭金融养老的保障水平。

此外，政府还推出了多种保险和福利计划，如养老保险、医疗保险、死亡保险、失能保险，以及各类特色的养老服务和社区福利，为老年人的生活寒暑提供了极大的保障。在家庭养老的责任与服务层面，各级政府都在致力于打造与老年人需求相匹配、个性化、特色化的养老服务。例如，对家庭照顾者提供专业培训和指导，推广家庭照顾者的社区服务模式，加大对居家和社区养老服务结构的建设力度等。

尽管我国的家庭养老服务政策已初具规模，但仍需进一步完善。一方面，政府要采取更加积极的措施，提升民众对养老政策的认识和理解，让更多的人参与到家庭养老服务中来；另一方面，随着科技的发展，智能养老等新型养老模式也需要得到足够的关注和发展。此外，政府还应着力提升养老服务的专业化、标准化和规范化程度，以期在保证服务质量的同时，实现养老服务的高效、便捷和舒适。

1.3 文献述评

围绕上述问题，本书将从以下五个方面展开：家庭养老服务的维持机理，老年人对养老服务的需求，家庭养老的资源供应困境及解决策略，家庭养老服务的发展前景问题，以及家庭养老的国家支持的实践。随后，本书对这一理论做了回顾，并对现有理论的优点和缺点进行了剖析，以发掘本书的研究空间。

1.3.1　家庭养老服务维系机制研究

在世界范围内，家庭养老服务是最重要、最基础的养老服务模式。虽然，在不同的社会中，养老的方式有其各自的特点，但这一现实是超越了文化，政治，经济条件的差别。家庭养老服务能在几千年中不断发展、不断变化、不断延续，自有一套内在的维持机制。发掘家庭养老服务的内部维持机理和演化规律，对认识当前的供应困境和未来的发展方向有一定的参考意义。那么，家庭养老服务这一范本在几千年来一直保持运作的机理又是怎样的呢？对此，国内外学者有三种不同的看法。第一个是利益的维持；第二个是权力的维持；第三个是文化的维持。

（1）利益维系机制

而持"利益维持机制"论的学者则认为，家庭养老服务之所以能够经久不衰，主要是因为一代又一代的"利益"。根据这一观点，子代之所以要赡养父母，是因为其曾从父母那里取得过许多利益，或通过赡养父母能够得到目前的利益。在这一观点的基础上，学者们提出了交换理论，反馈理论和合作群体理论。

① 交换理论

交换理论的知识根源最早可追溯至 18 世纪亚当·斯密、边沁等人所倡导的功利主义思想。功利主义建立在"经济人"的理论基础之上，认为人是在一个自由竞争的市场中和别人进行贸易的，人们都是以理性的方式来追求自己的最大利益。亚当。斯密认为，在人类永恒本性的驱动下，相互交换和交换是一种"自发倾向"。现代交换理论受 19 世纪的功能主义人类学中及 20 世纪的行为心理学的启发，对传统的交换理论的某些原则进行了修正，以此为基础，形成了社会交换理论。社会交换理论实质上是以经济学的方式解释非经济领域中的社会现象，将经济学中的利润视为社会学中的奖赏，将经济学中的成本看作惩罚。在家庭养老领域，交换理论将家庭养老的本质理解为一种代际间的交换关系，分为经济交换论与社会交换论。以货币作为最基本的计量手段的经济交换，是基于利益的相互关系而进行的一种物-物交换或货币交换。社会交换打破了以往把交换仅仅限定在物质层面上的观念，它是一种物质层面、货币层面和情感层面的交换；时间，服务等方面的交换。经济交换论认为，因为一个人所拥有的资源与他的生命历程有着密切的联系，所以具有劳动能力的中青年群体与老年、儿童群体所拥有的资源及需求存在着明显的差别，从而导致了代际交换行为的发生。杜亚军认为，子辈对父母的支持关系，就是在不同世代之间建立起来的一种经济交流关系，以保持自己的再生产。

在代际交换过程中，有两个"流"，即同质化的人口流动和商品流动。一代又一代的生与死的交替，构成了一代又一代的交流。两代人之间进行的商品和服务被称为商品流。在青年时期，父母把自己所有的财产都投入到子女的生活、教育和医疗等方面，这种物质的流动是从父母转移到子女身上的。在父母步入老年之后，子女对其进行经济支持和生活照顾，从而使物质流从子女向父母流动。从经济交换理论来看，家庭养老的内部运作基础，就是两代人之间物质的双向流动。在此基础上，本书提出了一种新的"社会交换论"。社会交换以具有相同价值的交换为先决条件，而交换的成功则依赖于交换双方的互信和需求的程度。社会交换的资源主要包括六种，分别为金钱、服务、地位、商品、信息与爱，六种资源在交换时所耗费的时间长度存在差异。互惠原则是社会交换的重要原则，其指涉的是社会交换的回报性。在《社会行为及其基本形式》中，霍曼斯提出了六个概念，即：成功概念，刺激概念，价值概念；"剥夺-满足"命题，"侵犯-许可"命题，"合理"命题。成功假设，当一个人的行为获得了与之相匹配的回报时，他的行为就越有可能。因此，奖励性对个人的社交行为具有很强的激励作用。在家庭养老中，中国人与人之间的代与代之间的关系也是以互惠为基础的，"父慈子孝"就是以代与代之间的互动为基础的。根据熊必俊的观点，老人的"老有所养"权不是来自于人文主义，也不是来自于他人的馈赠，而是来自于老年人在工作期间对家庭和社会做出的贡献，经过一代又一代的交换而获得的，也就是说，养老的本质就是一代又一代地交换。熊跃表示，"长者与其子女间的互相依赖与支援，是一种世代'互惠'的关系，也是长者在老年时，建立起最基本的社交联结的基础。"郭于华指出，在中国人的家庭中，代与代之间存在着一种"交换"的逻辑，其中包括"金钱""物品"等"物质"和"情感""服务"等交换。在交易理论的基础上，西方学者提出了"交易模式"（Mutualaid Exchangmodel），它建立在"互惠"的基础上，交易双方都追求自身的利益最大化。

② 反馈理论

费孝通于 1983 年首次提出了"反馈"理论，并对"反馈"理论进行了初步的探讨。代与代之间的关系主要包括两个方面：一是抚养，二是支持。中国家庭的代际关系是一种"抚养—赡养"类型，父亲抚养儿子，儿子赡养父亲，两个代际之间是一种相互影响的关系。费孝通把这种教育方式归纳为以"养儿防老"为依据的"反馈模式"。与中国相比，在西方人的家庭中，两代人之间缺乏"赡养"这一环节，即父母对子女负有抚养之责，而子女对父母则没有"赡养之责"。费孝通用"接力模式"来总结，即"一代养育下一代"。从理论上看，"反馈"和"接力"两种模型本质上都是一种社会平衡和互惠的原理。平衡和互惠是一个社会和经济体系赖以生存的根本，反馈和接力的方式虽然不同，但两者都适用。反馈理论揭示了中国几千年来家庭代际关系的双向性平衡特性，为深入了解家庭养老服务的作用机理提供了新的思路，也是目前大多数学者对中国家庭代际关系进行分析的理论出发点。应当注意到，韦伯所谓的"理想类型"中的反馈和接力两种方式，只是东西方两代人之间的一种普遍现象，它们以代人之间的经济扶持和日常照顾为基础，忽略了情感沟通这一维度。

③ 合作群体理论

以加里·贝克尔为代表的合作群理论，也被称为合作群模型。合作集团理论将家庭（特别是代与代）的关系等同于合作集团，具有共同的利益和默许的契约，这种跨越时期的利益和契约是家庭养老能够长久持续下去的重要保证。从合作团体理论的角度出发，将家庭视为一个关系到全体成员福祉和财富优化配置的密切关系网络。在孩子还未成年的时候，家长要对孩子进行生活、教育和医疗等方面的帮助。在父母丧失劳动能力的情况下，子女对父母进行赡养和支持，从而维持家庭的整体和成员的利他行为准则。

（2）权力维系机制

支持权力维系机制的学者认为，父母对资源的控制力是家庭养老服务维系上千年的关键变量。经过诸多学者对此观点的阐释，形成了权力与协商模型（power and bargaining model），代表人物为古德（WillianJ.Goode），其代表作为《世界革命和家庭模式》。权力与协商模型认为，父母获得子女养老支持的程度与父母对资源（包含物质资源与非物质资源）的控制力度呈正相关，父母对财产、家族生意等资源控制力度越大，其所获子代赡养支持越多。在传统的农业社会中，财富的生产形式与分配形式以家庭为单位进行，家庭成员依附于土地，共同劳作，共享劳动成果，倘若有剩余物质财富，也以家庭为单位进行累积。在此背景下，相较于年轻人，老年人累积的物质财富更多，再加之拥有年轻人基本生存的技能、是非观念等经验知识。因此，老年人获得了对资源的控制力。然而，伴随工业时代的来临，维系老年人权威的生产方式、"前喻文化"逐渐崩溃，老年人对子女的控制权及其家庭地位日渐式微，其从子代所获的赡养支持亦随之减少。

（3）文化维系机制

支持文化维系观点的学者认为，家庭养老服务的动力来源并非利益或权力，而在于"文化"。那么，其具体内涵又是怎样的呢？又是如何在家庭养老服务中发挥作用的？在此基础上，出现了"责任内化"和"代间失衡"等理论。

① 责任内化论

"责任内化"理论源于弗洛姆的"群体潜意识"理论，源于李泽厚的"文化累积"理论。家庭养老中的"责任内化"理论，是指数千年来，儒家文化注重"孝"，使"孝道"成为每个中华人民内心深处的一种自觉和责任感，成为每个人性格的一部分，并演化成了一种文化现象和一种心理情绪。差分模式是"责任内化"理论的一大特色。中国社会联系的结构就像一颗石子投入到水中，荡起了圈圈涟漪。每一个人都处在一个由他的社交势力所推动的圆圈的中心。凡是被圆圈的涟漪影响到的东西，都会产生联系。每个人的交际圈，都是不一样的。这就是从"己"开始的"差序格局"，从"家"开始，到"家族"，再到"外人"。相应地，养老的责任也从家人转移到了家人和外来者，一步比一步薄弱，而最靠近"圆心"的家庭，承担着最大的养老责任。

② 代际失调论

代际失调论认为，"父慈子孝"的伦理规范、"家庭延续"的价值导向和"代内互助"的支撑行为，是家庭养老模式产生的一种"文化机制"。本书以家庭养老的创作过程、创作方式和创作行为为基础，以此为前提，提出了一种"既成的基础制度安排和社会文化模式"，并以此为基础，以此为基础构建了一种"既成的""立体的"模式。在家庭养老的现阶段，运用代际间不协调理论来说明其运作不协调的产生机理，主要包括三个方面的命题：一是，价值不协调。在传统的社会里，家族的传承是一个人生存的根本，也是一个人生存的根本。随着社会转型期的到来，传统的家庭传承价值观受到了极大的影响，家庭养老的价值根基也随之丧失；二是，关于道德失衡的论断。随着市场化、工业化等现代因素的渗透，"父爱子孝"的传统道德观念逐渐淡出人们的视野，"孝"文化也在逐渐消亡，这给家庭养老带来了很大的冲击；三是，行为的合理化问题。在儒家人伦思想的影响下，中国传统社会呈现出一种"伦理观"的特点，子女对父母的孝敬已经内在化，是一种"义理"或"伦理观"。在"代人抚养"的时代背景下，家庭养老的行为逻辑趋于合理化，这给家庭养老的持续发展带来了很大的影响。

1.3.2 老年人的养老服务需求研究

要摆脱家庭养老服务中的供应困境，首先要理解并掌握老人对养老服务的需要及其变化规律。目前家庭养老服务的供应困境，实质上是供求之间不断加剧的矛盾所致。家庭养老服务的供不应求并不意味着家庭养老服务的供不应求。家庭养老服务的供应困境是在老人对家庭养老服务的需求超过了可提供性，也就是对老人的需要"外溢"到家庭之外的情况下产生的。所以，必须对家庭养老的内涵和外延进行明确的界定，并对其演变规律进行分析，以更好地理解和掌握目前的问题。老人对社会福利的需要是怎样确定的，也就是老人在社会福利中应当供养什么。它已成为养老保障、老年社会学、老年心理学和老年医学等多个学科的研究热点。根据对相关文献的梳理，目前学术界将老年人的养老服务需求大致分为两类：一类是生活照料需求，另一类是精神需求。总体来说，对于养老需要的定义，学术界并没有太多的争论，"老人的精神需要"成为争论的焦点。有鉴于此，在对老人的生活照护需要做一个简单的整理之后，这一部分将着重对老人的精神需要做一个概述。

（1）生活照料需求

生活照料是指协助老年人完成基本日常任务，确保他们的日常生活正常进行，对于失能老人尤为关键。生活护理需求可以分为两个主要类别。第一类是"日间护理"，包括协助老人进行日常活动，如进食、洗澡、上厕所和着装等基本生活需求，以及烹饪、购物、社交等更为复杂的生活技能和工具运用。第二类是老人的看护，涵盖将老人送往医院、住院期间的照管，以及老人康复过程中的照料等。

（2）精神需求

关于老年群体的精神需要，学者们主要从两个方面进行了研究：一是"内容问题"，即老年群体的精神需要究竟包括了什么内容；二是"影响因素问题"，即哪些因素会影响到老年人的心理需要。

① 老年人精神需求的内容

目前，学术界对老年人的精神需要内涵还没有一个统一而明确的答案。学术界对这一问题的研究有两个不同的角度。

第一个是元素分析的观点。在老年群体的精神需求研究中，有一种主要的观点，就是元素分析的观点，其目的在于回答"什么是老年人的精神需要"这一核心问题。铭彦运用"差序格局"理论对老人的心理需要进行了分析，认为老人的心理需要包括三个层次：第一层次是情感需要，也就是对老人情感的归属感和尊敬感的需要；第二层次是休闲需要、求知需要、社交需要；第三个层次是对价值的要求。三个层次，从第一个层次开始，一直延伸到更高的层次。穆光宗将老人的精神需要也分为三类：自尊需要（老人拥有自己的决定权及被尊重的权利）、期望需要（老人对子女的期望及祝愿），以及亲情需要（老人想要子女的照顾及照顾）。相应的"满足"则是对个性的尊重，对成就的满意，以及对情绪的安慰。周绍斌认为，老年群体的精神需要构成包括：情感需要、交往需要、文化娱乐需要；政治需要，教育需要，自我实现需要。丁志宏将老年人精神需求划分为八个维度，分别是健康、情感、尊重、文化娱乐、政治、教育、人际交往和自我实现。李芳认为，老人的精神需要包括亲情、文化娱乐和教育三个方面，以及社交需要、自我实现需要等五个维度。

第二个是从嵌入的角度来看，内嵌论强调"因素分析"和"历时分析"，强调了社会和文化的变化等因素是如何影响老人需要的。周邵斌和李棉管将"嵌入观"运筹帷幄地纳入到一个系统化的研究框架中，认为当代社会价值流变，组织型收容机构的变迁，社会保障体系的健全，是影响老人精神需要满意度的最主要因素。这两个角度的研究都有各自的优点和不足。元素分析视角将类型学作为分析策略，对老年人的精神养老需求进行下切分类，尝试构建出一种有效的精神需求的分析框架，并解释了老年人精神需求的内在结构。但是，在因素分析的基础上，学者们必须回答一个问题，那就是，在对老人的心理需要进行分类的时候，应该采取什么样的分类标准？这一分级是否能完全覆盖老人的心理需要？但是，大部分的学者都没有回答这个问题。另外，在因素分析的视野中，对老人的精神需要更多地关注于静态的研究，而缺少一种历史和结构性的研究视角。嵌入主义理论把老人的精神需要放在历史和社会的背景下，能有效地揭示其影响因素，却忽略了其内部结构。从根本上讲，只有把元素分析与嵌入研究相结合，才能对老年人的精神需要有一个全面的认识。应该注意到，老人的照护需求存在着"同心圆效应"，也就是说，老人的照护需求在结构上表现出了由家庭向社会、由低到高、由物质向精神的变化；从内而外地膨胀。随着社会的持续发展，老人们的物质需要基本上都得到了满足，他们在养老方面也会逐步从生存向发展型转变，他们对精神上的需要也会越来越多。另外，由于老人的自我表达具有情感性和零散性，再加上他们缺乏权威，使得他们的意见很难得到系统的向上表达，因此，他们的需要主要由研究人员和政策制定者来构建。因此，今后的研究应该从研究者、老人和提供者三个层面进行；通过对决策人员等多个参与方所提供的信息进行分析，力求对老年人的养老需要有一个更为真实和准确的了解。

② 老年人精神健康的影响因素

老年心理健康是嵌入在社会中的，是由社会结构和文化规范共同构建的。在步入异质性、大规模的现代陌生社会的过程中，什么样的因素会对其心理健康产生怎样的影响？这个问题很有意义。对于这一问题，学者从多个方面作了探讨，包括社会支持、居住方式、经济收入等；身体状况，参加社交活动等。其中，社会支持是影响老年人心理健康的重要因子。这是由于人们越来越意识到，老人所处的社会地位和社会支持对老人心理健康起着至关重要的作用。一开始，研究人员认为，老人拥有更多的社交网络，更有利于其心理健康。通过对老年人心理健康状况的调查，发现社会支持的多少与老年人心理健康状况呈非线性相关，并不一定意味着更高的社会支持；社会支持的品质也很重要。李建新运用 2002 年《中国健康长寿调查》资料，对社会支持与老人生命质量之间的关系进行了实证分析，发现其对老人生命质量具有正向和正向的作用。在这些因素中，配偶和子女是影响老人心理健康的重要因素。陶裕春和申昱在 2013 年《中国健康和养老跟踪调查》的基础上，进一步探讨了社会支持对农村老人心理和心理健康的影响，发现：正式支持在心理健康方面具有缓冲模式效应。在此基础上，配偶、子女和亲戚等非正规的支持对整体利益有重要影响。在这一阶段，中国农村老人的心理护理仍主要依靠非正式的心理护理，而正规的心理护理需要加强。基于 2013 年"中国卫生和养老跟踪调查"的数据，方黎明对社会支持对农村老人主观幸福感的影响进行了实证分析，发现非正式支持和正式支持都能显著提高他们的主观幸福感，但是两者之间的效果却有很大不同。在这些因素中，官方支助在影响 75 岁及以上老年人主观幸福感方面起到了更大的作用。翟绍果和王健荣以心理卫生因子的多元中介作用为切入点，对社会支持如何影响老人的主观幸福感进行了实证分析，结果表明：社会支持是以"认知-抑郁"为中介，并以"抑郁"为中间中介，从而间接地影响老人的客观幸福感。另外，居住环境对老年人心理健康也有一定的影响。姚引妹探讨了居住方式与生活质量的关系，以及居住方式与生活质量的关系。她根据《长江三角洲乡村养老模式研究》的数据，采用质和量化的研究方法，从经验上论证了生活方式是影响老人心理健康的主要因素。其中，没有孩子的老人比有孩子的老人更少，而在家里生活的老人比住在养老院的老人更多。杨晓蕾和慈勤英利用《改善社会救助体系研究》的资料，对生活方式与贫困老人的健康状况进行了分析，发现独居老人比非独居老人更容易发生慢性疾病。与孤独型老年人相比，非孤独型老年人的生活方式有利于老年人获得更多的社会支持和情感慰藉。经济收入、身体健康状况和参加社会活动对老年心理健康有显著影响。在研究中，对于老人的心理健康状况，一般认为老人的心理健康状况会产生积极的影响。另外，除个人经济收入对其心理健康有显著影响外，社交网络中其他成员的经济收入亦对其心理健康有显著影响。此外，身体状况对老年心理健康亦有较大影响。自我健康状况与生活满意程度有显著的相关性，自我健康状况较好者，其身体和精神状况较好。这或许是因为体格健壮的老人有较好的自我照顾能力，对疾病的医疗负担较轻，心理健康状况亦较好。活动理论认为，在社会生活中，老年人对社会生活的参与程度对他们的心理健康有很大的影响。高健等发现，与不常与人接触的老人相比，与人接触频繁的老人，其主观幸福感明显增强，且对邻里关系的影响最大。刘庆的调查结果也是如此。另外，学者还从孩子的数量，孩子的成就，孩子的自主性等方面进行了研究；老年心理健康状况与性别及其他因素的相关性研究我们不难看出，已有的研究大多是以定量的方式进行的。

本书将"老人生活满意度""老人心理健康""老人主观幸福"切分为可测指标，并将其与老人心理健康之间存在内在联系，具有重要的理论意义和应用价值。然而，此类研究还存在着两个亟待解决的问题：一是在"老年心理健康"指标选择上，大多采取"部分截取"的方法，存在着 "片面""割裂""整体"等缺陷。二是在选择指标的时候，选择的依据是什么？采取这一标准的基础是什么？这也是定量研究中的一个难点。综观前人的研究成果，学者们对上述问题的回答既不明确，也不完善，定量分析存在"脱嵌"的危险。老年心理卫生问题不仅是一个人的问题，而且是一个深植于社会结构和文化中的一种社会性问题。涂尔干在他的《自杀论》中说，"自杀也许是所有社会组织中不可缺少的一部分"。所以，研究老年人的心理健康问题，离不开其所处的社会结构和文化环境。已有研究对影响老年人心理健康的因素进行了整体、动态的分析。

1.3.3　家庭养老资源供给困境及其化解对策研究

（1）国内家庭养老资源供给困境及其化解对策研究

随着时代的变迁，家庭养老的作用逐渐减弱，家庭养老的传统模式面临着资源供给不足和供需矛盾尖锐的窘境，这一点已经成为学术界的共识。我们自然而然地要问两个问题：一是造成这一两难局面的原因何在？具体来说，是什么因素导致了家庭养老的作用出现了减弱的趋势。二是如何解决这个问题。这一部分将对以上问题进行综合的讨论。

①　家庭养老资源供给困境的成因

家庭养老：造成资源供应两难的原因何在？这个问题很重要。分析家庭养老中存在的资源供应困难原因，为我们提出相应的对策和建议提供了重要的借鉴。为解决这一问题，国内外学者从家庭结构、居住方式、养老文化等多个层面展开了探讨。

第一，家庭养老改变的原因很多，其中，家庭结构是人们最为重视的一个方面。中国传统电视节目家庭养老采用的是基于人的自然储蓄，通过家庭成员间的代与代之间的转换机制，因此，家庭养老项目中孩子的数目与其对家庭的保护作用有直接的联系。随着计划生育政策的实施和人们对生育观念的改变，中国自 20 世纪 80 年代起，家庭人口的平均户数出现了明显的减少。根据《中国统计年鉴（2011）》的数据，1982 年，中国"人均家庭面积"为 4.41 人均/户，1990 年为 3.96 人均/户，2000 年为 3.44 人均/户，2022 年为 3.12 人均/户，按人均/户计算，人均/户比例呈现出逐年下降的趋势。家庭结构的"核心化"和"小型化"导致了家庭养老的"人才"基础的弱化，从而导致了家庭养老的保障作用的弱化。在家庭养老中，不同世代之间的生活空间安排也是削弱其作用的一个重要因素。穆光宗在东亚和东南亚的对比研究基础上，从家庭结构、居住方式、老人居住意愿等方面，结果表明：老人和孩子之间的生活距离、时间和机会成本增大，老人的支持力量减弱，容易产生亲情淡漠和感情疏远，进而影响到老人的心理健康。李树苗，费尔德曼和靳小怡等人通过对湖北松滋农村居民的问卷调查，发现家庭养老中存在着"距离效应"。当两代之间的生活距离变大时，子女支持父母的机会变小。贺聪志与叶敬忠则认为，农民工在外打工，造成了代际支援的空间阻隔，造成了子女在家中照顾老人方面的严重缺失。王跃生则指出，由于地域隔离，两代人间的关系变得越来越疏远，特别是在没有共同生活帮助的情况下，更是变得越来越疏远。石人炳与宋涛则认为，随着人口流动之增加，各代生活空间已有断续之势，增加了子女养老之困难。

第二，安老文化传统的演变。养老文化是指家庭或社会等养老主体在为老年人提供经济支持、生活照料与精神慰藉等养老资源方面的价值取向、社会伦理、思想观念与制度规范。在传统社会，以"孝"为中心的安老文化是中国传统安老文化的底层，这一底层的安老文化是维持家庭养老传统运作的价值根基。但是，随着社会转型、社会结构的变化，以及家庭结构的小型化，传统的安老文化开始崩溃，"恩往下流"的分配方式开始显现，"代际倾斜"的偏爱和轻视抚育的倾向越来越明显，虚假孝道和虐待老人的事件时有发生，家庭养老的保障作用也越来越弱。周绍斌和李棉管把"实体嵌入"的视角引入到"精神安老"的研究中，认为"孝文化"其实就是"嵌入"到了整个社会结构的变化中。随着时代的变迁，"前喻文化"被"后喻文化"所取代，"孝道"文化日渐式微，老人在家庭和社会中的地位也在不断下降。随着年龄增长，人们对老人的不尊重、轻视，甚至是虐待，一些老人感受到了自我价值被低估，从而造成了持续的社会应激，严重影响了他们的心理健康。

② 家庭养老资源供给困境的化解对策

"多主体合作治理"逐步成为化解家庭养老资源供给困境的思路,十八届三中全会后,"多主体合作治理"作为一种新的社会保障理念,其提供方也从"单一"向"多元"转变。治理理论中,最重要的一项内容就是公共生活治理主体的多元化,它强调的是在多元主体之间,对信息权利责任义务进行合理的分配,而政府在这一过程中发挥着主导作用。在家庭养老中,面临着严重的资源供应问题,光靠一个人是很难解决的,必须要有多个异质性的人来共同参与。龙玉其和刘莹建议,在制定家庭养老服务支持政策的过程中,要明晰多个主体之间的协作和责任,加强政府的中心地位,鼓励非正规的社会支持主体,如义工、社会团体和社会工作者,共同配合实施家庭养老服务。李连友、李磊和邓依伊认为,在家庭养老中,有必要把多元主体的共建性和共享性的理念,纳入到一个新的公共政策范畴中。家庭养老应以政府为主导,引导市场、社区和社会团体等多方面的合作,使其具有更强的影响力。

家庭养老目前面临的难题是什么?学者们对此问题的答案数不胜数,然而,万变不离其宗。如果从养老资源的供给主体的角度来对之进行归类,可以将之划分为"内生性的支持"和"外生性的支持"。所谓"内在支撑",就是加强家庭养老的资源供应。所谓"外在的扶持",就是推动家庭养老的社会化,以此为契机,将"外溢"出来的家庭养老需要吸收过来。要进一步完善家庭养老期刊的扶持政策,加强家庭养老期刊的资源供应。崔恒展在总结唐代"奉养"制度的基础上,对家庭养老的扶持政策,从三个方面进行改进。一是建立奖励政策,以促进老人的照护。二是让政府为家庭养老"买单"的政策真正惠及全体老年人。三是制定了一系列的激励和宣传政策,以支持雇主的养老。魏彦彦建议,制定和执行家庭养老的支持政策,应该从以下几个方面着手:经济保障,长期照护,卫生和医疗;包括精神慰藉和宣传引导在内的五个方面;董彭滔从目的,对象,理念等方面进行了论述;内容,方向,实现方式;在运作机制等方面,对家庭养老的扶持政策的建设途径进行了探讨。其中,主要包括三个方面,一是对老人提供经济扶持、医疗护理和生活照顾,以及精神慰藉等方面的服务。二是对家属进行心理辅导,提供喘息服务,发放护理津贴;三是支持就业,扶持经济,培训技能,支持全家人购买住房,还有户口随迁等扶持政策。李连友,李磊,邓依伊以家庭养老为基础,从居住环境、经济补助、道德文化引导等方面对其进行分析；从多元服务和工作-家庭均衡两个角度，对中国家庭养老这一公共政策进行了改进。白维军和李辉认为，政府应该把支持的重点从个体转移到家庭，并在教育、科技和人才等方面建立和完善的支持体系；从法律、经济、就业等方面，构成了家庭养老的全面的政策保障体系。郭金来在对家庭养老的扶持政策进行了顶层设计的基础上，提出了中国应该通过完善税收、经济、住房和医疗等扶持政策来加强家庭养老的扶持作用。推动家庭养老向社会推广。家庭养老的"社会化"，就是将家庭养老的一些职能向家庭之外转移，使其以"社会化"的方式来完成"家庭养老"的职责。随着工业化、市场化等现代化因素的渗透，出现了家庭小型化、各代居住空间离散、孝道伦理日益淡化等问题，导致家庭养老的传统功能逐渐被削弱，部分老人的养老需求"溢出"到了家庭之外。推进家庭养老的社会化进程，是降低老年人的赡养压力，保持家庭养老的基本地位的需要。周全德认为，要通过"政府购买服务，社会组织运营和执行"的模式，积极搭建"互联网＋家庭养老"的信息服务平台，推动家庭养老服务的发展。加大对乡镇敬老院的改造力度，对需要照顾的有困难的老年人实行低价安置，推动家庭养老的社会化。贾玉娇和范家绪认为，要加强家庭养老的外源性支撑，要大力发展老年服务机构，要加强对老年群体和子女的管理，要加强对老年群体和老年群体的管理，要加强对老年群体和老年群体的管理；取代了家庭养老的一些传统的功能。

（2）国外家庭养老资源供给困境及其化解对策研究

随着社会转型期的到来，世界各国都面临着人口老龄化、生育水平低下、家庭规模分散和小型化等一系列问题。这就造成了家庭养老服务的供求关系出现了明显的不平衡，并逐步向家庭外扩散，造成了一个严重的社会问题。随着社会老龄化进程的加快，我国养老事业的发展面临着巨大的经济压力。在这一困境面前，仅仅依赖于社会的养老保障，必然会带来一系列的问题，如国家的财政压力过大，"养懒汉"现象严重。在这样的背景下，家庭养老服务如何从政策层面上对其进行再定位和加强其作用，已经引起了国内外学者的高度重视。从三个层次，即家庭养老的资源供应困境，家庭养老的资源供应困境产生的原因，家庭养老的资源供应困境的解决策略。

① 家庭养老资源供给困境

现有的国外研究表明，家庭养老中存在的"资源短缺"现象，已经成为各国无法回避的一个热点问题。目前，国内外研究多聚焦在家庭养老服务资源供给不足的层次上。具体而言，在家庭养老服务中，家庭养老服务的持有者面临着生理、心理和经济等多方面的压力，极大地制约了家庭养老服务的供给。照顾家庭的人面对三种困难。第一，给照顾孩子的人增加了财务压力。如果家里有失能或半失能的老年人，他们的医药费和日常生活费用都会增加，给家庭带来更大的负担。另外，家庭养老也会带来"隐性成本"，也就是家庭养老者因家庭养老而放弃工作，导致其收入减少，从而加重了家庭的财务负担。第二，在照顾孩子的人中引起了一场社会危机。在照顾无能力或半无能力的长者时，照料者应将受照料者置于其身旁，并时时陪伴其身旁，使其能在任何时候给予照顾，久而久之，以前的社会关系就会被割断，进而引发社会危机。第三，给照顾孩子的人带来更大的心理负担。与身体上的影响相比，长期高强度的照顾性工作对照顾者的心理上的影响更大。很容易引起抑郁、疲劳、沮丧；如焦虑、忧郁等负面情绪会使照顾者出现严重的精神疾病。

② 家庭养老资源供给困境的成因

家庭养老中出现的资源供应困境，不是一个简单的原因，而是一个多维度的原因。从个人、家庭和社会三个层面探讨了家庭养老中存在的资源供应困难问题。第一，个人的层面。子女的性别、年龄和文化程度；个人因素，如个人收入水平，对家庭养老的内容提供有明显的影响。杨注意到，在中国乡村地区，赡养老人的重任大多落在了男人身上，而女人只是个帮手。这就是对家庭养老产生影响的性别要素。应当注意到，随着现代性的发展，家庭养老中"女儿"的角色也逐渐凸显出来。关于孩子的教育水平，Lillard& Willis 的研究表明，孩子的教育水平与他们对父母的经济支持水平成正比，也就是孩子的学历越高，他们给父母的经济支持就越多。就财务收入而言，赫尔马林等人认为，孩子们的财务收入越高，他们就越有可能为父母提供更多的财务支援。然而，收入越高的孩子就越不愿意和父辈一起生活，也就越不愿意为他们的父辈提供照顾。第二，家庭的层面。在家庭养老中，家庭规模和家庭生活空间的布置对资源的提供有很大的影响。一方面，随着家庭规模的缩小，老人很难从人口统计学上得到代际支持；齐默和郭望在量化研究中发现，当家庭人口较多时，父母会更容易得到代际支持。另一方面，"跨代生活"的空间距离也会导致"跨代支持"的距离、时间和机会成本上升，进而影响到儿童对双亲的生活照顾和精神上的支持，进而导致家庭养老的内容供应不足。研究发现，最能提高家庭养老节目品质，提高老人幸福感的"代际距离"是"一碗热乎乎的汤水，也就是子女从家里端着一碗热乎乎的汤水到了爸妈家里，还没凉透。"第三，社会的层面。家庭养老的出版内容与其所处的社会环境，如人口流动、文化和制度变化等都有着紧密的联系。在家庭养老中，关于人口迁移的研究一直存在着一些争论，其中梅森认为，人口迁移造成了多代同堂的大家庭变少，造成了代际沟通的空间隔阂；父母对子女的"掌控力"减弱，家庭养老的作用减弱。范维则指出，子女在外打工，可增加家庭收入，并有助于分散家庭风险，对父母和子女都有好处。社保体系的变化对家庭养老的作用也将产生一定的影响。"社保"与"家庭养老"存在着"替代性"，"社保"的发展和完善，对家庭养老的"挤出"，对家庭养老的影响也会减弱。相反，如果社保制度不健全，将会增加老年人的养老负担。鲁思的实证结果表明，在搞社会福利的国家，老人的"代际支持"是相对较少的，因为部分老人的需要可以从社会福利系统中得到。也就是说，家庭养老的资源供应能力不强。

③ 家庭养老资源供给困境的化解对策

为了解决家庭养老中的资源供应不足所带来的挑战，政府已经制订和执行了许多有关家庭照顾者的政策支助政策，这些政策的重点是对家庭照顾者的支助。本书结果显示，通过推行居家照顾人支援政策，既可提供税收优惠，也可提供购房优惠，更可提供照顾技巧训练；通过对居家照顾者提供喘息服务、带薪休假、心理辅导等方式，能够有效地减轻居家照顾者的工作压力，提高他们对居家照顾者的满意度和工作积极性，使得居家照顾者能够更好地发挥居家照顾者的照顾力。特别是，政府对家庭照顾者的资助主要有以下四个层次。第一，嘉奖照顾孩子的人。以欧洲国家为例，以"好照护者"和"好护理"为例，以表彰照护者的高质量服务，从而提高他们的社会价值。第二，实行工作-家庭均衡政策。比如，加拿大政府为了使照顾人的工作和照顾家人之间的关系，将工人的工作时间分成不同的部分，开发和实施了"时间购买"项目。工人每工作四年可以申请一年的假期，假期中的收入是工人在过去四年中月薪的 20% 的本钱和利息，用免税的方式存入银行，假期结束后可以回到原来的工作岗位，继续工作。美国加利福尼亚州于 2002 年批准了全国首个"有薪休假"制度。这项法案为那些为了照顾家人而需要休息的员工提供了 6 个星期的部分薪水。第三，实行居家看护人补贴体系。为了降低居家照顾者在居家照顾者中的"隐性成本"，欧洲国家都建立了向居家照顾者发放照顾费的照顾费。第四，为居家看护人提供技能训练和计划指导。比如，美国在 2002 年设立了《家庭照护者支助计划》，该计划向家庭照护者提供资助服务，向他们提供护理服务、技能训练和计划指导等方面的信息。

1.3.4　家庭养老服务的前景问题研究

在城市化和工业化等外部环境的影响下，家庭养老服务将会有怎样的发展前景？可持续发展。在这一问题上，学术界存在着两种不同的看法。一是"非持续性"理论。这种看法认为，随着现代因素的不断入侵，家庭养老中的传统保障方式已经不能继续存在下去，将逐步被社会性养老方式所取代。周莹和梁鸿则指出，由于中国尚未完成的工业化和城镇化，以及计划生育政策和土地产权制度等体制上的"瓶颈"限制，传统家庭养老已表现出一种内生性的脆弱和不可持续，它的中心位置必然要被"社会养老"所替代。曲文勇认为，在都市化大潮及社会变迁的冲击下，维持家庭养老的经济、社会基础，已渐渐被打破，家庭养老的模式也已走向瓦解，而"机构化""社区化"将是未来的发展方向。二是可持续性理论。家庭养老在新时代的养老保障制度中仍具有无可替代的地位，而且在很长一段时间里，它还不能被社会养老所代替。于秋华通过分析家庭养老的局限和无可取代性，得出结论：家庭养老只有在一个家庭死亡后才能继续生存下去。家庭养老试图用"社会养老"来代替，这是对中国传统文化传统的一种否定，是对中国传统文化传统的一种否定，也是对人类社会存在和发展的一种否定。戴卫东从其深厚的民族道德底蕴，老年人的心理需要，"未富先老"的制约，发达国家可供借鉴的视角等方面进行了深刻的剖析，并提出了否定家庭养老的"形上绝对化"倾向。家庭养老是人的天性，认为人的养老完全是社会性的，这是对人的理解过程的一种误解。穆光宗与张团都表示，面对人口老化的挑战，家族永远是最基本的单元，唯有团结一致、不离散的家族，才能经得起人口老化的冲击。郑功成认为，虽然家庭养老在目前阶段的作用有衰退的趋势，但在家族文化的深刻影响下，有意识地支持家庭养老，将会让家族供养的作用继续发挥。董彭滔认为，虽然目前家庭养老在中国的影响力在减弱，但从国际和国内的实际情况来看，家庭养老的发展是不能被社会养老所替代的。

贾玉娇和范家绪都指出，目前家庭养老所面临的困境，并不能单纯地作为取而代之的基础，因为家庭养老中的某些功能，例如心理安慰功能，是不能用社会性的养老方式来代替的。因此，我们不能把目前家庭养老所面临的困境，作为代替家庭养老的理由。"家庭"这一宝贵的施政资源是经过数千年建设而建立的，国家决不能坐视它的衰败而不管。

1.3.5 国家支持家庭养老保障的实践研究

郑功成指出："在尊重本国国情的基础上互相参考、互相借鉴，正在成为各国社会保障制度发展实践中的普遍性经验。"通过对国外在家庭养老保障方面的实践总结，可以为制定中国的家庭养老服务支持政策提供有益的借鉴。本书选择了日本，韩国和新加坡作为本书的研究对象。究其原因，主要有两个方面：一是中国、日本、韩国、新加坡等都属于儒学的范畴，受儒学的影响，他们重视"孝"和"家"，对社会福利的期望相对降低；一个以家庭为核心的社会性福利制度已经建立。在这样的情况下，在家庭养老服务的供应陷入困境的情况下，四国都把重点放了对家庭养老的扶持上，使其成为了一种"赋能"。二是与家庭养老服务类似的供应问题。中国、日本、韩国和新加坡等国家都已经进入了老龄化社会，而且随着人口的不断减少，这些国家的养老服务需求也在不断增加，而家庭养老服务的供应也在不断减少，出现了严重的供求不平衡。日本、韩国和新加坡等国家的家庭养老服务的供应问题比中国更严峻，因此，中国的家庭养老服务在未来的发展趋势中起到了很好的预测作用。所以，这三个国家在解决家庭养老服务的供应问题上所取得的经验和教训，对于中国的发展有着很大的启发和参考价值。日本、韩国和新加坡家庭养老服务支持政策的实施，从三个方面进行了研究：一是倡导"亲亲"，消除家庭养老服务提供的"空间壁垒"。二是扶持居家照顾者，加强居家照顾者的服务；三是用法律支持孝道，惩治屈尊，培养家族观。

（1）鼓励依亲而居，消解家庭养老服务供给的空间障碍

日本于1972年开始实施"长者同住"计划，并推出"长者同住"的"长者同住贷款补助体系"，借此让三代人同住，并给予"长者同住"之优惠。虽然随着住房概念的改变，日本的中年男性不太愿意三代人住在一起。然而，随着经济的长期波动和人口老龄化的加剧，日本居民对于第三代住房的需求仍然存在，

并且呈稳步上升的态势。另外，日本以《老年福利法》为基础，在住房供给上，以"老"与"幼"同居者为对象，推行"新"社区与"新"住房之优惠发展计划。为了促进世代相传的家庭生活，日本的私人银行还开发了两种类型的住房按揭体系，即家庭和家庭的交叉按揭和家庭共同按揭。家庭接力贷款的条件是两代人都住在一起，父母和子女可以成为共同的债务，可以延期偿还。"亲子组合贷款"是指父子分别成为单独的债务人，相互成为连带保证人，可提高借款金额。

韩国政府一贯奉行"以家人为先，以社会为后"的社会福利方针，并明文规定，各代人应住得离自己最近。韩国与65岁或更高年龄者同居的居民，可免交48万韩元的年度个人所得税。韩国家庭中，与其直系家庭中的老年人在一起居住超过两年的，可以在购买或改建住房时，得到政府贷款的优惠。韩国居民，其子女和其父母分别拥有自己的房屋，但以前并没有居住在一起，但现在再次居住在一起时，可以从其中一人的房屋中获得免税待遇。三代同堂者，其子女抚养老人超过五年，其子女继承财产时，其子女所得税款可获九成优惠。每个被抚养的人都可以得到3 000万韩元的遗产税减免。

新加坡政府为了鼓励各代人在附近安居，并为家庭养老积极赋能，出台了多项扶助家庭的政策。在这些方面，最有特点的当属"组屋"住房保障政策。第一，在组屋建设中，要考虑到世代之间的居住需求，有意建造有利于子女和父辈共同生活的单元，比如三代同堂、三室一厅连屋等，以便于子女就近照料父母。另外，新加坡政府在住宅建设中，还特地把养老院和幼儿园连在了一起。年轻夫妻可以在白天工作的时候，将自己的孩子和自己的父母送到附近的托儿所和幼儿园，到了晚上，他们可以在一起享受天伦之乐。第二，对于购买这类住房的人，可以给予一定的政策上的优惠，或者是税收上的优惠。凡没有购买这类组屋，但其住房位置与家长相隔5公里以内的儿童，可获政府补助1万新加坡元。第三，对有养老经验的老人或与老人共同居住的老人，给予优惠和方便。一是对供养老人超过63年的，优先安排公租房；供养父母超过1年的，可以优先安排在国家公租房。二是，如果选择离父母近（2公里）的家庭，则会大大增加其入选概率。第四，与其双亲或身有残疾的兄弟姊妹共同居住者，可享受优惠政策。

（2）支持家庭照料者，强化家庭照料功能

日本在面临人口老龄化严重的情况下，制定了《老人保健法》《老人福利法》《介护保险法》《黄金计划》《新黄金计划》等一系列养老福利政策，并向老年人提供健康咨询、上门服务和长期护理服务；如短期托管等项目完备、内容完善的服务系统，大大减轻了照顾家庭的人的负担。日本特别提出了五项扶持居家看护人的政策。

第一，赡养费扣除。抚养扣除的减免额度可分为一般抚养亲族、特殊抚养亲族和老人抚养亲族。在这些情况下，老人抚养亲人又按照是否一起居住的不同，分为了两种类型，没有共同居住的老年亲属扣除额是 48 万日元，有共同居住的老年亲属扣除额是 58 万日元。

第二，建立三号投保人系统。1985 年，日本政府认为，大部分女性因身负养育子女、赡养老人等家务重担，不能工作，无法支付退休金，因此，对符合三号投保人二号之人，免除其保险费。自那时起，日本政府规定，公职人员和企业界人员的配偶必须成为国家养老金的第三个投保人，因此，"年金权"涵盖了日本所有女性。

第三，执行"黄金方案"。为了减轻照顾者的负担，改善社会的养老服务，1989 年，日本政府推出了提倡"就地养老"的"黄金计划"，并提供经费，使市町村日间、短期照料和居家照料协助中心的普遍服务。日间服务及短期照顾可以让居家照顾者有短暂的休息。居家照顾协助中心，主要针对长期患病之长者，提供查体、就医及清理褥疮之服务，以减轻居家照顾者之照顾压力。日本政府在此之后，先后出台了"新的金子计划"和"二十一世纪的金子计划"，对家庭养老服务和社会养老进行了全面的改进。

第四，"慰劳金"是对居家看护人的一种补偿。日本的养老保险虽然将一部分居家照护职能转移到了社会，但在"家人护理"方面，却有明文规定，为照顾家中老人的人，在满足一定条件的前提下，可以获得"慰劳金"，从而使养老与社会相融合。

第五，建立"长期照护假"制度。日本《育儿假、长期护理假和其他照顾儿童或家庭成员的工人福利法》对长期看护假作了规定：工作人员的长期看护假可以根据家庭中需要照顾的老人数目而定，如果只有一个老人在家里，那么可以享有 5 天的看护假。若家庭中有更多的老人需要照顾，可将年度照顾假延长到 10 天。为了适应劳动者间断休假的需要，将"长期护理假"分为小时、半天或一天三个部分，从而达到平衡劳动者的工作和家庭的双重目的，为居家照顾者提供了一种间接的经济支撑。

为了缓解居家看护人的压力，韩国出台了多项居家看护人扶持政策。第一，降低保费。韩国的《国民健康保险法》第 62 条第五款对参加医疗保险的 65 岁及以上的参加者和家属进行了适当的降低。第二，养老金的优惠。韩国《国民年金法》第 48 条规定，老人若要供养超过 60 岁的老人或身体有 2 级伤残的老人，则可以在领取养老金时，再额外增加每年 10 万韩元的养老金。韩国的《失业保险法》第二十二条规定，雇主可以根据《高龄者雇佣促进法》，领取为赡养费而辞去工作的人员，在重新就业后，领取红利。《失业保险法》第 52 条将供养年龄超过 65 岁的双亲的人也视为"难以就业"，并将其延长至失业金的期限。第三，税前扣除。20 世纪 90 年代初，韩国将供养老人的税收减免加入到税收改革之中，这一政策被称为"敬老优待"政策。根据韩国的个税法律，与被抚养者 3 生活在一起的纳税人或他的配偶，每年的收入不多于 100 万韩元，可以申请 150 万韩元作为基础扣除额；如果被抚养人是 70 多岁的老年人，还可以再减 100 万韩元。第四，发放护理津贴。韩国对于照护资格的认可相对较松，因此在照护资格认证方面存在着一种现象，即在照护过程中，家属经过短期训练，取得了照护资格，从而领取照护津贴，这是一种以照护为基础的照护人员照护补贴。第五，设立"孝期"。韩国于 1995 年以公职人员为对象，建立了"孝顺假期"，让公职人员有足够的时间去照顾自己的父母。为了鼓励照顾家庭的人，减少他们的养老负担，新加坡出台了多项扶持照顾他们的政策。一是储备金补充方案。从 1993 年起，新加坡已在十二项"养老补充计划"中，设立了四项"养老金计划"，并设立了"三代同堂"奖金计划。也就是说，新加坡和年迈的双亲一起生活的居民，其扣除额将提高到 5 000 元，同时，为爷爷奶奶提供养老金的居民，还可以享受部分减免。二是设立"亲族事业奖励"。这一奖项每年发放一次，目的是鼓励公司采取远程工作和灵活的工作时间，来减轻在公司上班的保姆的负担。三是建立了"家政服务点"。新加坡共有 36 家"家庭服务中心"，它们是由专门的非营利组织经营，由政府提供资金支持，并配备了专门的社工顾问；对社区中的住户进行辅导。四是实施"顾老事假"，为老年人提供养老服务。新加坡首相在 2011 年发布了一份官方声明：从 2012 年开始，新加坡公职人员每月可以休假两天，以照顾自己的父母或者配偶为目的，但休假期间，不需要向雇主提交病患的相关证明。另外，对于直系亲属死亡的情况，公职人员可以请假三日。

（3）以法助孝，惩罚辱老，培育家庭价值观

日本十分注重家族成员间的血缘情谊与道德纽带，并在立法中确认与发扬了家族的保护作用。《育儿假、长期护理假和其他照顾儿童或家庭成员的工人福利法》对长期护理假作了明确的规定，这一假适用于家中有老人需要照料的工作人员。《日本民法典》专门设立了"抚养"一章，对抚养关系中的亲属进行了明确的规定。如果抚养义务人或抚养权利人有多个人，那么要将双方的抚养能力和实际生活情况进行具体的确定，然后再通过强制或自愿的方式来确定履行义务或享有权利的顺序，这样就体现出了法律的规制。还具有根据具体情况灵活应变的特征。《日本民法典》明文规定了亲属之间的赡养责任和兄弟姊妹之间的赡养责任。在日本，家长对未成年子女负有抚育责任，孩子成年后又对其父母负有抚育责任，这一双重抚养关系显示出对传统家庭道德观念的认同和尊重。如果子女拒不履行赡养义务，家庭法院可以责令其承担赡养义务，在赡养的程度上，法院要将被赡养人的实际需求和赡养人的现实生活状况结合起来，做出判决。另外，日本政府还把"敬老节"定为每年的 9 月 15 日。每年到了节庆的时候，日本政府都会组织一系列长达 5～6 天的活动，比如在东京举行的"国家老年人散步大会"。此外，在政府的要求下，一些家庭还会举办一些活动，比如敬老聚会，带老人去旅游，给父母送花送礼物等。"敬老节"的设立，既是对老人的一种精神安慰，也是对整个社会的一种弘扬，对家庭价值观念的弘扬。从 20 世纪 70 年代开始，韩国公民社会中就出现了许多促进孝道的行动，如成立"孝行"基金会、"孝行义工"等，体现出很强的实践性、组织性和宗教性。韩国政府在公民社会的大力倡导下，于 2003 年以新加坡《赡养父母法》为参照，举办了"孝道立法"研讨会。韩国在经历了四年多的酝酿和筹备后，于 2007 年 7 月颁布了《孝行奖励资助法》，成为全球首个"孝道"立法。《孝行奖励资助法》，表面上是一部鼓励和鼓励的法令，实质上是借着政府之名，提倡孝顺，鼓励人们履行自己的义务，并以此为基础，树立一个良好的家庭观念；为家庭养老化解危机。该法令中孝行的奖赏和奖赏，包括四个层次：第一，奖赏和嘉许

在孝道方面的突出表现，第二，奖惩和嘉许民间孝道推广组织，第三，奖惩孝行教育；第四为老人提供住房。另外，《孝行奖励资助法》也明文规定，每年十月为"孝月"，并在此期间，由政府主导，举办一系列有关孝道的推广活动，以培养尊敬老人、尊重老人的风气。新加坡把"忠孝仁爱礼义廉耻"作为"治国之纲"，也把"孝"作为国民的行为规范，而"孝"就是对长者的尊重。1995年12月，新加坡议会批准了全球首部"赡养父母"法案，即《赡养父母法》，并于1996年正式实施。《赡养父母法》规定了父母赡养义务的范围、条件，以及代表父母提出赡养请求的人员的范围；抚养令的期限等都有了具体的、操作性的规定。新加坡于1996年根据《赡养父母法》，成立了"赡养父母仲裁庭"，专事处理有关赡养老人之诉讼，以有效地保护老人之合法权益。法院采用调解的方式来解决养老争议，一旦调解失败，就会进入法定程序。根据《赡养父母法》，任何一位因年老而不愿供养或扶助贫穷的家长，家长可以诉诸法庭，如果被告确实违反了《赡养父母法》，法庭可以判其罚金1万元，或者监禁一年。另外，为了防止误判和误判，新加坡还设立了一套严密的法定监管体系，将养老争议的每一项具体指标都加以量化监控。新加坡除了通过《赡养父母法》之外，也大力倡导孝顺的文化，并通过"孝顺之家"的形式，把孝顺之风推向了整个社会。为了教导人们怎样尽孝道，新加坡政府特别成立了"长者咨询委员会"，并设有"对待长者委员会"。

1.3.6　既有文献的贡献与不足

随着我国人口老龄化和高龄化程度的不断提高，如何让老年人"老有所养"，已经成为当前社会关注的热点问题。维护和提高家庭养老服务的功能，是实现"老有所养"目标的重要途径。党的二十大召开后，家庭养老服务及配套政策已经成为学术界与决策者关注的焦点，针对家庭养老服务的研究也在不断增加，并呈现出问题日趋精细、题材不断拓展、对象与方法不断多样化的特点。在时间纵向上，家庭养老服务作为最基础、最有活力的一种养老服务方式，在学术上引起了广泛的关注，但目前国内外学者对家庭养老服务的维持机理、影响因素和存在困境等问题进行了深入的研究，而对相关配套政策的研究却很少。随着家庭养老服务支持政策在我国受到越来越多的关注，相关的理论研究也越来越多，这些理论研究的重点是"怎样制定家庭养老服务支持政策"和"怎样处理"两个方面的问题。在研究对象方面，呈现出了明显的多元化，从过去的侧重于家庭中的老人和他们的孩子，转移到了政府、社区和社会组织等家庭支持的主体。在研究内容方面，家庭养老服务的有关研究已由单纯的学术研究转向了学术和政策两方面的研究。在政策执行方面，日本、韩国和新加坡三个国家在家庭养老保障方面都有丰富的实际操作经验，这些可作为中国目前家庭养老服务支持政策的"他山之石"，对我国现阶段的家庭养老服务支持政策进行优化。总的来说，对于家庭养老中存在的问题，学者们在理论和实践上都做了较为透彻的剖析，这为本书的研究打下了坚实的基础。但也有缺陷。在理论上，现有家庭养老服务的维系机制研究多侧重于其内在的利益、权力和文化等，缺乏以"国家-家庭"为切入点的分析视角。

其实，从古代到现在，家庭养老服务这一模式都难以单独运作，只能依靠政府的政策扶持。可以说，在家庭养老这部电视剧中，政府是维持其正常运作的主要外力。另外，就家庭养老服务的维系机理而言，已有的"利益维系""权力维系"和"文化维系"的研究还停留在一个单一的角度上，缺乏一个完整的、系统的分析框架来全面深入地分析家庭养老服务的维系机理。在方法论方面，鲜有将案例和政策相结合的研究。在现有的研究成果中，社会学学者以案例研究为主，以阐释家庭养老服务的产生原因和运作机制为主要目的。目前，我国社会保障领域的研究主要集中在宏观政策方面，而在微观层面上的研究则主要集中在宏观层面上。这两种方法既有其优点，又有其缺陷。从某种程度上来说，对现实生活的深刻剖析是政策制订的先决条件和依据，唯有把案例和政策相结合，才能使家庭养老服务和相关扶持政策的研究更为深入和系统。以上的缺陷对家庭养老服务的进一步发展具有一定的指导意义。

本书以家庭养老服务为例，对我国农村地区的老年人进行了调查。在理论上，突破现有研究的单一化视角，构建"家庭养老""关系转型"和"国家扶持"的"双轨"分析框架和"家庭养老""家庭养老服务"的"维系结构"分析框架，从"国家-家庭"的角度，全面剖析家庭养老服务在"国家-家庭"的背景下的乡村提供困境和扶持政策。在研究方法上，项目试图突破社会变化和政策变化的隔阂，将案例和政策分析有机地融合，运用扩展的个案法、文献资料法和深度访谈法，分别从宏观和微观两个层次，探讨家庭养老服务在我国农村地区的供给困境和扶持政策。在宏观上，我们主要利用了国家发布和执行的政策文件，以及历次人口普查的数据，以及全国平均家庭规模和家庭类型变化的对比数据；通过对《中国城乡老年人生活状况调查报告》等资料的分析，得出结论。在微观层次上，本书以河北省为例，对家庭养老服务在河北省的结构和功能进行了深度调查，发掘了与本书有关的第一手资料，并与宏观数据进行了对比验证，从而对家庭养老服务的供给困境和产生机理有了更加科学的认识，并在此基础上，提出了家庭养老服务支持政策在农村地区的优化路径。

第二章

城市社区家庭养老理论基础

在这一章中，笔者对相关的政策与行为理论进行了梳理，以便在宏观层面上对这两方面的重要理论进行全面的把握。本书首先对政策和政策分析的理论依据进行了梳理，并对与之相关的公共行政学和公共治理学的内涵进行了探讨，并对相关的行为学进行了回顾。

2.1 政策与政策分析的理论基础

2.1.1 政策的内容与实质

尽管"政策"一词已成为当代社会的一种普遍现象，但是，关于它的界定，无论是在现实生活中还是在学术研究中，都存在着不少争议。对于"政策"，不同的学者有着不同的理解，比如：美国的伍德罗·威尔逊，他认为，"政策"就是由政客（即拥有立法权力的人）制定，由管理者实施的法律和条例。戴维·易斯顿给"政策"下了一个定义，就是"以权威的形式，对全社会进行价值分配"。哈洛德·拉斯韦尔（Harold Raswell）和亚伯拉罕·卡普兰（Abraham Kaplan）是政策科学的主要提倡者和创始人，他们把"政策"抽象化成"一个包含了目标、价值观和策略的大规划"。罗伯特·埃思顿认为，"政策"包括许多因素，包括法律，权威，计划和关系，它是一个"一个国家的组织和它周围的环境之间的关系"。在此基础上，我们将城镇社区家庭养老政策界定为：国家为推进城镇社区家庭养老服务、合理分配资源、规范各方行为，为达到城镇社区家庭养老服务目标而出台的一系列文件。

2.1.2 政策分析溯源

（1）政策分析的起源

在充分了解和分析了政策后，才正式提出了政策分析。《汉谟拉比法典》于公元前18世纪问世，标志着人类历史上第一部以政治为目标的著作。它体现了在一个复杂的情况下，传统的城市殖民地及其所拥有的社会结构所形成的一种新的形态，它涉及司法、财产、贸易、婚姻等方面。首先，《中华人民共和国刑法》以条款的方式将责任主体在不同情形下的处罚规定得清清楚楚，充分体现了当时社会对公平公正的追求。其次，无论是柏拉图，还是亚里士多德，都有很多关于政治的东西。再次，有人认为，"政策"的原初方法是与宗教、巫术、预言等方法紧密联系在一起的。最后，华夏历史上还存在着一部《战国策》，它是一部关于谋士们策略问题的著作，这一著作对于历史上比较成熟的"政策"的研究，也是一个很好的借鉴。在中古时期，政治研究取得了重大突破，出现了一批多学科的学者，他们分别从事不同领域的政策研究；并在此基础上，构建了一套相关的政策知识库。汇集各学科的政策研究者，并通过修改各学科的相关法规，训练各学科的政策分析师。它还可以避免统治者或政策制定者（如王侯贵族和封建统治者）在经济和战争问题上的主观判断。马克思·韦伯所说的"专业政客"的出现，进一步推动了政治分析的深入。

（2）政策分析的形成

18世纪末，正是西方经历了工业革命、启蒙和科学运动的时期。尤其到了文艺复兴时代，人文精神得到了长足的发展，逐渐取代了宗教和占卜等对政治进行分析的原始方法。与此同时，各种技术也开始相互独立，使得与政策有关的因素不再局限于权力本身。特别是在19世纪，随着统计学、政治科学和社会学的发展，再加上许多其他学科的发展与进步，使得与政策有关的部分被有关的统计机构所调整，使得它们发生了重大变化。在此期间，社会上的不安定因素很多，使得国家在执行政策的时候，运用了科学的手段，对自然规律进行了反复的测试；获得可靠的资料，以作策略计划和处理特定的事务。在政策分析中，由于评判标准的改变，使得政策分析再次成为学术界关注的焦点。对于"政策分析"一词，有一种说法是由林德布洛姆首先在1958年提出的。Lindblom

提出了一种基于渐进比较的政策定性分析方法，它包括了认识到价值和政策之间的互动关系这一非量化的研究方法。John Friedman 则认为，政策分析只是在 1968—1972 年的这一阶段才真正地成型，它的思想来源包括了三个部分，分别是系统工程、管理科学和政治科学。其中，系统工程和管理科学的重点是对一般的理论体系进行分析，其关键点是开发系统论。而把政治科学与管理科学相结合，侧重于对企业行为的规律性的分析，着重于对企业非理性行为的影响。这三种思想中，有两个方面是相同的，一个方面是可以利用科学的客观方法来进行理性的决策，另外一个方面是，在做出科学论断的时候，不同方面在处理问题时的手段和方式也会得到提升。在此基础上，将定性和定量分析相结合，以达到"定性分析""行为机理"和"系统仿真"的高度统一。

（3）政策分析的新发展

从 20 世纪后半叶开始，金融、政治等许多学科逐渐走向独立，导致了政策研究的变化。在这段时间里，社论所要面对的问题，就是要做好政策的研究，并提出对策。之后，有学者建立了政策模拟模型，对相关政策进行了测试，从而提出了可以优化解决方案的措施。在第二次世界大战之后，由于对社会改造的需求，加上数学分析技术的进步，政策分析又迎来了它的"春天"，并以政府为中心，向民间组织、学术界等领域扩散。从 20 世 90 年代开始，学术界对政策子系统的研究逐步加大，重点逐步向与之有关的领域转移。这种研究主要关注政策的生成，即在相应的政策条件下，各政策系统各子系统的运作情况。首先，从总体上讲，各子系统的构成、结构比较复杂，外部因素与外部因素相结合，对政策产生影响。并且，在进行分析时，也难以彻底排除人为因素的干扰。其次，研究层次与研究角度的不同，也会影响到子系统划分的原则。比如，在稳定和制度化水平上，政策子系统可以划分为"铁三角"和"议题"网络。根据政策参与人的连续性纽带，可分为政策网络和政策社区。另外，在决策子系统中，不同主体间存在着不同程度的博弈，并相互影响；最后，就会形成一种权威的价值分配。21 世纪是新科技发展、学科细化、学科交叉与交叉融合的新世纪。使得公共政策分析的学术成果与学术兴趣相互借鉴和融合，从而促进了政策分析的跨领域研究，促进了知识生产层面的开疆拓土。特别地，如何利用大数据来提高公共政策的分析水平，已成为当前国际上的一个热门课题，也是国家和地方政府关注的焦点。

2.1.3 政策分析的概念与内容

（1）政策分析的概念

回顾"政策分析"这一概念的历史发展，我们可以看出，人们对于它的认识呈现出一个渐进的变化，这一变化可以从图 2-1 中看出。而且，这个词还可能和其他几个相关的词语混在一起，而且，这个词的含义也可能从不同的角度来理解。从其能够将大多数信息进行整合，并能从中推断探究未来数据的功能来看，它属于一种整合型的信息研究过程。从多途径、系统的研究角度，它也是一个政策研究的课题。从对商务客体的需要进行分析，并向其提供对应的服务角度来看，就变成了一种客体商务。而从其运作方式的模板，和形成一种方法论形态的角度来说，它也是一个应用方向的研究模板。总而言之，从广泛意义上讲，"政策分析"一词应包括与其概念相近的全部词汇量，它指的是"以决策过程为目标，并在决策过程中产生知识的活动"。它的意思是指多个学科之间的交叉和融合。由此可以看出，这门课程所涉及的观念很广，不仅跨越了文科和理科，而且所涉及的学科也很广，而且很深。而且它的研究方法是综合了各个流派的优点，不受学科的局限。

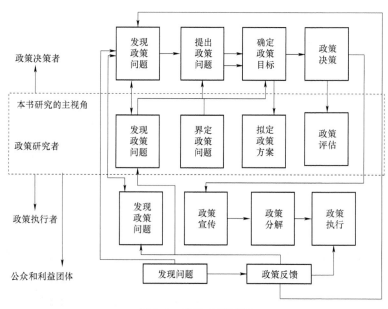

图 2-1　政策典型过程

（2）政策分析的内容

从政策分析的角度来看，政策分析中所牵涉到的主体主要有：公众和利益集团，政策执行者，政策研究者，政策决策者。本书以政策研究者的视角对城市目前的社区家庭养老的政策进行了剖析，找出了四个亟待解决的问题，并对这些问题进行了定义，从而实现了对城市社区家庭养老的整体解读，为政府制定与社区家庭养老有关的工作提供了智慧支撑。结合图 2-1，我们可以把这一研究分为 4 个部分：（1）找出或者找出存在于政策中的问题，并通过对这些问题的纵向比较和判断来识别。（2）对已知问题的精练分析，也就是利用某种分析方法，对问题进行属性的精练和精练。（3）为所提出的问题制定求解策略，为现有问题提供多个求解方案，并与现有问题进行对比。（4）解答的最后评估反馈，也就是对以上解答政策试行过程中所作的评估反馈。以上 4 项内容的实现，有赖于从客观、价值和规范三个角度对数据的分析。其中，"客观条件"指的是当前的状况，它的实质是什么，它的后果是什么。"价值"指的是它本来就该是什么样子，和目前的情况有什么相似之处和不同之处，以及这个目标的合理性。标准就是用什么方法把当前的条件转变成将来的需要。

2.1.4　政策分析的方法

随着"政策分析"这一概念的不断完善，它也逐渐形成了一套用来解释某些政治问题的理论模型。因其理论渊源和阐释视角的不同，导致了其阐释能力的起伏不定，再加上政治环境的复杂多变，使其难以用一种简单的方式对政策进行描述和梳理。因此，在政策分析中，很少有模型能够对政策的运行规律做出合理的解释。所以，在对政治进行分析的时候，不仅要对进行政策分析的理论样板有一定的认识，还要注意该样板对于当前的政治形势的理论解释是否有实用价值和应用意义。在对理论样板模型进行分析和归纳的基础上，本书归纳出了以下几种理论模型的方法、它们的相应内容和相关的评估，具体如表 2-1所示。

表 2-1　政策分析的理论模型、内容及其评价情况

理论模型	主要内容	评价
理性决策模型	1. 使用理性的办法尝试分析得出最优方案 2. 进行分析过程尽可能地加入所有的管理元素	1. 理性地对现有政策进行分析解构，尽可能达到理想结果 2. 模型的需求是尽可能多的因素（所有），但终究存在不可预料人为因素
组织体制模型	1. 从政策制定方的角度出发，对该政策的制定者组织体系进行分析 2. 因政策制定方的体制而产生差异	1. 有助于得知政策是如何制定 2. 缺乏对政策制定的动态了解
精英决策模型	1. 首先确定政策的制定方与收益的所属于的阶级，即精英集团 2. 因为确定了政策的受益方与制定方，因此现有政策具有维持性	1. 对于政策的内涵有着精准而深入的理解 2. 其具有相当明显的局限程度，仅仅考虑到了政治公众化较差的情况，对于情况相反者则不适用
意识形态模型	1. 意识形态是个人行为与其意识观念的最终表现物体，因此政策制定者的意识形态将最终体现到其制定的政策上 2. 假如整体的意识形态偏向于当中精英层级的意识形态，则该模型与精英决策模型一致	1. 清楚地解释政策为统治方的意识体现 2. 过分依赖于意识形态这一不具体的概念使得政策过于泛化
利益集团模型	1. 政策由各方受益团体联动综合所得结果 2. 其所带来的影响则就是各个利益团体的影响	1. 可以清晰看出政策受益方的影响 2. 但其只注重于政策的结果与其收益影响，但忽略了政策制定者的想法
博弈论模型	1. 通过对于模型中各方的参与者的互动与博弈从而演绎其所能达成各种结果与状态 2. 通过这种博弈最终所得到的结果便是政策	1. 可以有效地借由政策来进行反向的内部与过程的推理获知 2. 模型的对象并不是对于政策的结果予其预想，而是其制定过程
系统决策模型	1. 模型认为政治环境对于外部系统环境的反馈作用的实际表现便是政策，所以在进行政策分析时要将两层因素都加入 2. 对于政策而言，其本质是作为政治环境与政治外的社会环境的一种双向的交互产物，同时也是社会整体环境调节的需求	1. 能够从较大的环境角度重新定义政策的身份位置，从而能清晰地认识到整个社会环境的动态运作 2. 但该模型只能从政治环境的外部来进行政策的分析从而忽视了政治环境内部的情况
公共政策模型	1. 以经济人假设，注重大众的选择与政策决定者的决策意向之间 2. 将经济盈利的概念引入政治场合，从而能够从经济分析的角度来看待政治生态	1. 分析角度与观念较为新颖，将政策不再单一视为一方的结果，而是由多方共同选择的 2. 但是该模型的假设前提却很难与现实社会相贴合，而在这种情况下则表示该模型丧失现实应用性

　　本书运用理性决策模型对社区家庭养老政策进行解析。具体表现为：对社区家庭养老的选题解析和政策框架构建，对现有政策文献中的公共行政和公共治理要素进行提取，并对其进行评价，并对家庭养老进行全程评价。从上面的表格可以看出，现在有许多有关政策的分析模式，并且每个模式都有其各自的特点，可以根据政策分析的方式来分类；具体情况见表 2-2。在政策分析中，应依据具体情况，依据有效性、经济性和适用性，选择适当的分析方法。因此，

要做好政策分析，必须选用合适的研究方法，使其简单易行，效率高。家庭养老是有关社区的政策之一，也是这样的情况。

表 2-2　政策分析的方法

	分析方法
依赖于数据的分析方法	系统分析法、模型分析法、利益分析法、经济分析法、计量分析法
较为综合的分析方法	综合分析法、比较分析法、个案分析法
依赖于专家的分析方法	矛盾分析法、历史分析法、经验分析法、头脑风暴分析法、社会形态分析法

在此基础上，我们将采用系统分析、比较分析、案例分析、模式分析等方法来进行研究。本书拟采用系统分析方法，建立城市社区家庭养老的政策框架体系和政策评价体系；采用对比分析方法，对各省市的政策文件进行分析；采用案例分析方法，对南京市社区家庭养老的政策进行评价；采用模型分析方法，对家庭养老的政策机制和模拟进行模拟。

2.1.5　内容分析法

（1）内容分析法简介

内容分析方法是一种系统化、可重复性和以编码为基础的显式规则，它把大量的文本语句压缩为一小部分进行分类的方法。本书将文本材料转化为简洁、清晰的数字信息，并将其转化为文本材料。这样不但便于统计，还可以更客观地反映实际情况，从而使有关数据的分析变得更为清楚，从而避免了一些低级的失误；终于找到了问题的根本所在。斯坦培（Stempel）曾对此提出过自己的看法："有些东西虽然不太正规，但在日常生活中却被频繁使用，因此，它被称为内容观察法。"与此类似，韦伯在其著作中的定义是："内容分析法是一种可以透过一套完备的程式，来分析文字，然后得出与其相对应的推理"的研究方法。霍尔斯蒂在总结了前人的观点后，将内容分析法定义为："一种用一种系统而客观的方法，来判断信息的特性，并据此做出推断的技术。"贝雷尔森（Berelson）则指出："内容分析法是一种对明确的交流内容进行客观描述和定量的分析方法。"这一定义表明，对一个特定的过程进行归类时，必须采用客观、系统的方式，并强调其重要程度（表象或潜象）。通过对以上定义的综合，我们可以发现，内容分析方法能够对有研究价值的数据进行抽取，并将其转换为量化的数据，进而发现隐藏在其背后的客观规律。从本书的研究背景可以看出，在过去的数十年中，家庭养老在城镇社区中的政策经历了从摸索到成熟，从一开始的混乱到现在的科学，这就要求有一套能够发现隐藏在这一系列政策背后的客观规律的研究方法。提高公众在决策上的科学性。为此，本书运用内容分析方法，对家庭养老在中国城镇中的有关政策进行了实证分析。

（2）内容分析法的研究设计

本书以调查问卷、实验正确性、观察结果及再分析为主要研究内容。内容分析的研究设计，隐含假设指的是研究者在认真地、系统地使用科学方法，发现了可提出研究假设或研究问题的难题，并将定量内容分析作为一种合适的研究方法。从艾尔·巴比与霍尔斯蒂的研究中我们可以看出，调查设计是一种从决定问题到说明结果的整个过程的规划，或者说概要。克林格相信，"把假说和它的处理方法写下来，再把它列出来，然后再把它作为最后资料分析的大纲。"霍尔斯蒂把这项研究的设计说成是"一项收集数据并对其进行分析的方案，以便对调查对象进行提问。""答卷人"是一种简洁的定义，在强调"做研究"的目的时，也是"做研究"的金标准。根据以上的定义，我们可以发现，本书所提出的内容分析方法，是一种可以用词汇来表达的语言模式。针对研究对象所要提问的主题，以及所要回答的主题与主题，分别在各个阶段给出了对应的模式。如表 2-3 所示，本书共分三个阶段进行，分别为：概念及研究目标，研究设计，资料收集及分析。

表 2-3 内容分析的步骤

1 概念化与目的	2 研究设计
问题的确立 重新确认各项理论依据 得出一个相对明确的问题与推论	清晰地划分和细化研究内容 细致地阐明具体的设计内容 虚拟表（dummytables）的生成 使其具有可操作性 对于总体以及其处理方法有详细解释 尝试完成一个稳定的程序并测试
3 数据采集和分析	
开始着手信息的处理 使用数据处理工具 对于最终结果进行分析确认和报告	

（3）内容测量

本书主要包括以下 5 个步骤：① 提出调查假说或调查问题。在此过程中，研究者需要识别研究变量，提出研究假说与问题，并围绕假说与问题进行分析与解释。② 整理已涉及或已涉及的有关研究资料。社会科学的研究应当以现有的知识为基础，而现有的知识常常更好地表现为形式化的理论。但这一清晰的理论有时候并没有出现。这就要求我们在新的背景下，在现有文献的基础上，对现有文献进行整理与分析。首先，在这篇文章中，对这些变量进行了理论上的界定。其次，在理论上，我们可以用理论上的定义来构建测验的"表层效度"，并以此来引导测验，即为测验的"表层效度"。③ 运用已有研究成果，对现有研究成果进行改进，对现有研究成果不足的指数进行修改。文献综述可以给出一个理论上的变数定义，并且可以给出可能的变数可操作的方法。因为被调查的变数可能与已有的文件有轻微的差异，所以现存的测度系统将会在新的环境下对测度的结果造成错误。这样就可以降低测量时的误差了。同时，在指数的修改中，还需要根据理论上的定义，对各变量进行适当的度量。因此，可以为准确地验证研究假说提供支持。④ 编制代码作业指导书。一份清晰的编码作业指导书，对于纪录与背景的界定，应尽量详细且切合实际。愈是详尽的定义，愈是可信的。不过，在编写代码的过程中，也不能过于细化，以免在实施过程中产生阻碍。档案单元是指从资料单元中进行选择，建立分类系统，确定统计规则等。这几个步骤应该以一个符合逻辑的次序来实现，这样才能方便编码人员的工作流程。《编码作业指导方针》中包含了关于工作进行方式的全部技术资料，其中既有成功计分的原则，也有可以用来减少研究内容范围的有限资料。⑤ 建立要输入到电脑中的资料编码列表。对于任何数量级的、数据分析的项目，都应当被执行。要根据课题的需要，制定出相应的编码表，并将记录单元的数据记录在编码表里，以便对数据进行分析。编码列表有很多种风格，最基础的就是提高数据录入的效率和减少开销。需要指出的是，变量的排列和分配应当在操作指导和编码表之间保持一致。基于以上研究设计及测度，本书结合城市社区家庭养老的政策特点，拟构建城市社区家庭养老的专题词汇体系，通过对国内外相关文献的梳理，融合公共管理学、公共治理等理论中的管理要素，并结合城市社区家庭养老的实际情况，识别出相应的指数，逐步概念化，最终形成城市社区家庭养老的专题词汇体系；鉴于社区家庭养老属于新兴学科，以往的专题词汇体系所能参考的数据很少，因此，我们将根据城市社区家庭养老的有关政策文件，对专题词汇体系进行修订。

2.2　公共管理理论

2.2.1　公共管理职能体系

公共行政职能是公共行政机关在从事公共事务管理活动时所具有的最基本的功能与功能。休斯关于管理功能的"三分法"对这些功能进行了较为全面和精确的概括。本书在休斯"三分法"的理论指导下，就与此相对应的公共功能系统作了以下论述。

（1）战略管理职能

"战略"这个概念最初是在军事上被使用的，而在和平时代，战略这个术语也被引入了相关的管理体系，并且成为了一门崭新的管理学科。在 20 世纪70—80 年代，企业战略规划和战略管理在企业中逐步发展起来，其主要来源是企业的战略实践。引入了战略概念的管理途径，本着超越管理学科所受到拘束，与外部商业环境积极沟通互动的想法，对相应的战略目标按照时间顺序进行整体化和体系化的愿景规划，并由静态管理转变为目标驱动的任务管理。其中的策略就是要应对外部环境和相应的最终目标，而整体的管理方式就是要区分目标和目的，并规划实现的方法。

（2）公共管理的内部要素管理职能

公共管理的内部要素管理职能主要由三个部分组成：

① 管理机构与人事分配

在整个管理机构的结构与组成层次上，应该由组织的领导管理层来建立整个管理机构的各个组成以及分布结构，这样才能更好地应对各种事件和动态变化。同时，按照各自的职位，进行最合适的分配。

② 人事管理和人事管理机制

整个管理机构的真正能力是由其本身的人和人的综合才能所表现出来的。所以，对事业单位内部人员的准入和甄别，就需要有相应的人事制度加以规范。

通过对员工的合理招聘、培养和淘汰，来达到企业的自我调节。

③ 绩效管理考核

借由在组织内的资讯资料管理系统，可以即时了解机构的情况，并能动态地调整机构的部署。

（3）公共管理的外部要素管理职能

① 对利益集团的管理

而在这其中，最重要的就是对利益集团的管理。利益群体是与政府有关的，他们的利益比较特殊，并且在政策的制定和政治的决策中起着重要作用的；非政府的群体。一方面，这个组织有一个很强的体系，它可以帮助组织更好地与其他组织沟通，让组织更好地发挥作用。另一方面，内部也能进一步约束集团的成员，进而促进其内部政策的制订，以利于其内部实施。正是由于这个原因，它们才能为政府和社会各大领域之间的沟通提供通道。

② 对政策团体的管理

应该指出的是，政策团体包含在整个政治结构的运作体系中，它主要依赖于其拥有的特殊能力、义务和利益需求，从而能够对一个地区的政治决策和政策制订的方向产生有效的影响。而且，这个群体更容易被其所在地区的权威机构和领袖所接受，它的成员类型多种多样，他们的利益和目标都是一致的。

2.2.2　公共管理职能知识体系

从王德高教授《公共管理学》中可以看出，我国公共管理功能的知识系统主要有：公共部门的人力资源管理，战略管理，社会保障管理；其中包括：公共信息资源，电子政府，资源和环境管理；第三部门经营，公共目标与品质经营，监管与绩效经营。

（1）公共部门战略管理

"战略"一词源于希腊文，原为"将军"一词，表示它在制定作战计划和军队动员中的重要地位。在特定战役中取得胜利的低级目标。在现代管理科学中，"战略"一词通常是指一个组织在面临着各种挑战和机会的变化的环境时，寻求实现其长期生存和持续发展的总体计划。它可以被定义为：一个组织在激烈的竞争环境中，为谋求其生存和发展，实现机构的最终目标和理念，从而制定的具有长远价值的发展方向与部分任务。在经营层次上，既有组织运作的宏观目标，又有阶段安排和计划。从某种程度上说，策略就是一门运用和管理资源来达到目的的艺术。众多学者对战略管理的认识与理解各不相同，一些学者认为，战略管理的核心是过程，并将其理解为："这是对机构制定的战略的一种阶段性反馈调整过程"。另外一种观点是从决策角度来看，策略管理主要涉及到以下四个方面：① 对可能影响机构未来发展方向的潜在因素进行有效的分析；② 细致地分析各要素与制度运作之间的关联度和相互关系。③ 继续着眼于制度目标和策略的重新思考。④ 加速稳定地实施择优策略。按照战略管理的思路，从国家（宏观）、省级（中观）、市级（微观）三个层次，提炼出家庭养老政策的"目标""成功执行"不同层次的政策主题词汇。

（2）公共部门人力资源管理

公共部门人力资源管理，指的是将国家的行政机构作为分析的主体，按照现行的法律，对该单位或机构内部的组成人员进行人事方面的调配管理的行为与过程。以上所述的治理措施，其实又可分为两个层次，一个是广义层次，另一个是狭义层次。从狭义的角度来看，这种管理行为指的是特定的国家部门机关依法对本部门内实现的人力资源进行调配和处理的行为及其步骤。从更广的角度来看，对人力资源进行更深层次的管理与配置，就是要对人力资源进行结构性的调整，以满足企业总体发展的需要。在广义上，人力资源管理的具体步骤是通过对现有的人力资源展开已有的深入研究和了解，并进行长期或者中期的相关人力资源结构的计划与规划，最终通过相应政策的制定。这样才能保证控制的有效性。人力资源管理中的"广义"与"狭义"是相辅相成、密不可分的，两者之间的关系是相互影响、相互作用的，从而保障了整体战略的可持续发展。基于人力资源管理理念，从国家（宏观）、省级（中观）两个层次，对家庭养老中的"部门责任""责任"两个维度，对"部门责任"和"责任"两个面向城镇社区的政策主题词汇进行了提炼。

（3）公共预算与公共财务管理

公共预算是公共部门每年的收入和支出计划，它既有国家财政预算，也有其附属单位财政预算。这是一个针对所有公共部门的财政系统，可以将公共部门的合并账户列于分析表格（有时也称作"合并预算"）内。但是，这样的定义，并不能代表什么。为此，一些学者建议将公共预算与政府预算混为一谈，既包含纯政府预算，又包含只与政府金融交易有关的公共企业实体预算。在市场经济条件下，公共企业应该按照市场的要求来定位，并获得相应的利润（也有一些是为了维护公共利益，通过政府的补贴来支持）。为此，公营事业要有自主权，要建立公司制，不能采用类似于行政机关的准许审批制。与此同时，还规定了，政府资金应该被用在公企和政府之间的金融交易上，而不应该被用在公企和其他经济成分之间的交易上。通过政府会计（也就是与政府权力要求、流量、存量等一系列的业务数据相关的记录）的一系列经济业务，并结合汇总、记录、分析。对预算执行情况进行评价，以达到对政府各项活动进行控制与管理的目的。基于"公共预算"和"公共财政"的理念，本书从"市域"（微观）层面，提炼了"基金"这一城市社区家庭养老政策的主题词汇。

（4）社会保障管理

这一管理体系表明，社会和政府都是通过建立一个特殊的社会保障体系来确保整个社会保障体系的执行和正常运作。而其中的社会保险行政机关也对该系统的运行进行规范，并对基金进行及时的调节。按照社会保障的管理思路，从家庭养老的市域（微观）层面，提炼出与其他政策相衔接的"城市社区"政策主题词汇。

（5）公共信息资源管理

尼古拉斯·亨利将公共信息资源管理视为一项在人力、物力、技术、信息方面调整并实施一项进程和政策，该进程和政策适用于公共卫健委。公共信息资源的管理涉及的领域比较广泛。从卡尔森和欧弗曼的角度来看，他们的工作可分为四个部分：一是资料的系统化管理；二是电脑程式的应用；三是平面资料的处理；四是资料表的处理。按照"公共信息资源"的理念，从市（微）级的"政策"层面，将"政策"的"支撑"纳入到家庭养老中，以"支撑"为核心。

（6）第三部门管理

第三部门治理的内涵分为内外两部分：一是外部治理，二是内部治理。从内部来说，企业的自主权很大程度上取决于企业自身。基于"第三部门"治理理念，从省（中）、市（微观）两个层次，提炼出家庭养老中"规则""规范"。

2.3 公共治理理论

2.3.1 公共治理的内涵

"治理"一词来自于英文"Governance"，起源于古希腊和拉丁语，最初的意思类似于控制、引导和控制。而在 14 世纪末，英格兰的亨利四世则以此为象征君权神授的"神圣"。后来，这个术语更多地出现在一些涉及国家的事情上，并且经常与统治相结合。二十世纪末，World Bank 开创性地提出了"治理危机"一词，用来描述非洲大陆的现状。从那以后，它就有了一个新的解释，它的意义也就扩大了，并且被用到了很多方面，比如政治方面。而其内涵则是由全球治理委员会做出的如下定义：治理一词指的是集体或个体对于其多方事务进行自我管理以及多方协商合作，最终达成共同目的的持续整体。它可以表现为一种具有强制性的条款体系，也可以表现为一种非刚性的多个人间的软性合作。而这二者之和就是对其概念的一种深入的解释，也就是，"治理"一词的核心并不是实施治理方的组织形式与背景，也不是完成治理的手段与方式，更不是一个已经存在了的固定的制度政策。它的本质，就是为了适应这个世界的变化。简·埃里克·莱恩曾出版了一系列有关公共治理与行政的理论，这是一种关于整体政府运作的理论。因此，它不仅是一种用来进行政策分析的理论框架，而且还是一种对政府和社会相互作用过程进行研究的依据。在上个世纪末，全球公共行政领域发生了两次重要的变革，一次是"治理运动"，另一次是"新公共行政"。这两种因素共同作用的结果，就是一种新型的、多元特征的公共治理运行体系的产生，从投入和产出的角度看，它是一种多体协同的合作关系。而从总体结构上来看，这一系统又是一种连续式的结构，它自身又是对前面所述的理论框架进行了补充。

（1）公共治理的主体

现行的管理架构系统实质上是对社会环境问题的一种改良的方式。这打破了旧有的、一元化的体制，即管理公共事务的体制。这就意味着，只有政府和政府背景的机构才能对公共事务进行处理的体制进行优化，而取代之的，是除了政府和政府背景的机构之外的其他社会体制中，能够参与到政治生态环境中的各种形态的个体。这就使公共治理的主体从集体形态变成了一个可以同时处理公共事务的多元化管理体制主体。这个架构随着时代的发展，使民间团体在处理公共事务与公共行政上的能力越来越强。这说明它在其他参与者的群体信任情形下，可以表现出特殊的对应性价值，更具可操作性。基于该理论框架下的对公共治理主体的阐释，本书在家庭养老中对城镇社区参与的三个层次的评价指标的选择上，选择了参与主体的协同性、多元性和互动性，从而反映出我国城镇社区的公共事务管理系统的多元化的特点。

（2）公共整治与管理的客体

所谓的管理客体，实际上是指整个管理框架体系的处理或面向的对象，从本质上来说，这一对象不能被定义清楚，具有极大的普遍性。而如果从其性质和其所处的学科领域方向来看，其所面向和要处理的事务具有非常广泛的性质，可以跨越各个与政治生态有关的领域。城市社区家庭养老的政策经营对象，主要是家庭养老上的老人，社会团体，以及从事护理工作的人才。然而，由于篇幅的限制，本书将城市社区实施家庭养老的对象限制为家庭养老中的老年人。所以，在对家庭养老的实施机制和模拟分析中，只局限于探讨了政策对城市社区中老人疗养服务的影响。

（3）公共治理的目标

在宏观层面上，治理公共事务等政治生态问题，其终极目标在于推动整体政治生态的发展与优化。所以，它的最终目的就是为了达到"多赢"的目的。

（4）公共治理的手段

从上述框架中，我们可以看出，主客两个层面的管理交互方式，一定要与主客自身的特性相适应。这意味着，在公共管理的进程中，所使用的方式必须具有高度的多样性和复杂性。为此，它所采用的方法也必须在原有的公共事务处理架构基础上加以扩展，如：保持原有的强制性法规和规范事务处理方式；增加适合当前管理主客体属性的多种协作谈判方式等。

2.3.2　公共治理的特征

（1）公共治理的主体具有丰富性

公共治理的主体大致上概括为各种公共管理机构，如各级政府、公立和私立的机构等。在这一过程中，政府仅仅是一个方面，还有个人，私营企业，社会团体，以及各种国际性组织。现代公共治理有别于传统意义上的两分法模式，更注重社会与政府的融合，在公共服务和事务管理两方面分列了很多中心，使得政府对于各级组织及其关系的调配实现了弹性化管理。

（2）实现公共治理的网络化统一管理

分权，即将权力分散到政府一方，而将权力分散到更多的主体，并最终通过网络对其进行统一管理。在这一协调合作的过程中，他们更多地依赖具有一定民主性的网络，而非对强权的恐惧，从而完成了从单一上行下效的管理向多中心互动合作的转变。该策略的实施基于协商，关注行动参与者间的沟通和协作，将管理转变为一种上上下下的互动模型。借由彼此间的合作，结合市场、工作利益等方面的考虑，达到共同经营之目的，达到共同经营之目的。从这一点可以看出，在这种情况下，公共行政所要求的并不是对政府权力的恐惧，而是对合作方式的信任。

（3）公共治理的实现主要依靠于合作与信任

为了达到更好的公共管理效果，必须在制度中增进各方的互信与互惠。从整体上看，公共治理实施的过程是一个自上而下的相互作用过程，在这个过程中，要注重各方的协同参与；主要包括：组织、个人、学者、专家等等。这三个主体，在共同的社会治理机制下，都是以互相信任、互相协作的方式，共同构建共同的价值观系统；在此基础上，建立良性协作关系，促进公共治理的提高。

（4）公共治理具有多种方法和措施

要实现公共治理，就必须依托各种治理手段，实行协同治理。其中包括了传统的强制性规范手段（如法律、政治等），以及对市场运作机制进行调控的经济手段，以及文化、教育、社会等方面的创新。

2.4　相关行为理论

2.4.1　社会学习理论

在 1971 年，Albert Bandura 提出了社会学习理论，该理论认为，人们会通过对周围环境的观察和学习，来调整自己的行为，从而重视环境和人的交互作用。班杜拉，认为在学习理论中，大多数人都会忽略人的行为是由社会因素决定的。在这一点上，班杜在他的研究中加入了社会因素，并且将个人与其所处的环境所引起的个人行动视为其后果，由此提出了三元互动决定论。在他看来，在一个人的行动中，社会情境、个人的认识与行动是三种主要的影响因素。其中，社会环境指的是资源环境和行动结果等。个人认知包括知识，态度，期望，信念。行为是指语言的表达，选择和行动的过程。这些因素之间的因果关系是相互关联的，是个人行为产生的基础。本书以社会学习理论为视角，认为城市社区家庭养老服务在家庭养老服务中的应用状况，是由个人认识、外部环境等多种因素所决定的。对于不同区域而言，城市社区家庭养老中的老年人，他们对自己的需要都存在着一定的认识，因此，在城市社区中，家庭养老中的老年人，其对服务的利用程度，取决于其所处的社会环境与个人的认知。在一定的人口统计学和社会结构特征下，在城市中，如果家庭养老中的老年人对家庭养老服务的信仰认知程度达到一定程度，则不会受到诸如家庭养老宣传政策和激励政策等外在社会环境的影响。在个人的自我认识水平不高的情况下，对家庭养老的推广在某种程度上会产生依赖，而在推广效果不佳的情况下，则会造成个人对服务行为的使用次数减少。

2.4.2　态度改变与形成的三阶段学说

三个阶段理论是由著名的社会心理学家凯尔曼在 1961 年首先提出的，他的理论从顺从性、同一性和内化性三个层面上进行了三个阶段的研究。首先，个体出于物质需要、心理反馈和逃避惩罚等原因，表现出了个体暂时的、表面的顺从，这是顺从期的特点。其次，在对别人的看法、态度、信仰、理想等认同的基础上，对别人的看法、态度、信念、理想等的认同，这就是"同化期"的特点。最后，当个体从心底里真正相信、崇拜、佩服他人，并以他人为榜样而改变自己的行为时，就是内化阶段。其中，"同化"与"顺从"的不同之处在于"有无意愿"，"内化"与"遵从""认同"的本质不同，是"心甘情愿"地接受新观念、新观念，并将其吸收并转化为自身的组成部分。从上述三个步骤可以看出，个人的态度并非单一，而是多元化。其中，在心理认知没有变化的情况下，行为发生了变化，这是一种典型的服从阶段，而在行为和心理认知发生变化的情况下，这是一种认同和内化阶段。另外，在激励因素、宣传因素和个人认知因素三个方面，所得到的服务结果也不尽相同。首先，在家庭养老的社区老人服务的使用中，奖励政策经常起到顺从的作用。这种策略是一种激励机制，在缺乏激励机制的情况下，个人将会丧失与之相适应的遵从行为。因而，许多学者的研究结果均认为这一政策效应是短暂性的，这也从一个侧面说明了家庭养老在社区对老年人服务消费行为的促进效应，在个人的心理认知层面上还没有得到充分的认同。其次，本书指出，由于倡导政策的实施，更多的是由于身份的原因。经过整理大量相关的研究结果发现，多数学者认为宣传政策对个体自我认知的影响是十分明显的，因此能提高老人对服务使用行为的认同感。最后，以家庭养老服务为例，分析了个人心理变相对社区的影响，并提出了影响因素。要想让老人在心底有一种认同感，就必须把这个观念融入他们的价值观中。因此，本书认为，在某种程度上，个人认知变量效应的体现取决于内化的发生。

2.4.3 认知学习理论

"认识论"主要是以人的理想信念，期望，目标为内化；积极主动，积极，等等，把个人内在的潜能激发出来。此理论将个体视为解决问题的决定者和执行者，强调个体主动搜集信息，运用信息，对环境变化进行强有力的控制。此外，这个理论也强调了意识的能动性，认为创造性，理解力，动机；认知等是学习的基础，个人的一切行为都会受到个人主观心理因素和客观环境因素的影响。从这一理论的角度来看，在社区家庭养老服务中，家庭养老的老年人应该积极地接受和分析有关的养老信息，并根据收集和处理的信息做出正确的判断，进而提高他们的主动学习能力。为此，政府应加强对老年人的教育，提高老年人对家庭养老服务的认识，使其能更快地在城镇社区内推行。本书认为，这是一种具有普遍性的学习理论。

（1）研究表明，学习并非简单地将刺激和响应连接起来，而是对知识进行再组织。学习就是对人的认知结构进行重新组织和重组，其表达式为："S－AT－R"（A为吸收，T为受试者的认知结构）。客体刺激（S）通过被受试者吸收到认知结构（T）后，就会产生相应的动作响应（R），从而产生学习。柯勒，一个早期的认知学习理论的代表性人物，在他的1917年的论文《猩猩的智慧》中，通过7年的时间，对大猩猩做了18个试验，并提出了"顿悟"的观点。柯勒认为，学习不只是一种单纯的"刺激-反应"的连接，它还包括对所学情境中事物之间相互联系的认识，以及对所学情境中事物之间相互联系的认识，从而形成一种形式的完形，以及一种形式的有目的性的认识与顿悟。换言之，学习就是对感觉进行重组，构建形式完成的过程。（2）学不在试错，而在顿悟。柯勒认为，"学习"是一种"突然性"的认识，是一种"对情境的整体感觉"，是一种"由总体而局部"的感觉，"由总体而局部"的感觉。在柯勒的试验中，大猩猩们突然学会了用一些短棍来获取更高的香蕉。柯勒称这一突如其来的学习为"灵光一现"。学习是一种"突变"，而不是一种不断摸索、不断发现错误的过程，更像是一种智慧，一种对知识的领悟，一种对知识的领悟。（3）学习是一个处理信息的过程，根据认知主义的学习理论，学习是一个人接受并运用信息的过程，是一个人自身对周围环境产生影响的过程；人脑的思维活动过程可以被转换为对特定信息进行处理的过程。伴随着计算机技术的不断发展，以西蒙（H.A.Simon）为代表的一些学者开始研究利用计算机模拟的方法，来对人类解决问题的过程进行模拟。可以用计算机处理信息的过程来模拟人的心理过程，用计算机程序对人的学习行为进行解释和理解，也就是借助计算机及计算机语言来对人类信息加工的过程进行描述。

2.4.4　计划行为理论

根据计划行为理论，个体行为主要受主观规范、行为态度、知觉行为模式的影响，如图 2-2 所示。其中，行为态度是指个人在完成一件事情后，心中做出的好恶评价。个人在作出决定时，会受到群体、环境和他人的影响，这就是主观规范。如果一个人能够对其难度作出一个合理的判断，那么这个人就是他的自觉行为。在意图和行动之间有中介数量的改变时，个人行动的产生要经过动机和执行两个阶段。在动机的作用下，个人的意图行为的产生，态度的进程变化，主体意识的能动性的产生，都是在动机的作用下发生的。在经过了动机阶段以后，个人会制定相应的计划，并付诸行动，这就是实施阶段。

在计划行为理论中，有如下几个主要的观点：（1）由个人意志完全控制的行为，除了受到行为意愿的影响之外，还受到了实施行为的个人能力、机会以及资源等实际控制条件的限制。当实际控制条件足够的时候，行为意愿可以直接决定行为。（2）精确的感知行为控制反映了现实的控制状态，所以可以用它

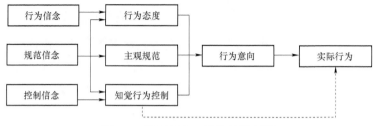

图 2-2　计划行为理论结构模型图

来代替现实的控制状态，对现实的控制状态进行直接的预测（见下图虚线），其预测精度取决于感知行为控制状态的真实性。（3）行为态度，主观规范，行为控制是影响行为意图的 3 个重要因素，态度愈积极，他人支持愈大，行为意图愈弱，相反，行为意图愈弱。（4）个人对行为有很多的信仰，但是在一定的时间和条件下，能够获得的信仰却很少很少，这种可获得的信仰，也称为突出信仰，是行为态度、主观规范、感知行为控制等的认知和情感基础。（5）个体和社会文化（例如个性、智慧和经历）的因素；年龄、性别、文化背景等因素对个体行为的影响，进而影响个体的行为态度、主观规范、感知行为的控制，进而影响个体的行为意愿与行为。（6）行为态度、主观规范和感知行为控制在概念上是可以完全分离的，但是在某些情况下，这三个部分之间存在着相同的信仰，所以这三个部分之间是相互独立的，同时也是相互关联的。城市社区实施家庭养老政策对家庭养老老年群体的影响过程较为复杂，目前尚无定论，因此，本书试图从行为学的角度，对其影响机理进行探讨。规划行为理论揭示了影响个人行为的主导因素和作用途径；认知学习理论揭示了外界因素作用于个人认知的过程；三步说揭示了个人态度转变的三种方式；社会性学习理论把家庭养老与个人行为联系在一起。

2.5　社会支持理论

2.5.1　社会支持理论的提出

迪尔凯姆是法国社会学家，他首次提出了"社会支持"的概念，通过对社会外在因素的分析，发现那些被社会排斥的人，更有可能出现精神错乱，从甚至导致自杀。到了 19 世纪 70 年代，精神科正式将社会支持理论引入到他们的学科。当前，各种类型的学术研究都可以涉及到社会支持理论。Shumaker 和 Browenell 认为，社会支持是指两个或两个以上单独个人或多个群体之间发生的物质与信息的交换过程，双方都以提高对方的福利标准为目标。根据巴雷拉等人的观点，社会支持主要有：精神上的支持，行动上的帮助，物质上的帮助；有 6 种方式，即亲密互动，直接指导，情感反馈，交流。在此基础上，我国一些学者也对社会支持问题提出了自己的看法。李强从社会支持的涨落效应和个体的身心发展状况两个角度出发，提出了一个观点：社会支持是个体在参加社交活动时，由于与他人建立了亲密的联系而产生的一种缓解压力的方法；缓解人们的心理压力，以适应不断变化的社会发展状况。郑杭生，陈成文等人将社会支持的概念界定为"国家"和"社会"；以个人为代表的社会支持网络，对困难者、弱者提供无偿的帮助和服务。③ 李娜学者认为，社会支持是个人在国家、市场和社区三个层面上的一种复杂的社会过程；家庭，自己等所得到的一切支持。国家政策，劳动市场，社会和教育；在不同发展阶段，家庭支持和个人支持都可以被纳入到社会支持体系中。在此基础上，本书提出了政府、社区和社会组织三个层面的社会支持理论；个体和家庭在有效行为交互、行为支持和行为结果反馈等多层次的协作过程。

2.5.2 社会支持理论的内涵

"社会支持"这一概念从被提出到现在一直被使用，但它的含义却一直没有得到各学科的一致认可。谭敏将社会支持定义为一个群体或者一个人，作为一个社交单元，通过交流情感，分享物质，交换信息等方式进行的一种交互活动。在社会交往的过程中，双方能够得到情感支持和精神互助，还能够得到除了交往主体以外的其他资源的共享。其中，政府是主要的社会支持力量。为了实现对每一位老年人的社会养老福利的公平性和公平性，政府建立了一个养老服务保障体系，在养老保障过程中扮演着一个引导者和指挥者的角色。市场是一种可以灵活地支撑养老服务供给的力量，它在配置养老服务资源方面发挥着决定性的作用，它最大的优点是高效率、多元化，可以及时地弥补家庭和政府的不足。在家庭养老服务体系的构建过程中，家庭是支撑养老服务提供的最根本的力量，在整个社会中起着无可取代的精神保障作用，人到了晚年，对亲人的陪伴、对孩子的精神关怀尤为重视。人们一般都会选择家庭养老，因为他们的子女会主动关注他们的日常生活，以及他们的身体和精神状况，让他们得到安慰。当前，家庭养老在我国的地位因经济、政治等方面的发展而逐步被弱化。社区是另外一种重要的社会支撑力量，与传统的家庭养老相辅相成，利用网络养老服务平台和社区内的适老性改造等方式，为社区中的老人提供更方便的家庭养老服务，从而为加强城市社区家庭养老服务的体制保障，提供更多的社会保障。非政府组织（NGO）指的是在社会中发展起来的，不以营利为目的，有章程有组织，主要是对政府活动进行补充的团体及志愿组织，它们是以自愿服务性质的团体，来支持养老服务供给。

2.6　社会支持体系的研究框架

本书将以学者们已有的研究成果为基础，对社会支持的定义进行详尽的定义，并以自己的理解为基础，构建一个社会支持系统的研究框架。即完备的社会支持体系应当包括以下四部分：社会支持主体、社会支持客体、社会支持场景和社会支持内容。

2.6.1　社会支持的内涵与外延

"社会支持"这一概念在几经修正和提炼后，最早由拉什科首先提出。完整的概念是：社会支持指的是一种人际的社会互动关系，个体可以通过社会关系与外界群体交换资源。在这一过程中，经常会发生帮助行为以及一些涉及认知、精神等方面的系统性的心理活动，从而构成了社会支持。法国迪尔克姆在其《自杀论》中对"社会支持"进行了深入的探讨，其中包括"影响说""关系说""系统说""行为说""资源说"等。此外，与国内相比，国外学者对于"社会支持"的定义更加多样化，例如，Cobb（1976）是根据社会支持的性质来定的，Procidano和 Heller（1983）是根据被支持者的观点来定义的，Shumaker 和 Brownell（1984）是根据社会支持的意图来定义的，Antonucci（1985）是根据社会支持的功能来定义的，后来，J.E.Hupcey（1998）又对这些定义做了一个特别的归纳，并将以上定义的方法归纳为五种类型的社会支持。国内学者采用三种分类标准对社会支持进行界定，包括社会支持性质、社会支持主体和社会支持功能网。关于社会支持以及社会支持系统的定义和分类，陈成文（2000）将社会支持界定为一种有选择的社会行为，也就是特定的社交网络，通过物质和精神两种方式，向弱势群体提供一种免费的帮助。林南（2004）将社会支持定义为"以社区、亲密伙伴或其他组织为基础，以表达或工具形式为基础的资源"，它既可以被感知，又可以被真实地获得。大多数学者，如徐勤（1995），姜向群（2014），杨建海（2020），都把社会支持系统分为正规和非正规两类，并把社会支持系统分为正规和非正规两类。对于将正式支持与非正式支持进行区分的问题，学者们的观点各不相同：有的学者认为，正式支持指的是需要的、不可或缺的，由政府部门提供的支持，例如制定政策、履行监督管理职责等。而非正式支持指的是除了政府部门以外的其他主体，如市场、家庭和社会提供的支持。而一些学者把政府、社区、单位等正式组织作为正式支持的参与主体，把家庭成员、朋友等非正式组织也作为非正式支持的一部分。根据孔伟艳（2020）的理论，社会支持系统由三个组成：主体、客体和中介。鉴于失能老年人与其他老年人群的差异，并参考其他老年人群的社会支持系统建设，本书拟运用三因素对家庭养老中失能老年人群的社会支持系统进行分析，并在此基础上，提出了"社会支持情景"这一概念，并将其列为社会支持系统的第四部分。具体结构是这样的：

（1）社会支持主体，等同于社会支持提供者。家庭养老是以"失能老年人"为对象，其服务需求涉及到医疗、家庭、精神等多个层面，因此，不仅要有政府，还要有企业、家庭、社区等多个层面的社会支持。（2）社会支持客体，即社会支持的接收者，或社会支持的对象。一般的脆弱群体会被定义为社会支持客体网，因为失能的老人已经失去了所有或部分的个人生活自理能力，所以被划分到了脆弱群体中，比如他们不能完成 ADL 量表（日常生活自理能力）中的吃饭、穿衣和洗澡。在床上躺下，上厕所，在室内行走。另外，家庭养老中关于失能者家庭照顾者的研究也涉及到失能者家庭照顾者的支持问题，比如闫萍等人的资料调研结果显示，失能者家庭照顾者主要表现为：女性居多，面临多重压力，身份融合。家庭决策，价值冲突，以及其他的两难选择。为了建立家庭养老中的社会支持系统，本书将采取一般性的看法，只对失能老年人所得到的社会支持进行研究，因此，本书只以失能老年人为研究对象。（3）社会支持的内容，指的是社会支持的对象，通过某种方式，对其进行帮助，包括物质援助、生活救助和精神安慰。（4）除学术上所提出的三个因素外，本人还认为，"社会支持情景"应该是对"社会支持"这一概念的一个补充，也就是社会支持的对象在某些情景下所能获得的帮助，例如，佛山市南海区第九人民医院，对生活在家中的残疾人进行压疮护理。

2.6.2　社会支持主体

根据福利多元主义的核心思想，政府不应当是提供社会福利的唯一主体，福利供给责任应当由公共部门、非政府组织、社区、家庭等多主体共同承担。在这一进程中，政府的作用从一个纯粹的供给者，变成了一个社会福利的购买者、破坏者和仲裁者。总体而言，福利多元化的核心理念就是福利供给主体的多元化，其中最重要的就是削弱政府的作用，让其他部门和组织的多元化参与。本书将家庭养老的社会支持主体界定为政府与社区，并将其作为政策制定、监督执行、辅助其他社会支持主体运作等方面进行了研究，未将营利组织（如企业）、市场等纳入其中。从实质上讲，家庭养老的社会支持是一种"公共物品"，而政府在这一类"公共物品"的供给中起着主导作用。比如，对于参与创办家庭养老的企业，可以给予一定的税收减免，政策资金的扶持。向养老支助发放各种补贴，其中有家庭养老服务分类补贴、养老护理补贴等等，这些补贴不仅针对社会养老机构，而且针对家庭养老的看护人员和老年人也有补贴。但是，我们也应该认识到，并非只有政府一家，在老人的生活照护、家访等方面，社区也起到了很大的支撑作用。

2.6.3　社会支持场景

随着社会经济的发展，养老方式的相关观念也随之发生了变化。祁峰（2010）提出，家庭结构、生产力发展水平和社会文化等因素共同影响着老年人的养老方式。根据不同的分类标准，养老模式的分类是有差别的，按照资金来源，可以将其分类为家庭养老与"社会养老"。按养老院分类，可分家庭养老与医院养老。根据其功能承担主体的不同，可将其划分为家庭养老、社区养老和机构养老三种类型。目前，"9073"的养老模式已经成为了我国大多数地区的养老模式，从"十三五"规划提出的"以居家为本，以社区为本，以机构为辅"的养老模式，可以看出，以家庭养老、社区和机构为本的养老模式为主，至于农村养老、旅游养老、抱团养老等新的养老模式，因为价格太高，大多数老年人负担不起，养老模式的可持续性不强，新的养老模式的不足，很难满足残疾人的需要，所以，家庭养老的养老模式只是一种补充，所以，家庭养老依然是主流养老模式。在这一背景下，笔者对家庭养老、社区养老、机构养老三种不同的观念进行了梳理，从而明确了家庭养老的内涵和外延。"机构养老"是指老年人通过自己或国家和家庭的资金支持，集中到一家专门为老年人提供综合养老服务的机构里。养老院、老年公寓和福利院等是养老院养老的主要形式。社区养老是将家庭作为本位，以社区为基础，提供上门服务和日托等服务形式，提供家政服务、看护护理等服务，并适当引入养老机构的专业化服务。社区养老的主要方式有两种：一种是社区对家庭养老的老年人进行帮助，老年人既能从社区得到帮助，又能从自己的孩子得到帮助。另一种是完全由社区老年寄宿所的养老护理人员来为居住在这里的老人提供照顾，家属可以频繁地去看望，甚至是进行辅助照顾。追溯家庭养老的由来，可以追溯到英国政府各部门采取的一系列政策措施，号召家庭与社会共同为有困难的老人服务，使他们能够在自己的家里、在自己的社区里生活。1982 年，维也纳关于老龄问题的国际行动计划和 1992 年，联合国《老龄问题宣言》都主张老年人可以根据自己的愿望，在家里享受退休生活。国家老年办公室将家庭养老确定为一个基于社区的、由政府和社会共同参与的、通过家庭养老项目向老年群体提供必要的养老服务的模式。穆光宗、姚远（1999）将家庭养老界定为：老年人在各方面都有强大的靠山，以社区为依托，以家庭养老为基础，以顶层制度、政策及法律作保障，是家庭养老与社区养老相融合，共同发展的一种养老体制。张春艳（2007）认为，家庭养老是以家庭养老为补充，以社会养老为补充的一种全面的养老方式。家庭养老被刘金华（2016）界定为：老人在自己的家里，由自己或配偶或子女照料，并由自己或配偶或子女照料。也可以是由非居家看护者提供日间看护、医疗照料等服务的一种养老模式。在穆光宗（2000）的文章中，他认为家庭养老未必就是家庭养老的内容，而"机构养老"未必就是"社会养老"的内容。家庭养老的实质是将养老的作用从家庭转移到社会，具有远超家庭养老和机构养老的无可比拟的优点，同时又兼具家庭养老给老年人提供的温馨、亲切的照顾环境，以及社区服务减轻老年人照顾的困难，使得家庭养老能够持续地发挥它的养老辅助作用。从更广的角度来看，家庭养老所提供的社会支持，是对家庭养老和前一种形态的社区养老的很好的吸收，使家庭和社区的养老作用得到了最大程度的发挥，使失能老年人"家庭养老"成为家庭、社区、政府三方共同的责任。

2.6.4　社会支持内容

普通家庭养老服务主要内容有：吃饭、洗澡、上门诊疗等；康复护理、日间护理等，而丧失能力的老年人因为没有独立生活能力，所以在身体上、心理上和经济上都有很大的需求，这就是家庭养老所提供的护理服务的特点。郭延通和郝勇（2016）基于对上海市失能者的调查数据，将失能者的养老需求分为三大类：医疗护理需求、生活护理需求、养老设施需求。结合国内外相关研究及相关政策，本书将社会支持分为"上门服务"与"日间照顾"（以生活自理为主）两类。卫生保健适老性改造收入保障政策扶持。

（1）上门服务和日间照料

上门服务是指帮助老人实现日常生活自理，它是一种雇佣形式的购买长期照护服务，由雇佣者为老人提供上门到户的房屋清洁、洗衣、做饭、喂食等服务。日间照护就是在社区的日间照护中心，为老人提供膳食、照顾等服务。人进入老年以后，随着疾病的出现，随着年龄的增加，生活自理能力也随之降低，而失能老年人由于其年事已高，多疾病的特点，需要更多的社会支持。例如，在山东省青岛市，近十万残疾人中，只有不到两万人进入了养老院，而其中八万多人选择了家庭养老。因为失能老人对家庭养老的偏好较高，所以，在医院里，他们的照护效果并不能完全发挥出来，所以，政府和相关部门必须加大对日间照护的投入。比如，各地政府正在积极试点建设的养老驿站、健康驿站，以对外经营的形式，来供养对内（社区内常住老人）的护理需求。

（2）医疗保健

家庭养老社会支持体系中的医疗服务体系对于失能老人的意义重大。一方面，大多数失能老年人都是以慢性为主，并且随着年龄的增加而增加其患病的危险性；因此，失能老年人对卫生服务的要求很高。对失能老人而言，其退出劳动队伍并不等于其退出了社会，其家庭结构的改变并不等于其离开了家庭；在失能老人患病期间，更需与社会建立沟通，以保障其除了基本的物质生活需求之外的身体健康。

（3）适老化改造

2020 年 7 月 15 日，民政部、国家发改委等 9 部委联合出台《关于加快实施老年人居家适老化改造工程的指导意见》，聚焦特殊困难群体（包括高龄、失能、残疾老年人）的需求。主要采取设施加装、老年用品配置等形式来支持 200 万户困难家庭进行适老化改造。

在各种适老化改造项目之外，文件还着重指出，要加速对家庭照护病床模式的探索。家庭照护病床是以附近的养老机构为基础，实行专业化的信息化管理，并对其进行适老化改造。在老人家庭中植入养老院，为老人提供"随叫随到"的专业化照料服务。以居家护理为主要内容的老年患者，将其纳入"家庭医生"，为其提供免费体检、预约转诊和建立健康档案等服务。对于试点地区，将给予相应补助，比如北京市，补助标准为一张床位一个月 500 元。在家庭养老的社会支持情景中，家庭养老床是由一家养老院提供搭建而成，应该被纳入到家庭养老的社会支持系统中，也就是说，虽然本书所讨论的社会支持对象中没有包括一家以营利为目的的机构，但是，由于家庭养老是本书所讨论的社会支持系统，因此，本书所讨论的社会支持系统中，本书所讨论的是以营利为目的的一个社会支持情景，因此，本书也应该讨论。

（4）收入支持

一些地区在制订家庭养老中对失能老年人的社会支持政策时，并没有把重点放在网络失能老年人的护理费用上。事实上，照顾无能者的计划牵涉到照顾费用问题，原因是，老人一旦退休，就会失去他们工作时的较高收入，加上他们的身体状况越来越差；收入低、消费高的老年人，很难满足他们的养老需要。在满足了家庭养老中提供的社会支援计划后，还应保证残疾老年人有享受这项服务的经济条件。所以，在对残疾老年人的家庭养老进行真正的支持时，必须把各种养老补贴、财政补贴等支持项目作为一个独立的收入支持来考虑。在各种社会支持的内容中，政策支持是贯穿始终的，它主要指的是家庭养老和失能老人相关的政策文件，它是社会支持的顶层设计。近年来，国家出台了一系列与"失能"相关的政策文件，其关键字多与"护理补贴""长期照护""病床建设"相关。

第三章

家庭养老服务社会支持政策
体系的发展

3.1 家庭养老服务社会支持政策的演进

早在 20 世纪 80 年代，家庭养老的概念和方针，就已经在国内逐渐成形了。从这一概念的初步形成，到国家正式出台相应的政策，家庭养老的制定，可以分为四个阶段：萌芽期（1980—1989 年），启动期（1990—1999 年），初步形成期（2000—2007 年），形成并迅速发展期（2008 年至今）。

3.1.1 家庭养老服务社会支持政策萌芽期（1980—1989年）

在改革开放之初，由于"一元化"战略的确立，这使得沉闷已久的中国在社会主义市场经济的刺激下，出现了一批由农民向城镇转移的新移民；中国在这个时候还在享受着人口的红利，还没有进入到人口老龄化的阶段。但是，家庭养老已引起中国政府的高度重视，并于 1982 年 3 月通过国务院的批准，在中国设立了"老龄问题世界会议中国委员会"，其主要任务是就国家老龄事业发展的方针、政策、规划等重大问题，以及老龄工作中的重大问题，开展调研，探讨如何应对老龄问题。中国政府于 1982 年 7 月参加在维也纳举行的"世界老龄化会议"，担负起推动我国老龄化事业发展、应对与改善的重任。1983 年全国老龄工作委员会出台了《关于老龄工作情况与今后活动计划要点》中，就国际老龄发展趋势及我国特定国情，提出了许多切实可行的意见。要根据老年人的不同需要，积极创造条件，有系统地建立各种老年人协会、老年人活动中心、老年人服务之家等。特别是老年人医院，诊所有针对性地为老年人提供就医和保健服务。此外，政府还设立了日间护理中心，协助无人照料的老人。在社区、社区、社区等基层组织中，开展各类社会福利、互助活动，让老人的生活更加丰富多彩。其中，家庭养老中所提出的意见，就是其中的一部分，是当时比较先进的观点。20 世纪 80 年代的有关政策载于表 3-1 中。

表 3-1　与家庭养老服务相关的国家政策

时间	出台部门	文件名	涉及内容
1982	中共中央	《中华人民共和国宪法》	赡养义务
1983	老龄委	《关于老龄工作情况与今后活动计划要点》	首次出现"老年人日间照料中心"（日托所）
1989	中共中央	《中华人民共和国城市居民委员会组织法》	社区为老服务
1985	卫健委	《关于加强我国老年医疗卫生工作的意见》	老年医疗专门意见
1988	国务院	《中国残疾人事业五年工作纲要》	社区康复服务

这一时期，中国基本上不存在人口老化等明显的问题，主要的问题是要提高生产力，要大力发展经济，全国主要精力集中在经济建设方面；目前，人们对老人的养老问题以及家庭养老作为一种服务形式还没有清晰的认识，在这个时期，老人的养老模式仍以家庭养老为主。从表 3-1 可以看出，在 1982 年的《中华人民共和国宪法》中，老年人有享受国家和社会的物质援助的权利，子女有赡养父母的义务，以及禁止虐待老年人的义务，都是在国家的法律层次上，明确了子女对老人的义务。1989 年，《中华人民共和国城市居民委员会组织法》第 4 条明确了"居民委员会应当为人民群众提供便利，并可以建立相关的服务机构"。这就为后来社区承担一部分社会养老责任，开展社区照料、社区养老服务等活动，提供了重要的法律支撑和保证。1985 年，卫健委发布了《关于加强我国老年医疗卫生工作的意见》，指出目前的养老服务已不能满足老龄化社会对养老服务的需求，因此，提出了一种新的养老服务模式。为此，我们应积极开展老年疾病的预防和治疗，积极培养老年医学人才，加强中医药老年医学的研究。其中，"积极发展家庭病床，提高医院管理水平，便利老人就医"是目前国家在实施家庭养老服务时，提供医疗服务的一种重要途径和方法，对促进医疗健康工作的发展具有很强的支持作用。《中国残疾人事业五年工作纲要》在 1988

年通过的文件中指出，要高度重视基层医疗卫生网络的建设，把基层医疗卫生网络与社区医疗服务网络、残障家庭有机地结合起来，以社区为依托，促进社区康复。《工作纲要》进一步突出了社区康复的重要意义，并对社区康复工作给予了高度的关注。同时，家庭养老服务的供给主体之一就是社区，这对促进社区康复服务的发展起到了很大的支持作用。在此期间，家庭养老服务的概念还没有得到清晰的界定，老龄化问题还没有显现出来，不过，家庭养老的理念已经逐渐在政府的有关养老政策文件中得到了体现，比如，开展社区服务。与此同时，在这一阶段，人们更多地关注了以社区为中心的养老服务，而忽视了以家庭养老为代表的传统的养老方式所起到的作用。就决策部门而言，该阶段主要由中国残联、卫健委等机构制定，其对社区服务的政策多有出台，而民政部等相关机构则仍处在政策空白的阶段。

3.1.2　家庭养老服务社会支持政策启动期（1990—1999年）

20 世纪 90 年代以来，中国还在不断地探索着社会主义市场经济的发展道路，继续着改革开放的道路。尽管老化问题还没有显现出来，但各国政府越来越关注这一问题。在这一时期，最具划时代意义的是《中华人民共和国老年人权益保障法》，它是我国有史以来的第一部保障老年人权益的法律，首次把维护老年人的合法权益与发展老龄事业有机地结合起来。在提出以家庭养老为主体的养老模式的基础上，要进一步完善老年社会保障体系。其中第 35 条提出，要立足于社区服务，分阶段、分层次、分层次地建设符合老人需求的文化生活服务中心，以及疾病护理和康复中心，这些都将为家庭养老服务未来的发展奠定坚实的法律基础。目前，家庭养老还没有出台，但在已发布的政策法规中，还是可以看出与家庭养老服务有关的内容，而在目前国家大力发展第三产业的思想引导下，我们的社区服务也随之发展起来。1992 年，中共中央通过《关于加快发展第三产业的决定》，指出发展第三产业，有利于推动市场的发育，提高服务的社会化和专业化，从而使社会保障水平得到进一步提高。所以，发展第三产业对解决人民日益增长的物质文化需要和现实生活不能满足的矛盾有好处，而在我国发展第三产业的过程中，居民服务业是一个重要的发展方向。有了这一政策，中华人民共和国民政部、老龄办等相关部门，也都纷纷将重点放在了社区服务上，这也是国家未来家庭养老服务的制定之初。在 1991 年，民政部颁布的《民政事业发展十年规划和"八五"计划纲要》中，明确了"以社区为中心"，提出了"以发展为中心"的理念，并在此基础上，进一步完善了"以服务为中心，以社会服务、社会福利为中心"等理念。1993 年，民政部发布的《关于加快发展社区服务业的意见》，突出了社区医疗服务的重点，明确了社区医疗服务的发展方向、目标和基本任务，并对其筹资途径进行了阐述。与此同时，要重视对社区服务的评价，要构建与之相适应的社区服务统计指标体系，科学、合理地评价服务质量效果。与此同时，要尽快制定出与产业政策相适应的各种法规，为社区服务提供一个稳定的法律保证，让它走上法治化、产业化的道路。1997 年《民政事业发展"九五"计划和 2010 年远景目标纲要》对全国民政事业"八五"时期发展情况进行了概括，但没有为"九五"时期制定具体的发展规划，也没有提出具体的规划。"大力发展社区服务，丰富和完善各种公共服务设施，为广大市民提供便利。"与此同时，民政事务部也认识到"银色浪潮"的迫在眉睫，正在加大养老服务的力度，建立"夕阳工程"，积极应对人口老龄化带来的挑战。《中国老龄工作七年发展纲要（1994—2000）》是由全国老龄工作委员会、民政部等 14 个部门在 1994 年发布的，第一部分是对国际上的人口老龄化趋势及中国目前的老人状况进行了概括，第二部分是在家庭养老的基础上，坚持以社会养老为核心的方针。老年人的养老问题，既需要家庭持续发挥经济供养、生活照料、精神慰藉等方面的作用，也要积极构建并健全社会养老保障制度，增加老年人福利设施，发展老年群众组织。社会化服务的覆盖面持续扩大。要充分发挥他们的生命主动性，使他们真正做到老有所养，老有所医，老有所为；老年人享受老年人的乐趣，老年人学习是他们的根本目的。中华人民共和国国家卫生健康委员会（卫健委）在 1997 年颁布的《关于发展城市社区卫生服务的若干意见》中，明确提出要把社区卫生服务作为社区建设的一个主要内容，要特别关注妇女、儿童和老人等弱势群体；对残障人士、残疾人等，以满足其对医疗服务的需要为重点，以保证基本健康权为重点。1991 年，中国残联发布了《中国残疾人事业"八五"计划纲要的制定与实施》，1996 年发布了《中国残疾人事业"九五"计划纲要》。《纲要》指出，残疾儿童的康复应坚持"家庭与社区"的结合，注重"家庭培训"，并应在社区内建设方便、经济的康复设施。同时，也为家庭养老的出版创造了一个良好的社会氛围。

在此期间，中国经济持续快速增长，但仍把重心放在经济建设上，人口问题尚未出现，家庭养老的构思也尚未成型。不过，在家庭养老服务上，他们也做了不少的公益活动，所以被称为家庭养老的起步阶段。随着国家调整主导产业结构，大力发展第三产业，社区服务也随之快速发展起来。与此同时，养老服务社会化和福利社会化已成为人们的共识，而社区建设也成为了所有政策关注的焦点。同时，在此期间，民政部门也开始发挥领导的作用。通过采取一些具体的措施来引导社会政策的走向，为社区服务与建设提供保障。

3.1.3 家庭养老服务社会支持政策初步形成期（2000—2007年）

21世纪以来，中国经济持续快速增长，但在快速增长的同时，也暴露出了一系列的问题与矛盾。当前，我国居民收入差距过大，社会不公，下岗工人数量过多，这使得我国政府更加关注民生问题。同时，人口的老龄化也在中国逐步显现。据"五普"统计，中国65岁以上老人占总人口的6.96%，这一数字已接近世界上普遍接受的"老龄"标准，标志着中国步入了"老龄"。为此，党和政府逐渐认识到了家庭养老的重要意义，许多学者对其进行了大量的研究，从而促成了家庭养老的初具规模。

2000年，《中共中央国务院关于加强老龄工作的决定》在面临人口老龄化严峻形势的情况下，明确指出必须高度重视并切实加强老年人工作，明确了老年人工作的指导思想、原则和目标，是推动老年人工作发展的重要纲领。指出要不断完善和发展社会保障体系，建立家庭、社区和政府的共同责任机制，共同保证老年人的健康服务和健康护理的需要。在强化社区建设的前提下，积极开展社区养老服务，强化社区养老服务。"以家庭养老为主，以社区服务为主，以社会服务为辅，以社会服务为辅"。该文件中关于整合家庭养老中家庭、社区、社会等各方主体开展养老工作的建议，为未来国家制定家庭养老政策提供了一个重要的政策基础。《中共中央关于制定国民经济和社会发展第十一个五年规划的建议》于2005年发布，提出了"全面建成小康社会""加快健全社会保障制度""积极探索应对人口老龄化"等一系列政策措施。从2006年开始，中央出台了《关于构建社会主义和谐社会若干重大问题的决定》，到2007年出台了《关于加快发展服务业的若干意见》，为解决老年人的养老问题创造了条件。这对促进家庭养老在我国的发展，促进了家庭养老在我国的发展，起到了积极的推动作用。民政部门、全国老龄工作委员会是家庭养老在此期间的主要推动者。

2000 年，民政部通过《民政事业发展"十五"计划和 2015 年远景目标纲要（草案）》，对我国民政事业发展"十五"规划进行了总结，并对我国民政事业发展"九五"规划中存在的问题进行了阐述。其中，要基本形成一个以养老服务为重点，以国有和其他所有制的福利服务机构为骨干，以社区福利服务网络为依托的体系；从家庭养老中，我们可以看到，我国民政部门对"以家为本"这一主题的重视程度。同年，民政部发布《关于加快实现社会福利社会化的意见》，明确了"以家庭为本""以社区为本"的基本原则，强调"以社区为主"的养老服务网络；在家庭养老的出现中，社会福利机构起到了很大的辅助和支撑作用。2001 年，民政部发布《"社区老年福利服务星光计划"实施方案》，明确提出在城镇社区居民委员会和乡村社区敬老院两个层面上，推行"居于家，居于社区"的养老模式。2006 年，全国老龄工作委员会发布《关于加强基层老龄工作的意见》，其中第三章第 5 条明确提出了"家庭养老"的服务思想，并对整合社会服务资源、构建家庭养老的服务系统等方面作出了规定。同年，全国老龄工作委员会发布的《中国老龄事业发展"十一五"规划》明确指出，要积极引导各类社会资本参与养老，大力发展普惠性养老，加快构建以家庭养老为主体的新型养老服务体系，这对促进我国老年人健康成长具有重要意义。此外，在 2006 年《民政事业发展第十一个五年规划》，2006 年《关于加快发展养老服务业的意见》，2006 年《关于加强基层老龄工作的意见》《中国老龄事业的发展》等一系列政策对家庭养老进行了引导。卫健委和残疾人联合会在构建卫生服务体系和残疾人康复体系的时候，将重点放在了家庭与社区之间的联系上，构建出了"家庭＋社区"的康复模式，同时还要更多地注意到身体困难的老年人群体。2001 年，卫健委发布《关于加强老年卫生工作的意见》，指出要在基层开展社区卫生服务，增加老年人的照料，开展居家看护和上门看诊，保障老年人的身心健康。同年，卫健委发布了《关于 2005 年城市社区卫生服务发展目标的意见》，提出在我国城镇医疗制度改革的背景下，必须对其进行相应的调整，以促进我国城镇社区卫生服务的进一步发展。以社区为中心，构建医疗服务网络，从而形成相对完善的医疗服务体系，并建立起相对完善的医疗服务团队这就是开发家庭养老的基本保健和医疗服务。2004 年，卫健委发布《关于进一步加强精神卫生工作指导意见的通知》，明确指出要注重精神卫生工作，具体表现为：关注老年人的精神需要，促进老年人的幸福程度。《城市社区卫生服务机构管理办法（试行）》（2006）和《卫生事业发展"十一五"规划纲要（2007）》等，也反映了这一政策取向。2006 年制定了《中国残疾人事业"十一五"发展纲要》，2007 年制定了《社区康复"十一五"实施方案》，并对此进行了详细的分析。其中，大连市于 2005 年开始实施"货币化养老补贴"，重点针对大连城区 70 岁以上的特困和"三无"老人，向他们发放家庭养老服务和"机构养老补贴"。国家对有需求的老人，直接给予财政补助，并协助他们从社区或照护机构直接购买服务。这在一定程度上缓解了特困老人的生活压力，在一定程度上促进了家庭养老、机构养老事业的发展，对促进社会公平，促进了养老事业的长期发展具有重要意义。

2007 年广州劳动和社会保障局针对孤寡老人、1~4 级残疾人、精神病人等特殊人群，并发布了家庭养老的实施暂行办法。在具体条款中，老年人的社会保障应由政府承担，并制定了相应的政策，要求要善待老年人；让老人过上更好的生活。在此过程中，政府将提供相关的资金支持。该服务的资金来源是政府，采取调查研究、签订家庭养老协议和选择服务机构等方式，实施家庭养老服务，主要内容包括生活照料、心理慰藉和家政服务等。镇江的这一模式更具代表性。镇江的做法主要从如下几个方面进行。首先，就是要动员广大群众，为老年人和残疾人提供各种社会服务。其次，要健全相关的社会保障体系，包括保险，新农合，医疗等，这些都要在政策上向老年群体倾斜。再次，对于低收入人群，我们要加强对他们的照顾，完善我们的政策。最后，推动产业发展，从基础设施建设、工程建设、制度建设等方面，吸纳各方面的力量；从各个方面来推动服务业的发展。

在此期间，中国已经步入了老龄化社会，面对日益严重的老龄化问题，国家已经开始寻找适合自己的养老模式。在这段时间里，家庭养老在我国已经逐渐成形，并得到了越来越多的关注，"家庭养老""居家供老"等字眼被频繁地出现在文件中，家庭养老的概念已经初步成形，并且得到了国家相关部门的大力提倡与支持。民政部和全国老龄工作委员会是家庭养老的主要支持力量，卫健委和国家残联提供了社区的基本服务，各地政府也在积极推广家庭养老服务，以支持和协助老人的健康与康复。

3.1.4　家庭养老服务社会支持政策快速发展期（2008年至今）

在此时期，随着中国老年人口数量的增加和老龄化的加剧，中国劳动力的"人口红利"将会逐步消失，而养老保险是否能够保障老年人的生存；如何安度晚年，以及其他一些问题，已经成为了社会各界普遍关注的热点问题。党的十七大以来，中国共产党对社会主义市场经济认识的不断全面和深入，中国的国民经济也进入了一个新的阶段。因此，如何在新的历史条件下，推进和推进社会主义和谐社会的构建，是我们党在新的历史条件下，必须认真思考、认真把握的一个重要课题。在此期间，我国的社会保障与民生事业也有了很大的发展与进步。在家庭养老中，政府对此有了更清楚、更清楚的理解，一方面，政府将加强社区的建设，以改善公共服务设施；另一方面，大力发展多种类型的照护机构，保障照护服务供应。同时，一系列与家庭养老相关的专项政策也相继出台，促进了家庭养老在全国范围内的迅速发展。

2008 年，全国老龄工作委员会、民政部等部门共同印发了《关于全面推进家庭养老服务工作的意见》，将家庭养老服务作为家庭养老服务工作的补充和更新，作为适应并解决目前我国面临的养老问题的一项重要措施，并在此基础上，提出了家庭养老服务工作要以社区为基础，立足于老人的现实需要，立足于地方，发挥社会各方面的优势，动员各方力量，共同推动家庭养老服务工作的实施，这就是家庭养老工作的基本思路。并着重指出，在家庭养老中，政府应增加对其的投资，对其进行合理的分配与整合，以构建健全的社区服务体系。该文件对家庭养老的发展起到了很大的促进作用，使家庭养老在我国的发展进入了一个高速发展期。2022 年，中共中央发布《关于制定国民经济和社会发展第十二个五年规划的建议》，指出要积极应对人口老龄化，充分发挥"社区＋家庭"的优势，大力发展养老服务，构建养老服务体系，这对家庭养老的发展起到了很大的推动作用。2011 年发布的《城乡社区服务体系建设"十二五"规划》《社会养老服务体系建设"十二五"规划》中，分别就社区和养老两个方面提出了具体的规划与建议。在此基础上，对家庭养老、"社区养老""机构养老"三个方面的内涵与概念作了较为合理的解释与界定，并明确指出应大力发展社区养老。这一系列文件的贯彻落实，促进了家庭养老在社会服务系统中的进一步发展，也促进了社区生活环境的进一步优化。

民政部门在 2009 年发布的《关于进一步推进和谐社区建设工作的意见》中指出，要加强社区文化和管理，促进社区和谐，促进基层自治，提升基层社会管理能力，为低收入群体、残障人士、老人等群体提供更好的社会服务。《关于加强和改进城市社区居民委员会建设工作的意见》于 2022 年发布，对城市社区居民委员会的主体责任做出了进一步的规定，为做大城市社区居民委员会的工作提供了有力的支持，为社区服务事业的发展提供了有力的保障。2009 年，卫健委发布的《关于促进基本公共卫生服务逐步均等化的意见》，将其作为一项重点工作，具体内容包括：建立和实施部分全国性的基本公共卫生服务计划和开展和完善全国性的重大公共卫生服务计划。它建议通过城市社区卫生服务中心（站）、乡镇卫生院、村卫生室等城乡基层医疗卫生机构为全体居民提供免费服务。《国家基本公共卫生服务规范》（2009）对家庭养老的实施进行了更多的规范，使其能够更好地为居民提供更安全、更稳定的服务。残联在 2008 年发布的《关于促进残疾人事业发展的意见》中指出，要"积极发展社区康复，推动康复进社区，服务进家庭"，"要建立起以职业机构为骨干，以社区为基础，以家庭为基础，以生活照料、医疗保健和康复为重点的康复服务体系"；社会安全，教育，就业；建立以文化、体育和维权为主要内容的残障人士服务系统。在 2022年，《关于加快推进残疾人社会保障体系和服务体系建设指导意见》中，明确了"以家庭为本，以社区为辅"的"助残服务"，并对"以家庭为本，以社区为辅"的服务理念、工作重点、工作方案等进行了更加详细的阐述。2011 年，人社部门发布《关于印发养老护理员等四个国家职业技能标准的通知》，更新了 2007年颁布的《养老护理员》，为家庭养老服务的实施提供了一个更好的制度环境，有利于家庭养老服务的发展。

随着国家对家庭养老的重视，以及有关政策文件的出台，各地方政府也纷纷采取了相应的政策措施，并出台了若干地方性法规，对家庭养老进行了激励，并取得了一定的成效。2006 年，北京市各区市结合自身的实际需要，在家庭养老服务的基础上，在小区内进行了一次尝试。利用网络，方便了生活设施的使用，把多种服务集成在一个系统中，让社区工作人员快速了解情况，北京市东城区对家庭养老服务进行了新的探索，打算在社区民政部门与医疗保健部门的合作下，使五万名 80 周岁以上的老人能在家里得到专人的信息追踪、定期的医疗护理，以及饭菜的配送；在构建覆盖体系时，将优先考虑到失能、失智老人的养老困难问题，优先安排并满足他们的困难需求。宁波市政府在 2008 年为促进全市家庭养老的发展，制定了多项指导方针，其中包括：加强基础设施建设；成立家庭养老服务社区中心；实行"定点""上门"等。建立公共福利岗位，解决人力资源和资金的分配问题，开展相应的专业培训，促进家庭养老服务的专业化和专业化。宁波市海曙区开展家庭养老服务工作，为今后开展家庭养老服务工作提供了有益的借鉴，并从提高志愿者队伍水平入手，为家庭养老工作人员的工作提供了有力保障。政府对其进行了积极的鼓励与扶持，并以社区为基础，大力开展了以社区为依托的老年活动组织。在全国范围内建立家庭养老服务期刊，并在全国范围内建成家庭养老服务期刊网。上海市于 2022 年正式发布了家庭养老标准，并对其进行了详细的评价。评估体系主要可以分成三个大步骤，第一个步骤是对自身进行评价、服务对象评价和独立的组织评价。第二个步骤是指标，主要包含了各个方面的满意度评价。第三个步骤主要包括了对其他主体展开的问卷调查评估，并辅以相应的考察。上海市的这一评估方法还对特殊老人群体，如低保人员和有贡献老年人，以及高龄、失能老人等，采取了政府兜底、市场操作、政府购买等方式，对此，各直属单位也都有具体的津贴标准。在上海市，杭州市，苏州市，大连市等地，都在积极地模仿这种模式。杭州市的做法是将多个有关部门联合起来，统一管理，制定出具体的质量标准，对每一项内容都要有一个清晰的认识，将定性和定量的方法结合起来，进行规范化的运作。青岛也有类似的经验。苏州的做法，就是在苏州市范围内，确定了多个需要救助补助的政策措施，并对其进行了大范围的补助，并对其进行了分级运作，再对其给予了差别化的资金补助。而大连的做法，就是要构建一个多元化的养老模式，也就是所谓的养老超市。而江浙琼等省，更多的是把重点放在了发展老年服务业，并对其进行了支持。此外，苏南部分地区及浙江部分地区也出现了较大规模的养老院。

另外，家庭养老中常用的一种方式就是"BOT"。所谓"建造—运作—转移"，指的是政府可以通过允许私营部门运营并购买社会服务来推动公众服务。这样的竞争模式，既能刺激私营企业，又能保障社会福利，保障社会福利，提高社会福利。当前中国老龄事业发展的短板，主要表现在：卫生状况、设备落后、专业人才缺乏、老龄事业内容单一等。BOT 模式的推行，不仅解决了中国养老事业发展中存在的问题，而且使政府和私人资本在发展过程中都能在自己的能力范围内，各司其职。

总的来说，家庭养老在这个阶段的发展是一个好时机，随着人口老龄化进程的加快，养老问题在全国范围内得到了广泛的重视，这也是近几年两会上讨论最多的一个话题。支持家庭养老的出版工作。通过上述政策分析，我们可以看到，各地政府在面对人口老龄化问题时，对于家庭养老的积极探索与研究，并没有因此而消沉，他们的有关做法，将为家庭养老的政策改进、扶持政策体系的构建以及家庭养老服务的发展提供可持续的推动力。在此期间，家庭养老正式推出了相关的政策，家庭养老所倡导的"以人为本"的服务观念已经根深蒂固。在此基础上，进一步明确了构建我国特殊的养老服务体系的思路，提出了以福利多元化、社会福利社会化和公共服务均等化为家庭养老服务的发展方向。民政部、全国老龄工作委员会等部门在促进社区卫生服务、康复服务和养老服务方面发挥了重要作用。随着多个部门的有关政策的出台，"家庭为主，社区为辅，机构为辅"的养老模式得到了普遍的认同，这也是家庭养老在我国开展的一种典型模式。

3.2 家庭养老服务社会支持政策的成效与特点

在《社会福利的目标定位：全球发展趋势与展望》中，吉尔伯特（Gilbert）认为，要想准确地确定社会政策所要照顾的对象，首先要解决的问题有两个：一是要明确地确定哪些人是"最需要"的。二是对现有的、有限的资源进行整合，以达到以上的目的。所以，这一问题是两面的，一面主要关注的是如何用科学的方式方法来确定对象，另一面则是关注的是具体的手段工具的实施方式。在对家庭养老服务的研究中，社会政策的研究对象群的确定，是由于社会福利资源的稀缺，以及如何通过何种途径，才能使有限的资源得到有效利用，从而达到家庭养老服务所规定的政策目的，是一个需要研究的问题。养老服务政策正是养老服务实践的行动指南，从政策科学分析角度看，新中国成立以来出台的近60项政策，主要表现出政策客体逐渐扩大、养老服务项目内容日益丰富、家庭养老方式地位日益凸显、市场型、动员型政策工具成为主流、政策效果以服务质量为导向等显著特点。

3.2.1 政策促进养老服务内容日益丰富

新中国成立后至改革开放前，我国的社会福利制度基础薄弱，层次低，项目单一，主要是针对城市"五保户"和"三无人员"，以及城市居民，为他们提供最基本的生活保障。1978 年以后，国家逐步扩大了享受养老服务的对象范围，特别是在 1984 年全国民政福利工作会议上，政府提出要将养老服务的标准从保基本拓展到康复、娱乐等方面，并对生活上有经济困难或失能的老年人给予相应的补助。1994 年，《中国老龄工作七年发展纲要（1994—2000）》进一步将"吃住行""康养"和"吃住行"的养老需求拓展为"关注老人的生活品质和身体健康"，并明确了"保基本、广覆盖、可持续"的养老服务总方针。2000 年出台的《关于加快实现社会福利社会化的意见》《关于加强老龄工作的决定》进一步充实了对老年人的法律援助、对老年人的体育健身、对老年人的教育等方面的规定，使老年人的生活质量得到了进一步提高。《关于加快发展养老服务业的意见》在 2006 年出台，将"老年护理"纳入了老年服务的范畴。2008 年出台的《关于全面推进家庭养老服务的意见》，将信息咨询、应急救助和社会服务等内容纳入到了为老年人提供的服务中，为老年人提供了更多的服务。2012 年，《老年人权益保障法（修正案）》明确提出，要把养老制度推广到所有老年人，达到"五有"、保障困难老人平等享有养老服务的目的，建立更加完善的养老制度。从以上可以看出，我国的养老服务的内容和内容正在不断地丰富，从对基本生活的照料，逐步延伸到了医疗保健、情感关怀和护理康复；文化娱乐，体育健身，文化教育；在法律服务、紧急救援和社会参与等多个层面上，这些层面上的帮助不仅仅是食物和金钱等物质，还包括了各种无形的精神需要。

3.2.2 政策推动家庭养老服务地位日益凸显

家庭养老服务的开发速度与质量与政策的制定有着密切的关系。从建国之初到改革开放之初，家庭养老服务还仅仅停留在"社会救助"的概念下，对城市"三无"和"五保"的老年人的养老服务，多是在一些设施非常简陋的养老院和敬老院里进行的，所要接受的都是社会上的弱势群体，因此，家庭养老服务的出版，也是一个被忽视的、被忽视的社会经济领域。20 世纪 80 年代中叶，卫健委发布了《关于加强我国老年医疗卫生工作的意见》，提出以国家资金为主，大力发展家庭病床，解决了老年人在医院的困难，为那些有较长时间需要家庭养老服务的老人提供了更好的生存保障，为家庭养老服务的颁布奠定了理论和实践基础。1989 年《全国城市社会福利事业单位深化改革工作座谈会纪要》指出，除以家庭为依托外，在具备一定条件的地区，大力发展托儿所和收容所，以改善老人的生存环境。《中国老龄工作七年发展纲要（1994—2000）》首次提出，要加快构建符合快速城市化进程的社区养老服务体系，并重视在城镇化进程中对老年人的生活方式、生活满意度等问题。《中华人民共和国老年人权益保障法》在 1996 年以法律条文的形式通过，对"敬老""赡养""扶老"等基本权利作出了规定。政府及机构之责任与义务。1999 年是一个具有里程碑意义的一年，我们国家正式步入了老龄社会。从那时起，我们就在各种形式的养老服务中进行了积极的探索，其中家庭养老服务就是其中的一个重要概念。在 2000 年《关于加强老龄工作的决定》2006 年《关于加快发展养老服务业的意见》《关于加强基层老龄工作的意见》等文件中，均以"以家为本，以社区为依托，以机构为依托"的养老服务体系为核心，逐步形成了一套较为完备的养老模式，并在此基础上，提出了一套适合我国国情的养老模式。随着《关于全面推进家庭养老服务工作的意见》《老龄事业发展"十二五"规划》《关于加快发展养老服务业的意见》等文件的发布，我国已逐步形成了以政府为主导，以家庭为主体，以市场为主体的制度体系；构建"四位一体"的养老服务模式。接二连三地对养老服务政策的不断完善，使家庭养老服务的功能与地位愈加突显，从而为提升我国的养老服务水平打下了坚实的基础。

3.2.3　政策工具支持家庭养老服务体系建设

政策工具是指为实现某种目标而使用的一种社会政策工具。从资源角度来看，政策工具可以分为管制型、动员型和市场型三大类。规律性的政策手段主要是以权力为主导，而以市场为主导的政策手段则主要是以制度为主导的资源手段，如合同、特许经营和用户付费等；凭单制度等，而调动的政策手段主要是由组织机构来完成的，其中包括了公私部门之间的关系，公共部门之间的关系，志愿组织；家庭，社区。规律性、市场性和动态性的政策手段对于促进家庭养老服务的发展具有积极的积极意义。规律性的政策工具包括：政府的职能，组织结构，制度保证，绩效评价等。市场导向的、动员导向的政策工具，特别是 2000 年以来得到了广泛的运用。《关于支持社会力量兴办社会福利机构的意见》《民政事业发展第十一个五年规划》《关于加快发展养老服务业的意见》《关于开展公办养老机构改革试点工作的通知》《关于开展养老服务业综合改革试点工作的通知》，都提出了以政府为主导，以"公办民营""民办公助""政府购买服务"等方式，通过税收优惠，土地政策，水电政策等方式，将市场资本引入到养老服务领域。为鼓励民间资本和福利彩票公益金参加公益服务，拓宽家庭养老服务项目的资助范围，健全多元化的融资渠道，《关于做好政府购买养老服务工作的通知》《关于民政部门利用福利彩票公益金向社会力量购买服务的指导意见》《关于鼓励外国投资者在华设立营利性养老机构从事养老服务的公告》等文件。《关于加快实现社会福利社会化的意见》《"十一五"社区服务体系发展规划》和《关于全面推进家庭养老服务工作的意见》，对"家庭养老"的组织保障、功能定位和运行机制作了较为系统的阐述，并对"家庭养老"的组织保障、功能定位和运行机制进行了较为系统的阐述。由于管理制度和其他原因，家庭养老在国内由于起步较晚，没有足够的政策支持而导致的照护水平低下的问题，也就有了一定的改善。

3.2.4　政策以关注服务质量为导向

养老服务政策的制定以改善养老服务质量和改善老年人的生活质量为主，在 1990 年以前，关注服务质量的文件很少。20 世纪 90 年代以后，政府有关部门逐步将重点放在了规范的制订和评价上。在 2000 年以后，国家颁布《老年人社会福利机构基本规范》《关于加快发展养老服务业的意见》等重要文件，对这一领域的核心问题做出了明确的阐述。包括施工，卫生，质量；规范等都做了详尽的规定，这对于我国的相关产业发展逐步向规范标准发展起到了非常重要的作用。随后，《民政部关于推进养老服务评估工作的指导意见》（2013 年）、《关于加强养老服务标准化工作的指导意见》（2014 年 1 月）、《关于推进城镇养老服务设施建设工作的通知》（2014 年 6 月）、《关于加强老年人家庭及居住区公共设施无障碍改造工作的通知》（2014 年 8 月）等文件（2014 年 6 月、8 月）。这些文件的出台，大大推动了相关产业标准化的发展。物资的标准也是如此。在我国，与养老有关的产业已经得到了很好的发展。总之，中国的养老保障体系在很长一段时间内都是在"补短板"的思想指导下，以"补短板"为主。在此基础上，进一步完善了城市敬老院的供养体系，以及农村"五保"体系（以"三无"、贫困老年人为主）的体系。近年来，随着我国经济与社会的快速发展，我国养老服务的需求呈现出多元化、覆盖面扩大的趋势。这些变化表明，政府已从"补充"转向"适当的、普遍的"。养老服务的对象从原来的"重点保障对象""城市三无老人""农村五保老人"以及"失能半失能"中、低收入的"失能"老人逐渐过渡到"普通"老人。它的服务内容也越来越丰富，从生活照料到康复护理，再到心理安慰。这就导致了我国在制定养老院制度时，将养老院的"基本养老院"视为"社会救助"，而将其他各类有偿养老院统称为"非基本养老院"。但是，虽然在发展方面已经取得了一些成绩，但是当前社会化养老服务体系仍然受到有限的财政投入水平的制约，社会化服务体系的发展程度不高这一因素制约着养老服务的供给。当前，家庭养老服务在范围与层次上的定位上，出发点较低，侧重于"范围有限，层次适当"。这一现象表明，在我国，老人服务的需求是如此之大，以至于政府不能为老年人提供更大范围的社会福利。但是，在很多情形下，这个原则却很难保障老年人应有的公民权、福利权。伴随着人民群众生活水平的持续提升，以及政府和社会对于社会养老公共责任的持续加强，我们在对需求群体目标定位的分析中，要着重指出，养老服务的目标对象不能只是特定的部分群体，而是拥有社会权利的公民。因此，我们应该以满足老年人的基本需求为前提，建立一个全面的社会养老服务系统，并将其作为一项公民权来扩展其范围；提倡为一般老年人建立"适当普及"的社会福利制度。

3.3　家庭养老服务社会支持政策发展的困境

多年以来，国家已将家庭养老服务作为解决人口老龄化问题的一项重要内容。但是，家庭养老服务的普及程度和受益者仍然很少。随着经济、社会和文化的发展，家庭养老服务的内涵也在不断扩大，对改善老人和家人的生活品质，构建和谐社会，推动家庭养老模式的顺利实施具有重要意义。家庭养老模式顺应了中国老年群体的心理特征，对家庭养老这一传统节目进行了继承与创新，具有新时期的社会价值。

3.3.1 "居家为基础"的地位需要支持性政策

（1）家庭养老服务主体责任机制尚未建立

"以家庭养老为基础"，究竟是以家庭为本，还是以社会护理为本，对家庭养老中"以家庭为本"的政策，尚无定论，亦未形成以"以家庭为本"和"以社区为本"两种模式的政策支撑系统。在目前阶段，以家庭养老为基础，以社区养老为主，以机构养老为辅的养老模式，其自身也存在着养老主体模糊的问题。特别是，我国所倡导的养老政策也发生了一些改变。在过去，在基本国策计划生育的指导下，与推行独生子女政策相对应的养老政策是"只生一个好，政府来养老"。但是，在进入本世纪之后，政府从"养老不能靠政府"转变为强调"自己来养老"。随着经济社会发展，政府养老政策和养老主体责任在不断变化，这不仅困扰着民众，也限制了相关职能部门政策的延续性。

（2）家庭成员提供的养老服务支持弱化

在中国传统文化观念中，"孝道文化"是一种根深蒂固的观念，它是一种"孝"文化。这一文化提倡孝敬父母，并以父母与子女的关系为中心，逐步形成了一种代际间互惠互利的反哺方式。这种传统在中国延续了一千多年，一方面，它推动了中国传统的伦理观，即"父慈子孝"，重视"孝"，是维持国家政权秩序的重要道义。改革开放后，随着我国计划生育政策的推行，农村人口中的核心家庭数量不断增加，农村人口的流动也不断加强；特别是现在，随着社会和经济的不断进步，人们的生活压力越来越大，他们的家庭观念也在慢慢地改变，形成了"4-2-1"的格局，一个人要照顾好几个老人，这让他们很难做到尽孝。从1949年开始，他就把家庭当成了最基本的生存单位。在改革开放之后，家庭依然是最主要的生活组织，它为人们提供了最基本的养老服务。随着经济与社会的发展，为照顾一位长者而必须有多位子女，其所承受的压力也随之增加。随着年龄增长，"一大一小"的年龄增长，"一大一小"的年轻人承受了很大的经济与心理压力，部分年轻人因为生活压力与生活节奏的加快而无力承担起赡养老人的重任，越来越多的老年人选择了将赡养老人交由其配偶代为照料，构成了"配偶式"照料模式，然而，该模式的抗风险能力较差，照料者大多身体状况不佳或患有慢性疾病，很容易出现健康问题。这样的照顾方式很难维持，而家庭照顾的能力也将逐渐减弱，很难达到"基于家庭养老"的"可持续发展"的方针。该政策仅提到"基于家庭养老"，并确定了家庭在照料方面的义务，但是并没有提到为家庭成员提供的服务可以通过购买来实现。

（3）人口结构进一步弱化家庭照顾功能

一般说来，子女照顾年迈的双亲，对老人最有利，老人也能安享晚年。从财政角度来看，财政支持能够保障老人的生活品质。在生活上，由于身体功能衰退，儿女得到了更多的关怀与关怀。就精神层面而言，家人特别是孩子的关怀，可以让老人在心理上得到认可，而这一点也是护理院所不具备的。更有甚者，对某些子女而言，三代同堂是一种最理想的家庭生活。所谓"家有一老如有一宝"，老人在家里的存在可以增进家人之间的沟通，提高家人的幸福感和团结感，这并不只是对老人而言。这也是儿女和后辈的一大乐事。在目前的社会条件下，家庭养老仍是老年人最主要的生活方式。家庭养老的意义越来越不受重视。造成这一现象的原因有三：一是，我国人口出生率不断降低，人口数量不断减少；在计划生育的影响下，我国的总体生育率从 19 世纪五六十年代的6%降至 2022 年的 1.18%；二是，"小家庭"的数量不断增加。无论是在农耕时代还是在农耕时代，都有扩大家庭规模的需求。随着社会的发展，人们的生育观念的转变，以及计划生育政策的推行，"两代"的小型化已逐渐形成。"核心家庭"给老年人带来的第一个后果，就是家庭养老的作用被削弱了，当然，这也跟女性就业率的上升，家庭的生育观念发生了变化，孩子的抚养费增加，导致了家庭劳动力减少，家庭规模变小，同时，家庭的中心化，也导致了家庭为老年人提供养老服务的作用被削弱。与乡村老人相比，城镇老人更难以从家人那里得到养老服务的支持；三是，社会流动性逐步增强；因为城乡流动等方式的推动，农村中青年劳动力通过受教育、就业等方式，选择了在城市中生活，因此，城市中青年劳动力在城市之间的流动性增加，异地居住的比例较高，空巢家庭的比例也在逐年增加。儿童对家长的照顾作用越来越弱。2022 年，二人户和三人户家庭最多，分别为 98 671 户和 97 541 户。其中，以北京和上海的两人家庭和三人家庭的比例最高。其中，以江西和河南为典型，以二人户、三人户和四人户最为集中。在西部（以河北和陕西为代表性），在全国范围内一人户所占的比重较大。同时，也从另一个侧面反映出了中国家庭数量偏少，家庭养老功能弱化，以及空巢率居高不下等一系列客观现实。

（4）多元化养老需求亟须政策支持

前面已经指出，我国养老事业中存在着种种问题，因此，必须采取多种养老方式。然而，仔细一看，我国目前的养老政策上的不足，离老有所养还有很大的距离。特别是在中国这个庞大的、老龄化严重的大国，在人口规模扩大的同时，老年人的年龄结构也发生了变化，老年人的比例越来越高。中国已提早步入老龄化社会，迫切需要我们对这个问题给予足够的关注。并且，由于人类的平均寿命在不断提高，我们面临着很大的退休压力。计划生育政策的初衷是控制人口的过度增长，但也的确实现了，其造成的严重后果就是生育率由 1970 年的 5.8%降至现在的 1.6%～1.7%。2008 年，人口的自然增长速度只有 0.5%，远远低于全球的平均值。1990 年，老年人口比例从 1964 年的 6.1%上升到 89.59%。可以说，中国人口老龄化日趋严重，是由于计划生育政策的推行和人均寿命的提高所造成的。而且中国也有一个特点，那就是老年人口的数量，比其他国家都要多，而且增速也很快。中国 65 岁及以上的老年人比例从 7%上升到 14%，中国只用了 27 年，相比之下，美国用了 79 年，瑞典用了 85 年，法国用了 130 年。所以，这就产生了一个很大的问题，那就是，在其他国家都是在进入老龄化之后才开始发展的时候，中国却是在富裕之前就已经开始衰老；而不是像发达国家一样，很容易就能解决自己的问题。上海市（1979 年）步入老龄化社会的时间较宁夏（2012 年）提前 30 余年。由此可以看出，这种沉重的社会负担要求我们要正确对待这种状况，并通过各种途径来实现对老年人的养老保障。

（5）居家模式缺乏完善的顶层设计

从政策上看，目前家庭养老服务在体制上还存在着"高瞻远瞩"的缺陷。特别是最近几年，国家出台了一些关于家庭养老的政策，这些政策看起来还算不错，但大多都是从宏观上来看，很少涉及中观和微观上的具体操作。这就造成了各地政府及各部门在实施时存在较大的随意性，从而造成了诸多的问题。家庭养老服务的实施，在很大程度上依赖于中央的鼓励与支持，各地政府要结合当地实际，因地制宜地制订相关政策。比如，2008 年，《福建省人民政府关于加快养老服务机构的意见》《青岛市养老服务机构管理办法》《北京市养老机构管理办法》，国家老龄委发布了《关于全面推进家庭养老服务工作的意见》，各地都有类似的法规。尽管在当地得到了充分的尊重，体现出了当地的特色，但还是能有针对性地解决当地的家庭养老的问题。但是，这也导致了政策的支离破碎，没有一个统一的政策体系，尽管不断出台的政策文件可以方便地解决当前的问题，但是，从长期来看，家庭养老服务的执行应当是一个全国性的统一，而不是一个区域性的统一。各地对家庭养老的执行情况不尽相同，这也使家庭养老服务在各地的实施情况存在着一定的不平衡。在不同的区域，老人的待遇、标准和服务方式都不一样；由于各个部门的职责，社区基础设施的建设，表现出了很大的差异。目前家庭养老的实施仍存在着较大的滞后现象。以其受众为例，家庭养老是为解决老龄化问题和减轻家庭养老的压力而产生的，其受众应当是更多的老年人口。但是，现行的社会保障制度主要针对特殊困难群体，仅针对最困难的群体。家庭养老，就长期而言，提供了一个普罗大众的福利。所以，不管是对老年人的经济补贴，还是社区养老基础设施建设、专业养老人员配备等问题，都应该对这些问题展开理性的期待和规划，而不是短视的、只关注眼前的简单救济。家庭养老制度的特点，在很大程度上是因为没有对其进行统一的法律和政策规范。所以，构建统一的政策法规体系是非常必要的，也是非常重要的。这不仅可以对各地方政府的具体实践起到帮助作用，还可以更好地保障了老年群体的权益。

（6）家庭养老服务政策宣传的导向性不明确

如果没有一个统一的标准，一个又一个的标准，就会导致整个标准的片面性和支离破碎，这对于家庭养老服务的长远发展是不利的。家庭养老的开发，是一个涉及到政府、社区和家庭三个层面的系统工程；不同的社会团体，需要互相配合，互相支持，这是一个漫长的过程。在家庭养老服务中，应该引进多个提供方，明确各个提供方的责任，使之互相配合、互相补充，从而形成一个多个提供方的互补型提供方。过去的研究多集中于服务的客体，即老人，这一点固然没有错，但也存在着对政策的客体研究不够透彻的问题。在现实生活中，政府通常是家庭养老的主要承担者，也是最大的推动者，主要是通过立法、法规、政策等手段来推动家庭养老的实施，以维护老人的合法权益。通过投入人力、物力和财力，直接支持家庭养老服务，并承担最终的责任。通过与家庭，社区，企业的联系；各社会团体互相协作，共同承担家庭养老的执行工作。所以，在对家庭养老服务期刊进行研究时，不能忽略政府在其中所起到的重要作用，通过对政府扶持政策体系的构建，可以使政府在其中的角色定位更加清晰，从而促进家庭养老期刊的进一步发展。家庭养老服务有关政策的宣传引导不到位，其原因有两个方面：一是没有统一的法律规定，二是政策的随意。政府应加强有关宣传工作，提高公众对家庭养老服务项目的了解，接纳家庭养老服务项目的从业人员，提高公众对该项目的认可。

3.3.2　"社区为依托"支持性政策机制缺失

以社区为载体的"居家"模式的一个重要依据。所谓"社区"，就是以社区为中心，以家庭养老为中心，集传统家庭与机构之长，并以之为中心。它以欧美等发达国家为例，通过一套可操作的系统，完成了由机构养老向社区养老的转变。这一实践模式有其不可替代的优势，它包含了更多的功能，更多的资料来源，更多的多样性和稳定性，这一机制相对于其他的方式，比如家庭和机构养老，它的开放性更强，等等。不过，虽然如此，仍有不少地方因其本身的发展水平和其他有关的资源而受其本身的财务水平所限；这就造成了相关产业发展水平偏低、人员服务水平有待提升的现状，同时，因为某些利益关系，地方上总是存在着一定的地方保护主义和垄断，其他主体特别是社会主体不能参与其中。这使得这一地区的相关产业受到了严重的限制。其具体体现在：

（1）社区养老服务覆盖率较低

目前，我国社区养老服务的普及率不高，老年人在社区中所占的比重很小。例如，截至 2022 年，上海全市共有养老院 702 家，床位超过 13 万张。养老院。社区服务中心、日间服务设施，包括社区服务机构和养老服务中心在内，这些服务并不能满足上海全部老人的需要。在现实生活中，能享受到这些服务的老年人在社会生活中所占的比重是很小的，但是，另一方面，很多老年人服务中心在白天大部分时间都处于空闲状态，老年人的养老资源利用率不高。

（2）养老服务质量有待提高

首先，家庭养老服务在社区中的供给与需求不匹配。因为在老年人中，存在着许多的差别，人们处于不同的收入水平和养老偏好，在文化娱乐方面也有差别，在养老水平上也有差别，社区现有的服务不能满足部分老人的需要。上海依然是一个典型的例子，因为每个社区的年龄都不一样，所以对于疾病的治疗和保健的要求也不一样，而对于休闲和文化活动的要求也不一样。此外，在性别方面也有不同之处，男性倾向于对就医保健有较高的需求，而女性则更需要进行文化娱乐活动。然而，在社区服务模式中，却经常没有进行甄别，而是采用了一致性的服务类别和内容，这就导致了其缺乏针对性和差异性。其次，员工的职业素质普遍不高。在护理失能老年人中，对护理人员的素质提出了更高的要求。现在，很多组织所招聘的人，大部分都是农村进城务工人员或者下岗人员，他们并没有太多地重视自己的职业素养，也没有进行一定的职业技能培训。而且，这一职业对护士的精神和专业素质有很高的要求，所以护士的工作量也很大。然而，在我国很多大城市中，有关人员的素质普遍较低。"以家为本"的医疗服务模式未能有效地整合医疗服务资源。而随着失能老年人数量的增多，其对医疗服务的要求也越来越高。但是，现有的信息资源在整合上有很大的缺陷。一方面，老年人健康档案的建立不够努力，忽略了广大老年人的需求；另一方面，因为社区中的工作人员大部分都是业余的，他们缺少专业的人才，因此，他们只能进行一些较为肤浅的服务，而那些需要很高专业性的服务就不能进行了；同时也不能帮助老年人养成良好的生活习惯，不能帮助他们养成健康的生活方式。

（3）社区家庭养老服务资金有限

第一，社区家庭养老的发展，主要由国家财政拨款、彩票福利金等形式提供，其中，家庭养老服务在社会上的普及与普及是其发展的必然趋势。第二，对服务中心的员工进行了薪酬改革。第三，为老人付费，为其提供了一种服务。一方面，随着人口老龄化程度的不断提高，养老机构的数量不断增加，养老机构的数量不断增加，对养老服务的要求越来越高，导致了资金的不断增加。另一方面，随着我国经济和社会的不断发展，我国的老年人对养老服务提出了更高的要求，使其面临着更多的困难。缺乏对社会事业的资金投入和发展的支持。从 2005—2014 年这 10 年的时间里，我国的社会服务经费支出与国内生产总值的比例、社会服务经费支出的年度增长率以及社会服务经费支出的年度增长率进行了分析；社会服务经费占国家财政支出比重和平均每万名老年人社会服务经费金额等测量指标。从表中我们可以看到，尽管公共财政占 GDP 的比重在逐年增加，但是因为老龄化的速度很快，所以每万人老年人拥有的服务经费比例很低，增速也很慢；与 2008 年相比，2014 年只增长了 0.11%。

融资也是很多地方政府面临的一个难题，一些城市根据自己的实际情况正在逐步实行。就拿温州市来说，按照《温州市人民政府关于加快完善社会养老服务体系建设的意见》，每一家家庭养老服务站（照顾中心）（通过考核），由各级财政以奖励方式，一次性补助 6 万元，县（市、区）财政每年补贴 1.2 万元。不过，根据调查，要建立一个基础设施比较完善的社区家庭养老服务站（照顾中心），总共需要 60 万元左右，而维持日常运作及提供简单的服务，每年需要 3 万元左右。政府的总开支远远低于政府的补贴，迫切需要多种渠道的投资。家庭养老服务作为一种"准公共物品"，在一定程度上限制了社会资本对其的投资，给政府造成了沉重的经济压力。另一方面，随着物价逐年上升，员工工资费用逐年上升，硬件设施费用不断增加，很多家庭养老服务中心不得不采取缩减项目、降低服务层次、降低服务质量、提高收费等措施来降低成本，从而导致服务水平很难提高。

3.3.3　"机构为补充"的弱自主性和强依附性

目前，私人资本对家庭养老服务的参与热情较低，老年产业的发展与市场需求存在着较大的差距。"十三五"规划在"十二五"及以前的基础上进一步发展，由"支撑"向"补充"的转换，反映了我国养老事业发展的新思路。作者认为，这一政策的调整包含了两个方面的含义：一是更符合和符合中国现实情况的"基于家庭养老"含义。"以院代养"是对"以家为本"的一种全方位的支撑，院系侧重于对高龄、残疾和"三无"老人的覆盖，是对老人的一种补充，也是老人们的最终选择。二是国家的人力、财力和物力资源的最佳分配；国家扶持政策的着力点在家庭养老中，即侧重于扶持增强家庭与社区的赡养能力。

（1）机构养老对社会资本的吸引力较弱

这里所说的"机构养老"，是指公共养老机构、私人养老机构和公私合营机构。从目前的发展状况来看，我国的机构养老事业已初见成效，但仍处于起步阶段，养老病床的缺口仍然很大。到 2008 年 8 月，我国的私营养老院有 4 141 家，占全国养老院总数的 10.6%。虽然在 2013 年有了一定的增长，但在各类养老机构中所占的比重也只有 28%，还不到 30%。与 2016 年相比，在 2022 年，私人教育的增长率为 7.8%。2010—2016 年我国养老机构发展状况的报告显示，2016年养老床位 414 万张，每千名老年人床位 31.6 张，远远低于 50 张/千人的国际标准，单从此数据看，我国养老床位的缺口就达到 400 余万张。

（2）养老服务机构发展普遍面临生存问题

在我国，民营机构一般都会遇到一些生存困难的问题，这些问题主要体现在：融资难、融资贵、用地成本没有优惠或优惠力度很小，再加上经营的专业化程度很高，或者是管理不力等问题，因此，民营养老机构的生存和发展都面临着巨大的挑战。2022 年，中国老龄科学研究中心对我国 12 个城市 257 家养老机构进行了一项调查，结果表明，其中 19.4%的养老机构实现了盈利，近半数的养老机构实现了不盈利，5%的养老机构全年都在亏损。私人金融机构的市场定位比较困难。一方面，在养老服务方面，由于缺少对其进行标准化的考虑，导致无法对服务价格进行审核，也就无法做到明码标价，这就造成了消费者不能进行科学的选择。另一方面，民营机构会受到家庭购买能力、老年人消费能力等因素的影响。此外，在现阶段，对于一定区域内的养老服务需求与供给，还没有进行科学的数据采样分析。因此，民营机构基本很难做到全面的数据采集，以及准确的市场分析。因此，在私营民营机构中，往往会出现不理智的市场投资行为，从而造成了严重的两极分化。存在着一些问题，如低端院校的服务品质不佳，高端院校的观众较少等。养老机构的投资运营具有投入大、时间长、运营费用高等特点，影响了社会资本的参与热情；在这种情况下，人们往往会选择从社会中抽离出来，这对社会福利的发展造成了很大的阻碍。

（3）养老机构服务水平标准有待进一步提高

为了提高养老机构的服务水平，民政部、公安部、国家卫健委于 2022 年 3月 22 日联合印发了《关于养老机构的通知》，在全国范围内展开了对养老院服务质量的专项检查，这项工作对全国范围内超过 4 万家的养老院展开了一次全面的清理和排查，其中对不符合要求的被取缔关停，对相邻相近的被合并提升，共计有 2 122 家，对存在问题的被处理了 19.7 万家。疗养院的服务水平得到了极大的改善。从所发现的问题中，我们可以对这些问题进行整理和归纳，我们的养老机构的服务水平与国际上的水平仍有很大的差距，还需要进一步提升。在国外，老人服务和看护都要求有特殊的资质，而心理咨询师则要求有临床医学，哲学，教育等专业的学历。目前，我国的养老服务行业还没有形成统一的行业规范，没有形成统一的市场标准，没有形成统一的评价体系，也没有形成统一的行业监督机制。没有对老龄企业的产品和服务质量进行评估和监管，导致了养老服务业在缺乏规范、标准类政策的情况下，出现了一种无序发展的局面。这就要求家庭养老服务目前在我国的推广经验，总结出一套适合我国国情的统一的服务规范。各地进行了大量的探索创新，但未形成稳定的尺度效应，也无统一的执行标准。在这一领域中，还存在着一些结构上的共性问题，因此，在发展的过程中，就必须要建立起一套能够对健康养老服务行业进行规范的法律和法规，从而形成一套具有一定代表性的、具有一定代表性的服务体系标准。与此同时，要强化政策的统筹和设计，从而形成一个在区域范围内的统一的服务规范和好标准。另一方面，要充分考虑到不同的老人群体的经济、文化、家庭等内部的差异，从而设置出差别化、多元化、个性化的养老服务项目。

第四章

我国家庭养老服务的需求与供给分析

4.1 城镇家庭养老服务需求调查与分析

要想更好地了解城镇中的家庭养老服务的供应情况，就有必要对家庭养老服务的需求情况进行调查和分析。在此基础上，以河北省城镇家庭养老服务的基本理论为指导，在对城镇居民进行问卷调查的基础上，通过对城市居民家庭养老服务的问卷调查，对城市居民对家庭养老服务的需求进行了分析，并针对居民的生活形态和家庭养老服务的需要，将城市居民中的老人分为两大类：一是为城镇居民中的家庭养老服务的供应能力和结构的分析,二是为城镇居民中的个体化供应提供了数据基础。该部分研究的基本过程、成果与作用，如图4-1所示。

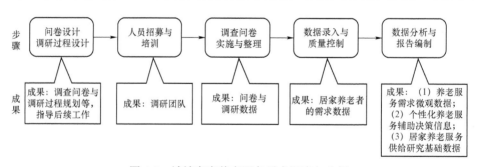

图 4-1 城镇家庭养老服务需求调查与分析

4.1.1 问卷设计与数据采集

本书从实际出发，对城市家庭养老服务的需求进行了调查，从现实角度出发，选择河北省作为案例，借鉴有关的研究成果；本书通过对 2016 河北省城市居民的养老需求进行问卷调查（详见附件 1）。此项调查工作可由五个步骤组成：调查问卷的设计与抽取，督导与访客的招募，以及调查问卷的发放与回收；品质管理，资料输入，资料分析，报表。通过对河北省城市居民的调查，对其进行了调查，并对其进行了分析。调查问卷主要包括：被调查者的基本资料；家庭概况；老年人护理服务的购置与开支；老年人的需要；保险和保护；身心健康。第二部分，分析了我国老年人对养老产品和服务的需求特点。对退休生活的看法和态度。问卷具体内容请参考附录1："2016 年河北省城镇居民养老服务需求问卷调查（10.16）"。实际发放问卷 1 080 份，有效问卷 826 份，备用问卷 120 份。

（1）采集目标与区域

根据研究目标，本次调研的主要对象为：河北省 65 岁及以上的老年人。四阶段抽样具体步骤为：① 在河北省随机选取 9 个区县，其中长安区，路北区，海港区为样本区域；襄都区，竞秀区，邯山区；东桥区，双桥区，运河区；② 在各县区，随机选择 3 个街道办事处作为调查对象；③ 在各街道办事处中，选择 2 个居民委员会作为研究对象；④ 在各居民委员会中，根据居民委员会公布的 65 岁以上老人名录，从各居民委员会中随机抽取 20 名老人，每一户只有 1 名进行调查。以各行政单元的人口为样本权重变量。

（2）督导及访员招募

笔者从 2021 年 9 月 30 日开始进行访员及督导的招募工作，截至 10 月 8 日，共招募访员 24 人，督导 4 人，合计 28 人。访员主要由时间比较充裕的大三、大四的本科生组成，督导主要由研究生二、三年级的学生组成。所有访员分为 4 个小组，由 4 个督导分别带队。10 月 9 日，正式进行访员和督导培训，10 月 10 日，由督导带队，带领访员进行预调查，合计回收问卷 43 份。10 月 11 日进行问卷第五次修订，总结并分享新经验，准备次日大调查的相关资料。

（3）问卷发放及回收

本次数据采集从 2021 年 10 月 12 日至 10 月 25 日，总共历时 14 天。作者从河北省抽取 9 个区县，每个区县抽取 120 户家庭，合计 1 080 户。访问过程中，剔除了重复的家庭，接受访问的实际人数为 826 人。

（4）质量控制及数据录入

质量控制，主要四个方面：① 访问过程中督导随机陪访；② 问卷回收后督导检查有无明显的表格填写错误；③ 数据录入时，再次核对是否有填写错误或不符合逻辑的问答；④ 数据汇总后，用统计软件 Stata14 进行描述性统计分析校对。

4.1.2 城镇家庭养老服务对象的描述性分析

由于我国对家庭养老服务在城镇中的应用还没有一个较为完整的、系统的调研，故本次调研的目的在于弥补家庭养老服务在应用上的不足。河北省发布了《2022 年河北省养老服务现状及需求调查报告》，在此基础上，以河北省城镇居民家庭养老服务为研究对象，根据自己收集到的 8 个问题，对其进行了描述。如果没有特别说明，下面引用的这份《报告》就是《2022 年河北省养老服务现状及需求调查报告》。

（1）家庭养老服务对象基本特征

《报告》中"调查对象中，男性为 49.1%，女性为 50.9%"，也符合河北省城市老年人口中的男、女比例，因此，调查对象具有一定的代表性。与《报告》中的年龄分布不一样，本次调查主要针对 65 岁及以上的老年人，而 60～64 岁的老年人在《报告》中所占比例还不到五成。因此，从调查的年龄分布来看，对城镇中家庭养老服务的需求有较大的针对性。这一点和《报告》所反映的问题相吻合，因此，调查对象具有一定的代表性。在这些数据中，拥有小学学历的老年人占比为 33.7%，居于第一位；没有上过学的老年人占比为 27.4%，居于第二位；拥有初中学历的老年人占比为 21.4%，居第三位；高中占比为 6.5%；中专占比为 4.5%；大学本科及以上占比为 3.4%；大专占比为 3.2%。由此可以看出，调查对象中的老年群体受教育程度较低，对城镇家庭养老服务的需求认知存在着较大的负面影响。

鉴于城镇家庭中的婚姻状态和婚姻关系对城市中的老人的养老态度有很大的影响，因此，在家庭养老服务中选取有代表性的样本，对城市中的老人的养老态度进行调查是非常有意义的。这也填补了《报告》在这方面的空白，并为探讨老年人在生活中的各种关联因素对老年人生活质量的影响，提供了基本的资料，因此，该调研项目具有较强的现实意义和理论意义。在河北省城镇中，

72.3%的人口为已婚；24.6%的人口为丧偶；1.8%的人口为未婚；1.3%的人口为离异。城镇的家庭养老中以两个老人为主，这与河北省《报告》中提及的比例相一致。这表明目前城镇地区家庭养老用户中，两个老人之间的互帮互助已成为一种较为普遍的现象，这对城镇地区家庭养老服务用户的需求产生了显著的影响。

《报告》中所述的情况与河北省的男性和女性老年人的职业组成十分相近，因此，调查的样本具有一定的代表性。在这些人中，27.1%的人是在商业和服务业工作的，22.6%的人是在家庭养老中退休的，16.5%的人是在政府机关的党群组织和企事业单位的负责人，16.5%的人是在家庭养老中退休的人，13.4%的人是在生产和运输设备的操作人员和相关人员，4.3%的人是在农业和商业服务业工作的人，0.9%的人是在军队工作的人，10.7%的人是在军队工作的人，10.7%的人。结果表明，在城市中居家庭养老的读者，其职业倾向于专业化和技术化，这也从侧面反映出城镇中居家养老的读者具有较强的养老经济基础。城镇居民对家庭养老服务的需求与家庭成员的人数有直接的关系，因此，在城镇居民中进行家庭养老服务的需求分析，选取具有典型意义的样本是非常有必要的。该调查项目，填补了《报告》的空白，并为城市居民对家庭养老服务的需求和家庭数量之间的关系，提供了基本资料，因此，它是一种很有意义的研究和应用。家庭成员可陪伴人员中，有两人的占比为27.4%;有四人及以上的占比为21.8%;有一人的占比为 17.3%;有三人的占比为 17.2%;没有家庭成员陪伴的占比为16.3%。在城镇居民中，反映家庭养老现状的家庭及其成员能够起到更好地提供家庭养老服务的主体作用，着重解决没有家人陪同家庭养老的居民的养老需要，并能有效地协调家人之间的养老功能。

（2）城镇家庭养老服务对象经济与消费状况

城镇居民对家庭养老服务的需要与居民的收入状况有着密切的联系，因此，在城镇居民对家庭养老服务的需要调查中，选取具有典型意义的样本是十分必要的。这一点与《报告》很相似（两者都是主要依靠儿女赡养，养老金和储蓄作为补充），显示了很好的代表。调查结果表明，"房屋租金"是河北省城镇家庭养老用户的主要资金来源，住房在河北省城镇用户的资金来源中占有相当大的比重，因而，以住房为代表的新的资金渠道，应该引起相关部门的关注。此外，养老基金的"工作收入"也是养老基金的主要经费来源，可见目前政府所提倡的"养老基金"在养老基金中的作用。在城镇家庭养老中，41.6%的人的养老基金是由子女提供的；19.3%的人是退休基金；16.4%的人是储蓄投资；9.7%的人是工作收入；5.8%的人是住房租赁；3.3%的人是政府补贴；2.1%的人是社会及亲朋好友的人；1.8%的人是其他。反映了目前城市中家庭养老者的养老基金中，子女负担比例很高，而老人自己的养老支出能力也很强。

这份研究不仅给了我们洞见性的发现，也指出了健康和经济上波动对老年人消费行为的影响。总体来看，这次调研活动提高了我方对于老年群体消费行为的认知深度，为未来针对其需求进行产品或服务的改进提供了指导方向，对此，我们深感此次调研活动的价值与意义，可视其为一次理论与实践并进的成功研究。石家庄作为河北省的经济繁荣城市，城镇居民对家庭养老服务具有充足的经济能力和资金支持。在这个城市的家庭养老模式中，平均每月的开销中，每年用于探亲的费用最多，其次是每月的住宿和餐饮费用，然后是医疗费用；卫生费用在其后，其他基本支出比例均在合理的范围内。在这个城市，家庭养老中，老年人的赡养费主要还是用在基本的生活费和医疗费用上。

此次调查主要是针对影响城镇中家庭养老用户的主要消费因素展开的，此项调查可以补充《报告》中所没有的内容，也可以为城市中家庭养老用户的主要消费因素的研究提供基本资料，因此，此项调查具有重要的现实意义。在河北省的城镇地区，家庭养老读者受到的最大影响因素仍是"吃穿住行"。这说明在这些地区，家庭养老关注点仍需提高，基本生活服务供应也有待加强。针对城镇家庭养老的用户，32.8%的人在养老方面存在顾虑，关注食物、生活照料和医疗照料；23.5%的人无暇照顾自己；16.7%的人担忧自己的安全；16.7%的人希望尊严地生活，不给子女带来负担；12.3%的人喜欢与朋友们参与娱乐活动。另外，8.5%的人认为已经完成了人生阶段，8.5%的人选择安享晚年，而6.2%的人则采用其他方式度过养老生活。

这些数据反映了城镇家庭养老模式的多样性以及老年人在养老问题上的不同需求和期望。为满足这些需求，有关部门和社会各界应积极开展相关措施和政策，促进家庭养老服务的发展，提高老年人的生活质量。通过对社会反映强烈、对城镇使用家庭养老的居民收入影响最大的健康保障问题的研究，发现河北省的健康保障水平很高，大部分城镇使用家庭养老的居民都能享受到一定的保障，基本符合《河北省 2022 年老年人口信息和老龄事业发展状况报告》的要求，大大减轻了城镇使用家庭养老的居民收入压力，也为城镇使用家庭养老服务的提供了有力保障。其中，46.6%为新型农村合作医疗，34.7%为城镇职工，9%为城镇居民，4.5%为公共卫生，2.9%为单位报销。

（3）老年人接受城镇家庭养老服务的现状

这项研究以城镇老年人为对象，对他们在家庭养老服务中的现状进行了深入调查和研究。这个项目是对《报告》中空白部分的有意义的补充，为我国城市家庭养老服务的发展提供了基础数据。研究发现，虽然很多家庭养老用户已经接触过家庭养老服务，但城市家庭养老服务的普及率还不够高，很多用户对这类服务了解得不够。因此，接下来需要加强家庭养老服务的普及，提高宣传力度，让更多的老年人知道并享受到家庭养老服务。

此外，调查还对城市居民获得家庭养老信息的途径进行了全面调查。结果发现，目前居民的信息获取渠道较为狭窄，主要依赖于"亲友介绍""子女推荐""医院引荐"。为解决这个问题，将"亲友介绍""儿童推荐""医院引荐"等信息来源进行分类调查，以便提供更为全面的家庭养老信息获取途径。同时研究还重点关注了家庭养老服务的财政资助来源，发现子女供养和社会养老保险是主要的财政支持。

这个研究结果存在一些差异，大部分因为河北省处于经济发展较快的地区，并且研究对象主要是城市老年人。尽管对比《报告》显示的城市老年人依赖子女供养的比例，本研究发现实际上，城市中的家庭养老者更多地依赖退休金供养。然而考虑到河北省地处中西部地区，与东部、海滨等经济较发达地区比，社会保障所占比重相对较小，进一步说明了家庭财政支持在养老问题上的重要性。

（4）城镇家庭养老服务需求

这本书针对城市家庭养老进行了全面的研究，结果表明大部分需求聚焦于生活照顾（42.5%）、医疗照顾（33.6%）和娱乐照顾（9%）。这与之前报告中"养老服务项目"的结论相吻合，但因为河北省具备较好的卫生条件，所以结论出现了一些差异，比如在养老服务需求排名中，"医疗护理、运动健身、生活护理"

变成了"生活护理、医疗护理、娱乐护理",这反映出城市家庭养老在生活护理和娱乐护理方面的人力资源短缺,而且呈现了城镇家庭养老更关注老人精神层次需求的特色。

基于对家庭养老的日常照顾状况的调查,很显然,近半数的老人由家人照顾,但约四分之一的用户无人照顾,另外四分之一的老人则自己照顾自己。其中,一些老人由于子女工作繁忙、居住在异地,导致"有家无人照看"情况,所谓的"空巢型"老人比例较高,而且这种情况可能会随着时间推移而加剧,因此,相关部门需要共同探讨解决这一现状。

此外,本书还对城市家庭养老的慢性疾病以及健康状况进行了调查。结果显示,三高(高血压,高血糖,高血脂)疾病的比例最高,达到 44.3%,其次是心脏病(14.5%)和记忆力障碍(12.6%)等。调查结果表明,随着生活水平的提高,因食物中高热量、高脂肪、高盐、高糖比例增加,导致"三高"疾病的比例居高不下。这些不仅给患者自身带来很大困扰,也为家庭养老服务提出了更高的要求。因此,社会各界和有关单位应密切关注这一问题,加强健康教育,帮助他们树立正确的养老观念。

4.1.3 量化分析工具与效度、信度分析

(1)量化分析工具

本书针对城市家庭养老的需求开展了深入的研究。为了处理和分析涉及的复杂资料,作者采取了多种方法,如:KMO 检验:对老人需求资料进行探讨,找出变量间的相关性,并使用因子分析方法对其进行处理。Bartlett 球形测验:用于验证变量间的相互独立关系,并在本书中检测变量间的不公平相关性。因子分析:采用因子分析法,对调查获取的养老需求数据进行处理,概括和刻画数据的本质。Cronbach's α 信度分析:用于对调查中影响因素的变量进行内部一致性测试,确保研究结果的可靠性。K-Means 聚类分析:基于养老需求数据,对不同类型的需求进行深入研究和讨论,寻找深层次需求。

通过运用这些方法,本书对城市家庭养老的需求及相关问题进行了较为全面的分析,从而为城市家庭养老的发展提供了有益的参考和借鉴。

(2)效度与信度分析

由于本书设计内容为观测数据且调研问卷存在一定的主观干扰因素,因此,

需要进行信度与效度分析，这些分析方法主要是以因素分析为基础，来实施量表（调研问卷）的内容效度的分析与检验。本书调查问卷中的变量，针对居家老年人的实际需求设定。问卷的编制与使用过程中征求了专家、受访者、调研人员的意见和建议，经过多次修正最终形成本问卷，故而本问卷具有相当的效度，本书对调查问卷进行了较为深入的信度分析。由于本书受到时间、财力、人力限制，无法进行大规模的效度实测，因此仅能在数据层面上进行内部一致性信度分析与检验。本书采用了 L.J.Cronbach 提出的 α 系数，一般称为 Cronbach α 系数；通常来说，该系数的值越大，则说明测量或调查问卷的内部一致性越高。Cronbach 推荐的阈值如下：当 Cronbach α 系数超过 0，则信度较高；当 Cronbach α 系数介于 0.8 到 0.5 之间时，信度尚可接受；而 Cronbach α 系数小于 0.35 时，测量表或调查问卷没有信度。本调查问卷中的生活形态与养老需求的 Cronbach α 系数都超过了 0.7（见表 4-1），均在信度可接受范围之内，表明该调查问卷可以投入使用。

表 4-1　信度分析表

层面	因素编号	问卷题项	各因素 α 值	总体 α 值
生活形态	1	4、9、11、26、27、28	0.824 2	
	2	19、20、21、22、23	0.913 3	
	3	10、12、13、14、18	0.909 7	
	4	3、5、30	0.827 5	0.762 8
	5	6、7、8	0.793 6	
	6	15、16、17	0.811 7	
	7	24、25、29	0.805 6	
	8	1、2	0.857 2	
养老需求	1	16、21、22、23、24	0.739 7	
	2	7、8、9、10、12	0.875 6	
	3	1、2、3、4	0.741 8	0.757 2
	4	19、20	0.830 9	
	5	11、13、17、25	0.875 1	
	6	5、6、14、15、18	0.914 9	

4.1.4 城镇家庭养老者生活形态及不同分组的描述性统计分析

（1）城镇家庭养老者生活形态分析

要想使养老服务供给达到精细化和个性化，首先要对老年人的生活形态和环境展开初步的分析，然后为老年人的养老服务需求建立分类和细化的基础。在此基础上，本书主要从以下四个方面展开研究：① 生命形式层次上的分析；② clustering 分析；③ 差异分析；④ 研究结果的差异性。以下是特定的分析要点：

① 城镇家庭养老者生活形态的因素分析

由于调研项目众多，全盘进行形态分析显然会主次不分。因此本书通过因素分析对整个调研问卷中的老年人生活形态部分进行了萃取，从中找到解释能力最强和表述力最强的因素结构。为了保证因素分析的有效性，必须先进行KMO（Kaiser-Meyer-Olkin Measure of Sampling Adequacy）检验，和 Barlett（Barlett Testof Sphericity）球形性检验，并最终检验结果确认调研数据是否适于因素分析。关于提取标准，众多专家给出了不同的标准，本书提取因素负载的绝对值超过 0.5 的变量作为因素命名的标准。由此，本书对生活形态变量进行了因素分析，发现其 KMO 值达到了 0.84，而 Barlett 球形性检验得到的显著水平为 0.000，符合显著水平要求，说明这一问卷与相关的调研数据适合因素分析，最终对生活形态涉及的变量进行抽取，并进一步实施因素分析。通过轴旋转分析发现，在生活形态层面，最终有 8 个因素符合要求，且这 8 个因素均符合负载绝对值超过 0.5 的要求，各因素的累计解释总方差量达到了 72.387%，而总体信度值达到了 0.713 5。上述生活形态的特征值、解释方差量、总体解释方差量见表 4-2。

表 4-2　老年人生活形态因素分析

因素编号	特征值	解释方差	总体解释方差
1	6.021	14.350%	21.587%
2	4.377	12.037%	22.329%
3	4.287	8.993%	32.827%
4	3.508	8.704%	41.172%
5	2.478	4.823%	49.329%

续表

因素编号	特征值	解释方差	总体解释方差
6	1.578	4.674%	50.238%
7	1.323	3.582%	58.672%
8	0.979	2.784%	63.902%

② 家庭养老者生活形态因素解释

由上述数据分析结果，可以得到下表及相关解释，如表 4-3 所示。

表 4-3　河北省老年人生活形态聚类分析结果

因素分类	名称	相关解释
因素 1	传统保守	分值越高，则老年人的传统保守特点越突出
因素 2	身体健康	分值越高，则老年人的保健和健康意识越强
因素 3	物质享受	分值越高，则老年人越注重物质享受
因素 4	外向适应	分值越高，则老年人越外向，且适应环境能力越强
因素 5	热心公益	分值越高，则老年人越热衷于公益
因素 6	追求品牌	分值越高，则老年人对品牌的要求越高
因素 7	配合潮流	分值越高，则老年人的思想越贴近现代潮流
因素 8	家庭互动	分值越高，则老年人越注重家庭交流与互动

③ 样本聚类分析

聚类分析是一种以多元统计为基础的分析方法，它可以把具有相似结构的不同样本划分为几个不同类型的样本。在聚类分析中，通常有两种方法：一种是系统聚类，另一种是非系统聚类。一般情况下，在大规模数据的情况下，用等级聚类方法进行处理是非常费时的，并且需要很高的运算能力。为此，本书提出了一种基于 K-Means 的非层次化聚类方法。上述部分所述的影响老人生活方式的因子是以 K-Means 聚类的方式来进行资料分析的。为防止"小群"死亡（"小群"不再合并，通常要求每一群之成员数目，最少应达 20 人。基于此，我们利用 SPSS 软件，利用组内变异指数方法对调查数据进行聚类，得到的结果是：分组一，总人数为 481 人（58.23%），分组二，总人数为 276 人（33.41%），分组三，总人数为 69 人（8.35%）。

④ 分组清晰度分析

本书采用的分组清晰度分析方法的基本处理流程为：以基准变量（事先设定的类别或组别）进行分组，通过对若干预测变量进行线性组合，对组间区别进行测度，来衡量分组的清晰程度。通常来说，清晰度函数的数量是根据分组数量与预测变量数目来获得的，存在 2 个以上的分组时，清晰度的函数被称为复清晰度分析。分组清晰度函数的生成方法采用的是组内方差比值最大化方法。这种方法中：分组清晰率为正确分类的组中元素的百分比。根据 4.3.3 节的分组，本书将受访老人聚类为三组，通过 SPSS 软件，以清晰度分析法进行分组的清晰度（正确率）检查，得到清晰度分析，最终结果见表 4-4 所示，由此可见，本书的分组基准因素非常合适，作为聚类分析的分组依据具有良好的清晰度、稳定性和准确性。

表 4-4　分组的清晰度（正确率）

		分组			
		分组一	分组二	分组三	整体总计
分组	分组一	478（99.38%）	3（0.62%）	0（0.00%）	481（100%）
	分组二	3（1.09%）	272（98.56%）	1（0.36%）	276（100%）
	分组三	0（0.00%）	1（1.45%）	68（98.55%）	69（100%）

⑤ 分组间生活形态差异分析

为了保证家庭养老服务供给的个性化，不同分组的老人的生活形态应具有不同的特点。由此，本书提出假设（1H0），不同分组的老年人的生活形态存在显著差异。根据差异检验，SPSS 软件得到的结果是：上述假设 1H0 成立，即不同分组的老人的生活形态上存在显著差异，如表 4-5 所示：生活形态变量检验表中的 P 值为 0.000，符合小于 0.05 的要求，因此各个聚类分组的中心并不属于同一范围。而表 4-6 中进一步对 8 个生活形态因素对各个分组的差异性影响进行了分析，这一分析也显示：各个分组之间的差异是显著存在的。上述发现说明，根据老年人的不同生活形态，提供批量的个性化养老服务是可能的。

表 4-5　生活形态差异检验表

统计指标	检验值	卡方值	自由度	P 值
Wilk's ambda	0.100	962.405	8	0.000*

显著水平：$\alpha=0.05$ *为：P 值小于 0.05 时，达到了显著水平

表 4-6　生活形态因素差异分析表

	分组平均数			F 值	P 值
	分组一	分组二	分组三		
因素 1	0.538	0.043	0.312	110.334	0.000*
因素 2	0.782	0.152	−1.199	159.239	0.000*
因素 3	−0.117	−0.149	0.008	19.828	0.000*
因素 4	0.003	−0.137	−0.317	4.083	0.000*
因素 5	−0.183	0.191	0.293	71.312	0.000*
因素 6	−0.297	−0.931	0.371	100.274	0.000*
因素 7	−0.065	0.291	−0.108	21.382	0.000*
因素 8	0.271	−0.132	0.396	89.975	0.000*

显著水平：$\alpha=0.05$ *为：P 值小于 0.05 时，达到了显著水平

　　通过进一步分析，我们可以从表 4-6 所列的资料中了解到各种生活方式的具体特征。从各个因素的 F 值可以看出，排名前三的因素情况为：因素 2 的 F 值最大，达到 158.377，所以各个分组在这个因素上表现出的差异最大，也最具有区别聚类效果。其次是因素，因素的 F 值为 111.853，因素的判别性和聚类性同样良好。第三个因素，F 值为 102.527。从理论上来说，聚类因素分数越高，其所在的分组就越有该因素。从上面的表 4-5 可以得出以下的说明：

　　分组 1：本组中因素 1、因素 2 的分数远远高于其他各因素。因素 4、因素 7 的分值均低于因素 7、因素 4。这表明本群中的老人在健康意识、观念上倾向于传统、保守、不随新潮流等方面的特点。在养老服务需求方面：这个分组的老年人着重需要在饮食、日常生活、保健医疗等方面得到照顾。尤其是这个分组的老年人，他们对户外和休闲活动都没有很强的兴趣，对周围环境的接受能力与适应能力也比较差。所以，他们在接受和购买养老服务时，其受到家人等亲近人群的影响较大，同时也对照护服务的品质有一定的需求，对照护服务的

品质和水准也有期待。

分组 2：这一组中，因素 4 与因素 6 的得分最高。因素 1 与因素 8 的得分均低于因素 1 与因素 8。这表明，这个分组中的老年人对养老服务的需求特点是：重视养老服务的外部知名度，喜欢从社会的各个方面获得各种信息，因此，他们的品牌观念很强，并且愿意购买知名的品牌或者是优质的服务。同时，这一群体中的老人对周围环境有更强的认同感和适应性，并乐于与人交流；并参加有关的活动，以体现自己的价值，不会被传统的观念所束缚。

分组 3：该分组中的因素 2、因素 6 和因素 8 的得分较高；而因素 3 和因素 7 的得分较低。这说明该分组的老年人的养老服务需求特征为：注重自身健康，并重视与家人互动关系，在接受和采纳养老服务时，易受家庭等亲密群体的影响；具有较强的品牌意识。此外，该分组中的老年人并不看重物质享受，对新潮流也没有偏好。由上述分组及其说明，本书进行了雪菲事后检验（Scheffe's Test），通过区分各分组的需求特征，实现分组的精细化描述。如表 4-7 所示，各分组之间是存在显著差异的，说明假设 1H0 成立。

表 4-7　分组差异显著性检验表

	分组一和分组二	分组一和分组三	分组二和分组三
因素 1	0.000*	0.011*	0.897
因素 2	0.009*	0.327*	0.499
因素 3	0.000*	0.000*	0.000*
因素 4	0.188	0.031*	0.000*
因素 5	0.000*	0.000*	0.000*
因素 6	0.002*	0.000*	0.002*
因素 7	0.000*	0.357	0.000*
因素 8	0.857	0.021*	0.003*

显著水平：$\alpha = 0.05$ *为：P 值小于 0.05 时，达到了显著水平

由以上分析可以看出，第一组与其他两组在因素 1 上的差异比较显著。在因素 2 方面，组别 1 与组别 2 之间存在显著差异。在因素 3 方面，各组间的差异都比较显著。在因素 4 方面，第 3 组与其他 2 组间的差异更为显著。在因素 5 上，各组别之间存在显著性差异。在因素 6 方面，各组别之间存在显著差异。

在因素 7 方面，第 2 组与其他 2 组间的差异更为显著。在 8 因素方面，第 3 组与其他 2 组的差异更显著。

（2）不同分组的描述性统计分析

根据以上的总体描述性统计分析和分组说明，本节将通过分组描述性统计对假设 2H1 进行检验，也就是：不同生活形态分组的老年人在其描述性统计变量层面上存在显著差异，下面是 8 个描述性统计变量的相关分析与内涵解释。

性别分析：根据不同组别，提出了 2-1H0 的子假说，即：不同组别的老人对照护服务的需要有显著的性别差异。最后，经皮尔逊-独立卡方检验，我们拒绝了亚假说 2-1H0（a＝0.05），并得出了以下结论：一般情况下，男性对护理服务的需求比女性要高一些。细化到各个小组来进行分析：在小组 1 中，在需要养老服务的老人中，男女性别差异不到 5%，十分接近。第二组与第一组相似。在第 3 组中，只有 32.8%的人是男性，61.2%的人是女性，女性对护理的需求明显多于男性。

年龄分析：根据不同的组别，提出了 2-2H0 的子假说，也就是：不同组别的老人，其对照护服务的需求有显著的年龄差异。最后，经皮尔逊-独立卡方格检验，我们可以接受亚假说 2-21H0，并且，亚假说 2-21H0 在 $\alpha＝0.05$ 的显著性水平上被接受，特别是 65～85 岁之间，亚假说在 65～85 岁之间，所占比例达到 91.6%。细化到各个分组来进行分析：在分组 1 中，需要养老服务的老年人，其主要年龄段是 65～70 岁和 71～75 岁。而按年龄划分，以 85 岁及 81-85 岁为主。在第 3 组中，以 81～85 岁为主，85 岁以上为次要。

教育程度分析：对于不同类别的老人，本书提出了 2-3H0 的次假说，也就是：不同类别的老人，其学历有显著性差异。经皮尔逊-独立卡方鉴定，此假说 2-3H0 在显著性水平上为 $\alpha＝0.05$，且此假说为 2-3H0。从整体来看，需求者在受教育水平上的分布存在显著差异。细化到各小组，对其展开分析，发现大学教育程度比重最高的为分组，高中（职）教育程度比重最高的为分组，分组 3 中的文化程度集中在初中及以下。

居家情况分析：本书针对不同分组提出了子假设 2-4H0，即在不同分组中，老人的家庭条件存在显著差异。最后的鉴定结果支持该假设，表明不同老年人群的家庭经济状况存在显著差别。总体来看，接近一半的老人有家人，但无法相互照应；约 1/4 的老人独居；只有 1/4 的老人有子孙照顾。每个小组细分分析后，基本呈现有亲人但无法照顾的状态；其中，第 1 组有子孙亲属照顾的比例较高；第 2 组中家庭照料需求和独居比率接近；第 3 组以独居为主。这应引起有关单位和部门重视，针对老人群体状况，制定合适的养老服务策略。

家人陪伴分析：本书针对不同小组提出了子假设 2-5H0，即不同小组老人对家庭陪伴需求存在显著差异。测试结果支持该假设，说明家庭成员陪伴情况在老年群体中存在显著差异。目前，随着中国家庭规模扩大，家庭养老服务涵盖的人群将逐渐增多。细分各组后，第 1 组老人家庭成员以 1-2 人为主；第 2 组以 2-3 人为主；第 3 组家庭成员呈现两种极端，即 3 人家庭和无人陪伴。

职业分析：针对不同类型的老人，提出子假设 2-6H0，即在退休前存在明显的职业差异。经检验，该假设得到支持。从整体看，退休前以服务业、商务和公务人员为主，占比超过 50%。细分各组，第 1 组退休前以公务员和管理人员为主；第 2 组为服务行业；第 3 组退休前职业较为分散。

主要经济来源分析：本书针对不同分组提出子假设 2-7H0，即不同分组老人对养老服务需求上，主要经济来源存在显著差异。该假设经检验后得到支持。总体而言，农村老人养老资金来源主要为养老金和子女供养，占比超过 70%。之后为存款和投资，占比超过 18%。社会及亲友支持微乎其微。细分各组，第 1 组主要依靠退休金；第 2 组以储蓄和投资为主；第 3 组收入来源较为分散。

每月支出分析：根据不同群体，提出子假设 2-8H0，即不同群体老人在月度支出上存在显著差别。经验鉴定后，该假设得到支持。细分各组，第 1 组老人月支出主要在 2 001～3 000 元；第 2 组以 1 001～2 000 元和 2 001～3 000 元为主；第 3 组以 3 001～4 000 元为主。

4.1.5 养老服务需求动机差异及不同生活形态老年人信息来源分析

为了理解不同年龄段的老人对照护服务的需求差异，我们提出假设 3H0：老人对照护服务的需求会因其自身需求的差异而受到显著影响。根据皮尔逊-独立卡方鉴定，这一假设在 $\alpha = 0.05$ 的显著性水平上得到验证。概括来说，对于老年人，他们的需求主要侧重于生活的基本需求，如饮食和医疗，占到了 49.38%。

此外，他们还有 24.58% 的需求在于精神生活，如娱乐和关怀等。而老人的社会生活需求占到了 11.53%，其余的，不超过 10% 的需求，属于老人自身的个性化需求。按照马斯洛需求层级理论，我们可以看到，第一组老人更倾向于求高层次的需求，第二组的老人则对基础生活需求有更高的要求，第三组老人主要关注中等水平的需求。考虑到信息来源对老人需求的直接影响，我们又提出假设 4H0：老人的生活方式差异会对他们的信息来源产生显著影响。同样的，经过皮尔逊-独立卡方检验，这一假设在 $\alpha = 0.05$ 的显著性水平上也得到了验证。从总体上看，无论生活方式如何，老年人的主要信息来源是子女，占 39.1%，其次是亲朋好友，占 33.9%，此外，与医疗相关的组织也占到 7.1%，其余的信息来源是各种媒体方式。细分到每个小组，我们发现，第一组老年人的信息主要来自于亲人和朋友，第二组的老人更多的信息来源于子女，而第三组的老人则较多地从子女和亲友处获得信息。

4.1.6　不同生活形态老年人的接受养老服务的情况分析

鉴于老年人对服务的接受度直接影响到他们对服务的需求和数量，我们提出 5H0：不同生活方式的老年人群体，其生活方式的差异，将显著影响他们的消费行为。下面是对老年人接受护理服务的详细分析。

（1）养老服务接受时间分析

因此，我们提出了"5-1H0"的假说：不同生活形态的老人，其所享受到的照护时间长短有显著差异。皮尔逊独立卡方检验结果表明，在 $\alpha = 0.05$ 显著性水平下，本书的假设成立，即从整体上讲，在全部有效样本中，老人获得护理服务的时长以一年为最多，约为 42.7%。其次是 1～2 年，有 22.7% 的人在这一年以上。再次是 2～3 年，占 12.6%。而 5 年以上的只有 7.5%。从各个分组的情况来看，分组 1 老年人群体接受养老服务的时间长短，主要集中在 2～3 年之间，占总比例的 40% 以上。而 2 号组的老年人所享受到的护理服务时间以 1～2 年为多。研究对象 3 的年龄分布比较分散，5 年以上的研究对象有 23.3%。

（2）老年人月均花费分析

基于此，本书提出 5-2H0：老年群体中不同生活形态的群体，其月支出有显著差异。通过皮尔逊独立卡方检验，得出了在 $\alpha = 0.05$ 显著水平下，上述假设成立的结论，即：总体而言，在全部有效样本中，老年居民月平均支出以 1 000～

2 000 元为主，占 36.0%。其次是 2 001～3 000 元，占比 22.5%。再次是 3 001～4 000 元，占 13.7%。4 001～5 000 元，是 11.5%。低于 1 000 元，占 16.3%。月平均消费 5 000 元以上的老人只有 0.5%；在不同的组别上，组别 1 的老人每月平均支出最高的是 3 001～4 000 元，其次是 2 001～3 000 元。而分组 2 老年人月均花费集中在 1 001～2 000 元，其次为 2 001～3 000 元。分组 3 老年人月均花费集中在 2 001～3 000 元，其次为 3 001～4 000 元。

（3）老年人照顾情况分析

基于此，我们提出"5-3H0：老年群体中，不同生活方式的老年群体，其照料方式有显著差异"的假说。随后的皮尔逊独立卡方检验得到结论，在 $\alpha = 0.05$ 显着水平下，该假设成立，具体来说：总体上看，在所有的有效样本中，老年人的照顾形式主要集中在家庭照顾，占到 61.3%。其次是收容所，占 33.7%。从整体来看，老人在护理方式上的分布差异比较明显。根据不同的组别，"组别一"以居家照料为主，以"组别一"为主，比例为 62.8%。其次是收容所，为 37.2%。组 2 以社区照料为主，占 57.3%。其次是居家照料，有 39.3%的人在家中照料。组 3 以居家照料为主，占 54.8%。其次是机构照料，占 24.4%。

（4）老年人养老服务需求内容分析

根据本书的研究，我们提出 5-4H0：不同生活方式的老年人集团对养老服务需求内容存在显著的差异'这一假设。依据在 $\alpha = 0.05$ 显著性水平下进行的皮尔逊-独立卡方检验，认定这一假设有效。具体来看：在所有有效样本中，老年人的养老服务需求大多围绕着日常生活照顾，占比达到了 54.7%。其次是卫生保健需求，占比为 39.2%。而"每日陪伴"这一需求，则占比 11.2%。检视各个子组，发现第一组的老年人主要需求在日常生活照顾，占比为 43.9%。其次则是卫生保健需求，占 29.0%。对于第二组的老年人，他们对医疗服务的需求最高，占比达到了 52.8%。而生活照顾占比也达到了 31.5%，仍属重要需求。对于第三组的老年人，他们的生活照顾需求最为突出，达到 57.1%。而卫生保健服务需求也不可忽视，占比为 24.8%。因此，我们还需根据老年人的具体生活方式，为他们提供对应的养老服务，以满足他们的实际需求。

4.1.7 不同生活形态老年人的养老服务选择分析

本书针对该项分析，提出了一个假设 6-H0，即：不同生活形态的老年人，在养老服务选择层面上，差异显著。基于这一假说，通过文献调研和理论梳理，对老年人的养老服务选择问题进行了问卷调查。在此基础上，首先对养老服务的属性进行了因子分析，然后将老人按照不同生活形态进行了分组，然后再对老人在养老服务选择方面的差异进行了分析。并以此来验证不同生活方式的老人，其对照护服务的选择是否有显著的差别。

（1）养老服务的因素分析

本书以 25 个问题为对象，借由因子分析，抽取出影响老人照护品质的因子，以作为老人照护品质之参考依据。在此基础上，采用最大方差方法对各因子进行正交化轮换，从而获得因子载荷矩阵。然后抽取系数的绝对值大于 0.5 的变数，为系数命名。经样本配对鉴定后，所得之 KMO 值为 0.780，此值可作为因素分析之参考。除此之外，利用 Barlett 球形检验，显着性达到 0.000 的显著水平，这说明这 25 个题项的有关变量适合作因素分析，其中：KMO 值达到 0.792，而 Barlett 球状检验得到的显著性指标为 0.000*（α=0.05）。进而，利用旋转分析，在养老服务需求矩阵中，提取出 6 个特征值大于 1 的因子，并且这些因子都符合负荷的绝对值大于 0.5 的条件，其累积解释总方差量为 68.775%，总体信度为 0。到目前为止，对老人的生活方式的特征值、解释方差值和累计解释方差值进行了整理，如表 4-8 所示。

表 4-8　养老服务需求因素层面分析表

编号	因素名称	特征值	解释方差/%	累计解释方差/%	整体信度
1	生活服务	4.593	30.076	30.951	
2	专业服务	3.672	14.105	42.813	
3	健康服务	3.239	9.456	49.557	0.752 3
4	成本价格	2.832	9.027	60.302	
5	生活方便	1.504	4.698	61.435	
6	口碑品牌	1.397	4.523	70.528	

相关题项与因素分析结果如下：

① 生活服务

如表 4-9 所示，在该层级中，因素负荷绝对值超过 0.5 的题项共有五项，其内容为：老人最为重视的基本生活服务，如：清洁服务、饮食服务等，将此因素命名为：生活服务。老年人在这一因素上的得分越高，则表示越重视这些基本生活服务。

表 4-9　因素一分析表

生活服务		α值 = 0.793 3
题目编号	问卷题项	因素负载
D26	服务机构可以提供多元的养生娱乐活动	0.863
D25	应该有专门负责居家清洁打扫的清洁人员	0.799
D24	应该满足基本的餐饮服务需求	0.782
D27	看护机构能提供必要的健康咨询服务	0.739
D19	附近的自然环境较好，购物方便	0.647

② 专业服务

如表 4-10 所示，在这个层次中，因素负荷绝对值大于 0.5 的有 5 个题项，其主要内容是老年人看重的养老专业服务，比如日常陪护、心理辅导等，这个因素被称为：专业服务。老年人在这一因素上的得分越高，则表示越重视这些养老专业服务。

表 4-10　因素二分析表

专业服务		α值 = 0.821 5
题目编号	问卷题项	因素负载
D13	养老服务能够及时处理各种突发情况	0.671
D15	护理人员应该及时准备各种日常护理资料	0.635
D10	人员应该态度亲切有礼貌，仪表干净整洁	0.609
D11	应该随时告知确切的服务内容	0.588
D12	日常照料应该让人有足够的安全感	0.573

③ 健康服务

如表 4-11 所示，在这个层次上，因素负载绝对值超过 0.5 的题项共有 4 项，其内容为老年人重视的养老健康服务，如养生咨询、医疗诊治等，因此将这个因素命名为：健康服务。老年人在这一因素上的得分越高，则表示越重视这些健康服务。

表 4-11　因素三分析表

健康服务		α值＝0.783 9
题目编号	问卷题项	因素负载
D5	应该配备专业的护士和助理人员	0.863
D7	应该有专门的保健机构派专门的照护人员协助护理	0.847
D4	需要有医生会诊	0.701
D27	能提供必要的健康咨询服务	0.692

④ 成本价格

如表 4-12 所示，在该层次上，因素负载绝对值超过 0.5 的题项有 2 项，其内容为老年人对养老服务的成本与价格因素，例如：价格低廉、性价比等，因此将该因素命名为：价格费用。老年人在这一因素上的得分越高，则表示越重视这些成本与价格因素。

表 4-12　因素四分析表

成本价格		α值＝0.775 7
题目编号	问卷题项	因素负载
D22	养老服务价格应该尽量便宜	0.895
D23	养老服务费用应该尽量低	0.877

⑤ 生活方便

如表 4-13 所示，在这个层次上，因素负载绝对值大于 0.5 的题项有 4 项，其内容是老年人对在养老服务中的生活便利性，例如家庭团聚便利、服务个性化等，将这个因素命名为：生活方便。老年人在这一因素上的得分越高，则表示越重视这些养老服务中的生活方便与便利性因素。

表 4-13　因素五分析表

生活方便		α值＝0.775 7
题目编号	问卷题项	因素负载
D28	服务机构注重被老年人的个人隐私	0.737
D14	服务人员应该具备专业知识，提供个性化的养老服务	0.692
D16	服务机构能了解不同老年人的不同需求	0.653
D20	交通便利，方便和家人团聚	0.619

⑥ 口碑品牌

如表 4-14 所示，在该层次上，因素负载绝对值超过 0.4 的题项有 5 项，其内容是老年人对养老服务中的口碑与品牌因素的重视程度，比如服务机构的口碑、养老产品的品牌等，因此将这个因素命名为：口碑品牌。老年人在这一因素上的得分越高，则表示越重视这些养老服务中的口碑与品牌因素。

表 4-14　因素六分析表

题目编号	口碑品牌	α值 = 0.793 6
题目编号	题目编号	题目编号
D9	应该有现代化的医疗服务设备	0.818
D8	配备必要的无障碍空间设施	0.673
D17	准时履行对做出的各种承诺和协议	0.479
D29	服务机构应该具备良好的声誉	0.422
D21	服务机构应该具备良好的信誉	0.409

（2）老年人分组在养老服务需求方面的差异分析

本书针对该项分析，提出了一个假设 6-H0，即：不同生活形态的老年人在养老服务的选择上存在显著的差异。在养老服务选择的总体变量检查表中，P 值为 0.000（0.05），所以，在不同的老年人分组中，养老服务选择变量的中心值比较分散。而深入地分析发现，各养老服务选择因素对每个老年人分组的影响有明显的差异，也就是，以分组为自变量，以 6 个养老服务选择因素为因变量，进行单因素变量分析，得出的结果表明，各个分组之间存在显著的差异。最后的结果显示在表 4-15 中。

表 4-15　各分组在养老服务需求上的差异分析

	各分组平均数			P 值	F 值
	分组一	分组二	分组三		
生活服务	0.099	0.039	0.198	0.009*	4.032
专业服务	0.336	0.043	−0.307	0.008*	17.178
健康服务	0.131	−0.046	0.059	0.003*	16.328
成本价格	0.014	−0.177	−0.397	0.012*	12.986

	各分组平均数			P 值	F 值
	分组一	分组二	分组三		
生活方便	−0.181	0.177	0.132	0.008*	14.337
口碑品牌	−0.347	0.902	0.407	0.015*	10.156

显著水平：$\alpha=0.05$ *为：P 值小于 0.05 时，达到了显著水平

整体来看，不同的群体在对老人的需要上有显著的不同。以老年人分组为自变量，以 6 个养老服务因素为因变量，进行单变量因素分析，得出在 $\alpha=0.05$ 显著水平下，该假设成立，即：不同生活形态中的老年人分组在养老服务需求上存在显著差异。不同群体中的老人对照护服务的需求特点可归纳为：

① 分组 1 需求特征

由以上分析可以看出，在分组 1 数据中，专业服务和健康服务两项因素的得分较高，而成本价格与口碑品牌两项因素的得分较低。可见，该族群之老人对于照护服务之需要，较注重于日常生活及专业照护服务。除此之外，分组 1 中的老年人群体的经济基础还算不错，他们拥有一定的养老服务购买能力，但是对于所购养老服务的口碑和品牌，他们没有特别的期待和要求。为老年人提供的服务以专业化的生活服务为主。

② 分组 2 需求特征

由以上分析可以看出，在分组 2 的数据中，口碑品牌与生活便利两项因素的得分较高，而生活服务态因素的得分较低。这表明，在养老服务需求方面，这个分组的老年人群体更加注重口碑品牌和生活便利，而他们有较强的生活自理能力或对家人的照顾比较周到，因此对生活服务的需求并不强烈。卫生服务是老年人提供的重要组成部分。

③ 分组三需求特征

由上面的分析可以看出，在第 3 组资料中，"费用"与"价格"因子的分数比较高，而"生活便利"因子的分数比较低。这表明，在养老服务需求方面，本分组的老年人群体因为受到了生活习惯等因素的影响，在生活享受等方面并不是很重视，虽然他们有一定的经济基础，但是也不会去追求时尚潮流。在生

活服务和卫生服务两个领域，老年人的服务供给比较平衡。为了证实上面的总结，该研究对各组之间的差异和生活方式的因素采用雪菲试验，最后的结果如表 4-16 所示。

表 4-16　各分组在养老需求方面的差异检验表

	分组一和分组二	分组一和分组三	分组二和分组三
生活服务	0.793	0.025*	0.036*
专业服务	0.003*	0.014*	0.009*
健康服务	0.002*	0.000*	0.079
成本价格	0.201	0.018*	0.080
生活方便	0.000*	0.044*	0.001*
口碑品牌	0.003*	0.097	0.002*

显著水平：$\alpha = 0.05$*为：P 值小于 0.05 时，达到了显著水平

　　总体而言，在生命服务的维度上，第 3 组与前两组有显著的不同。不同组别之间的专业服务有显著差异。第一组和第二组在卫生服务上有显著差异。在费用和价格上，分组 2 和其他两组之间没有显著的差别。在生活便利上，各群体之间有显著差异。第二组与其他两组之间，对于品牌器材的评价有显著的差异。采用聚类分析方法，将 826 位城镇阅读家庭养老的读者分为三个群组，对每一个群组之间的养老需要和生活方式进行了比较，发现了每一个群组的养老需要和生活方式的特点，说明家庭养老的读者即使在同一个居住地，其生活方式也是不一样的，因此其养老需要的特点也是不一样的。这就要求城镇家庭养老服务的供应主体——政府、家庭、社区和社会团体，在城镇家庭养老服务的使用中，要有针对性和个性化地向家庭养老使用者提供。此项研究的执行过程具有很好的可重复性，家庭养老服务的各个决策机构、供应部门和有关机构都可以根据此项研究的框架，按照此项研究的基本步骤，使用此项研究所设计的调查表。在此基础上，通过对家庭养老服务本身的需求进行细化，增强家庭养老服务提供的针对性与适配性，增强提供的前瞻性与精准性，提升家庭养老使用者的高效率性价比。

4.2 城镇家庭养老服务供给能力状况分析

在家庭养老服务的供给方面，要从"政府""家庭"和"社区"三个方面来提高"家庭养老"的质量；社会组织的供给能力，根据城市中不同的老人在家中的需要，为他们提供与之相适应的养老服务，避免了国家一贯的计划性的服务供给。城镇家庭养老服务的供给能力现状，影响因素，存在的问题和成因进行了深刻的剖析，并在此基础上确定了各个供给主体的角色定位，责任和任务等。最后，从供给的对象、内容和方式等方面，对城市家庭养老服务的供给能力进行了全面的剖析。在供应阶段，供应等级等各方面努力保持供需双方均衡，使家庭养老服务切实有效地为在家里的老人们提供了保障。

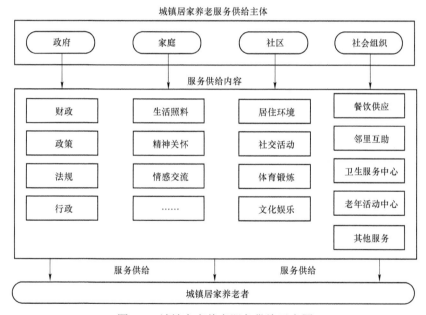

图 4-2 城镇家庭养老服务供给示意图

4.2.1 城镇家庭养老服务政府供给能力及其影响因素分析

（1）政府供给能力现状

政府是城市家庭养老服务的主要引导者，它的提供能力和影响主要表现在政策法规的制定，融资渠道的搭建，以及家庭养老专题的建设上。当前，在城镇家庭养老服务方面，国内外学术界和工业界普遍认可的政策规定有下面几个方面：一是社会关爱，二是权益保障，三是土地供应；建设补助，运营补助，税收优惠；免/贴息贷款，政府采购，人才培训；养老院/日间护理床补助类别等。近年来，中国各级政府都在大力推进城市家庭养老服务的发展，尤其是在养老院、养老院、养老院等方面；目前，我国在医疗机构和社会养老服务人员的权益保障和税收优惠等问题上已经取得了一定的进展。

在河北省，家庭养老服务在城镇的普及率达 70%，创建了 282 个社会化养老示范社区，建成了 100 个地区性养老中心和 2 500 个社区老年人托儿所，已有护理从业人员 4 436 名。河北省在 2014 年建立了 3 406 所各种类型的养老院，较 2013 年增加了 73 所。42 246 个床位，较 2013 年增长了 16.37%。到 2014 年年底，全市养老床位总数达到 422 000 张，位居西部第一，全国第三。2014 年，河北省共有 81 081 家医疗机构，执业（助理）医生 2.2 名，注册护士 2.2 名，均超过了西部的平均水平。到 2022 年，实现家庭养老服务在全国城镇的全面覆盖，使河北省的养老院床位超过 550 000 个。到 2022 年，河北省卫生服务行业的普及率达到 80% 以上，社区健身场所的普及率达到 100%。

中国各级政府都在积极推进城市家庭养老服务的发展，通过对城市家庭养老服务相关法律法规的研究，增加对城市家庭养老服务的财政支持，以及对城市家庭养老服务实施的重视，来充分发挥政府在城市家庭养老服务中所起到的作用。研究结果表明：政策法规、财政支持和绩效评估是影响家庭养老服务在城市中的提供能力的基础。

（2）政府供给能力的影响因素

从图 4-3 可以看出，政府对家庭的协调主要是通过政策法规，财政支持和绩效评估来实现的，社区与社会组织之间的关系，使家庭养老在城镇中成为老人。① 国家和家庭之间的关系。在城镇家庭养老服务中，政府要通过制定个人税务优惠、发放托儿补助、建立政府和家庭之间的交流通道，从而有效地减少家庭和家人的赡养负担。② 政府和社会之间的关系。政府可以制订诸如《家庭养老服务的人才培养办法》《家庭养老的社区建设经费预算办法》《家庭养老的社区建设经费补贴办法》，设立联络通道和机制，设立专项经费监督体系，规范管理，确保上下贯通。③ 政府和社团之间的关系。国家要出台相应的财税政策，对社会组织的准入门槛进行适当的降低，对社会组织（企业、社团等）的所得税进行减免，对社会组织在城镇家庭养老服务中的地位进行适当的支持，并对其进行经费上的支持，对其进行引导和管理，使其更好地参与到城镇家庭养老服务中来。

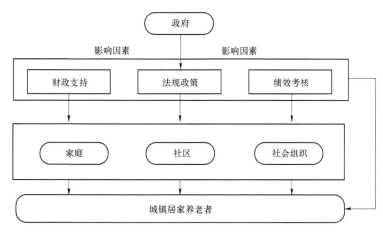

图 4-3　城镇家庭养老服务政府供给能力影响因素

第一，法规政策。图 4-4 显示了城市家庭养老服务法规与政策对城市家庭养老服务的影响，健全的法规与政策反映了政府的供给力与影响力，显示了政府的强大号召力与协调性，凸显了政府对城市与城市的家庭养老服务的大力推广的决心。引导城市家庭养老服务的规范化、法治化、社会化，使政府在权力下放、医疗保障、社会福利等方面得到了良好的发展；项目的立项，资金的支持，土地的分配；税收优惠，服务标准，激励其他供给主体的积极性；使城镇家庭养老服务在政府和政府层面上的政策制定和实施，在政府层面上对其进行科学、适当的扶持，在城市层面上为其创造一个蓬勃发展的良好环境，并在此基础上，积极推进城市层面上的家庭养老服务的不断完善，进而逐步缓解中国的老龄化问题，实现城市层面上的家庭养老服务真正地造福于城市层面上的广大老人。法律和政策是政府向城镇居民展示家庭养老服务提供信息的重要手段，对城镇居民家庭养老服务信息系统的构建具有重要意义。在实践层面，《国民经济和社会发展第十三个五年规划的建议》中指出，政府要全面放开城镇养老服务的供应，扩大提供的服务渠道，大力支持各种类型的企业和机构，以政府购买服务、公私合营等方式，加大对家庭养老服务的供应力度，并持续强化对其提供的家庭养老服务的质量监督。从总体上看，政府出台的相关法律法规，将有效地整合其他三个提供方，全方位地推进和激励社会资本参与到城镇家庭养老服务的发展中来，可以引导和激励社会各方面的力量，提升城市家庭养老服务与其他产业的深度融合，使家庭养老使用者能够更好地享受到"老有所养"的生活。

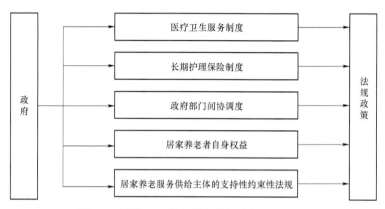

图 4-4　城镇家庭养老服务法规政策影响因素

第二，财政支持。从图 4-5 可以看出，城镇家庭养老服务的发展需要政府的财力支撑，城镇家庭养老服务的发展需要有足够的财力和畅通的筹资渠道，这也是显示政府在家庭养老服务中的主导作用的一个重要方面。一般而言，在家庭养老服务中，财政资助项目应当包含：城镇养老金支出、老年事业基础设施投资、老年事业日常支出等；老年人的财产性收入，老年人的就业收入，养老机构的补助，养老服务的补助；城市居民人均可支配收入，等等。根据目前中国城市家庭养老服务的发展情况，加大基础设施投资，各种养老补贴，税收优惠力度；为工作人员提供的薪酬和训练，社区财政支援，以及家属养老补助；医疗保管费，政府购买服务，养老产品的生产；老年人的退休金，各类老年人群体的高额补贴，都需要巨额的资金支持。没有资金的支撑，家庭养老服务在城镇就成了"无米之炊"。城镇家庭养老服务的出版经费主要来自于国家对其的资助，而国家对其的资助又是我国城市家庭养老服务出版发行的一个主要来源，同时也是影响我国城市家庭养老服务出版发行的一个主要因素。

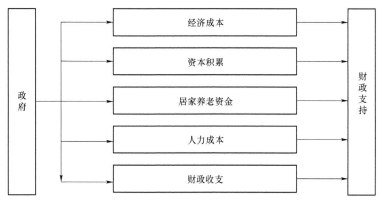

图 4-5　城镇家庭养老服务财政支持影响因素

第三，政绩考核。从图 4-6 可以看出，目前城镇家庭养老服务的各个提供主体之间的合作越来越紧密，城镇家庭养老服务的发展和繁荣的关键是各种法律和政策的制定，养老行为的实际执行。各级政府要发挥主体作用，要科学治理，要高度重视；家庭养老服务在城镇中的实际实施将成为健康发展的一个重要环节。大力推进家庭养老服务在城市的发展，是一条切实可行的途径，可以有效地解决中国老年群体的养老问题，事关国计民生，而老年行业又是一个庞大的经济规模，如果处理得当，将会对中国经济增长起到很大的作用。中央政府以建立相应的制度与评估标准，来评估政府与政府官员的绩效，这是一种常态化的政治生活方式。如果把各级政府在城镇家庭养老服务中实施和实施的成效，作为评价指标，那么，就一定会受到各级政府和工作人员的关注，从而有力地促进城镇家庭养老服务工作的健康发展。城镇家庭养老服务的提供对于改善老人的生活品质与生活品质具有重大意义，若将其列入政府绩效评估，将会极大地增强政府的提供能力。

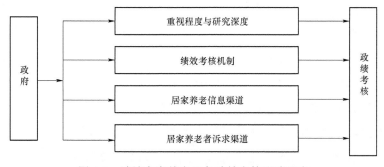

图 4-6　城镇家庭养老服务政绩考核影响因素

（3）政府供给过程中存在的问题及原因

第一，相关的法律、法规和政策规定不够完备

养老法规政策是让政府参与到养老服务体系的建设与供给过程中，调节养老需求与服务供给之间的矛盾的一种行之有效的措施，它也是保护老年人的合法权益，推动老龄事业健康、快速发展的根本。中国政府多年来在城镇实施了一系列有关养老和城镇实施家庭养老服务的法规和政策，为城镇实施家庭养老服务创造了一个有法可依、有法可依的良好环境，从而保证了家庭养老服务的正确性。随着家庭养老服务在城镇的法律法规的制定和实施，《中华人民共和国老年人权益保障法》的修订工作得到了很大的进展，对老年人的合法权益、养老服务的供给、养老行业的发展等都有了比较详尽的指导和规范。《中华人民共和国城市居民委员会组织法》《关于加快发展社区服务业的意见》《中国老龄工作七年发展纲要（1994—2000 年）》《中华人民共和国老年人权益保障法》《中国老龄事业发展"十五"计划纲要（2001—2005 年）》《关于加快发展养老服务业的意见》《中国老龄事业发展"十一五"规划》《关于全面推进家庭养老服务工作的意见》《社会养老服务体系建设规划（2011—2022 年）》《关于鼓励和引导民间资本进入养老服务领域的实施意见》，修订《中华人民共和国老年人权益保障法》《关于加快发展养老服务业的若干意见》《关于加强养老服务标准化工作的指导意见》《关于推进城镇养老服务设施建设工作的通知》《关于做好政府购买养老服务工作的通知》《关于做好政府购买养老服务工作的通知》《关于加快推进健康与养老服务工程建设的通知》《关于开展养老服务和社区服务信息惠民工程试点工作的通知》《关于鼓励外国投资者在华设立营利性养老机构从事养老服务的公告》《关于支持和规范社会组织承接政府购买服务的通知》《关于印发政府购买服务管理办法（暂行）的通知》。这些法规、政策的出台，彰显了中国政府对于养老问题的关注，也彰显了各城镇家庭养老服务在城镇的重要性，也为政府、家庭养老服务的提供主体等提供了强大的法律保障与政策保障。

但是，随着中国社会经济的飞速发展，现有的相关法律规定已经不能很好地满足目前城市家庭养老服务的要求，并出现了一些新的问题：① 视角不统一，协调性不强。国家对城镇家庭养老服务的整体统筹，宏观把握，制定一系列与中国社会发展状况相吻合的法律法规，为促进家庭养老服务的发展提供了良好的保护。但有关部门（民政部、人社部、财政部、各省级政府之间在推行、制

定城市家庭养老服务的法律和政策时，彼此之间缺少协调，存在着内容不一、角度不一、力度不足等问题；造成了不同的供给主体不适应，资源浪费，执行不力等现象。究其原因，主要是由于在家庭养老服务的国家政策和规定的范围内，各部委和省级政府之间没有进行有效的、深入的讨论和协调；交流不畅，彼此之间缺少足够的经验交流，学习借鉴；② 缺乏相应的法律法规来保障老年人的合法权益。中国已经通过《中华人民共和国老年人权益保障法》的制定与修订，从法律上保证了国家层面上的老人的安老权利。虽然，在老年人的日常生活中，他们常常会遭遇到对自己的养老权益的侵害。但是，各部委、地方政府还没有切实出台一套系统完善的、与地方实际相结合的老年人权益保护法规政策。究其原因，笔者认为，在城镇推行家庭养老服务工作过程中，各级政府没有对老年人在实际生活中所面临的权利问题进行有针对性的研究，缺少切实有效的调查，致使老年人在面对养老权利保护的时候遇到困难；如果没有相应的法律和政策作为依据，就无法及时地解决这些问题；③ 对家庭养老服务的支持和对城市居民的法律法规的约束不够。在城镇中实施家庭养老服务是目前城镇中实施家庭养老服务的最好途径，其主要内容包括：政府、家庭和社区四个方面；社会团体）得到了普遍的承认。目前，中国对城市家庭养老服务实施规模日益扩大，但对家庭、社区、社会三方参与城市家庭养老服务实施的支持、约束、规范、政策措施却鲜有涉及，未能有效激发城市家庭养老服务实施主体的参与积极性。究其原因，是中国城市家庭养老服务发展迅猛，但国家层面、各部委、各地政府并未及时关注并跟踪不同供给主体的真实变化，未能对不同供给主体的真实需求进行深入剖析与探索，导致相关制度与政策的缺位；④ 目前，我国城市家庭养老服务的提供还面临着许多公共政策和法律方面的问题。目前，许多法律、政策的实施对象都是个人，而非家庭，这就导致了对城镇家庭养老服务的扶持和保障力度严重不足，对城镇家庭养老服务的供应产生了消极影响，例如，现在个人所得税是按个人征税，但是，如果一个人承担了四位城镇居民家庭养老的收入，那么他的收入将会被承担了一位城镇居民家庭养老的收入，那么，他的收入将会受到影响。又如阶梯水费等，一般家庭人数愈多，消费愈多，但在制订相关政策时，却明显没有考虑到家庭养老在户中城镇的服务需要。另外，在法规和政策的支撑上，以河北省为例，2022 年，河北省共接受了 9 700 名老人的法律服务，接受了 11 758 名老人的法律咨询，受理了 2 636

名老人的法律援助。考虑到河北省有 2 598 855 名 60 岁及以上老年人，河北省的法律服务明显无法满足他们维护自己权利的需要，存在着突出的问题。河北省法律服务显然不能满足老年人在维护自身权益方面的需求，存在突出的法律法规支持力度不够的状况。

第二，是投资不足

投资渠道不畅通；在西方发达国家，一般都是在人均收入 5 000 美元以后才步入老年，中国的人均收入 1 000 美元以后才步入老年，因此，从整体来看，老龄问题已经远远超出了现代化水平；这是一个典型的"未富先老"国家。中国城市家庭养老服务在蓬勃发展的同时，也面临着资金投入不足和融资渠道不畅通的问题，这是城镇城市家庭养老服务发展的一个主要瓶颈，也是制约城市家庭养老服务发展的一个亟待解决的问题。从总体上讲，造成这些问题的主要原因是：① 获得的基金额度偏低；中国自改革开放后，经济和社会快速发展，政府投入巨大，对城镇家庭养老服务课程的资助十分有限，使城镇课程家庭养老服务课程的建设经费一直处于紧张状态，呈现出严重短缺的状况。长期以来，作为城市家庭养老服务经费来源的福彩公益金，其所能给城镇城市家庭养老服务的经费支持十分有限，不能完全满足城市家庭养老服务的经费需要。至于社会捐赠，企业资助，慈善机构资助等，也常常显得微不足道，不能弥补家庭养老服务在城市发展中的资金缺口。② 家庭养老服务在城镇中的发展速度过快，需要大量的资金支持。随着中国城镇老龄人口的日益增多，对家庭养老服务的经费要求也日益提高，特别是在基础设施建设，各种高额补贴，教育培训等方面；对养老产品和家庭养老服务从业人员的薪酬等都有较大的需求，目前社会上各方面的资助还不足以支撑家庭养老服务在城市的发展。③ 经费来源单一化。中国城市家庭养老服务的出版经费来源以财政资助为主，以福利彩票为主，以企业赞助为主；社会捐赠，慈善机构等。但是，由于中国人口众多，社会的各个领域都有很大的投资需求，而对城镇家庭养老服务的投资比重却很小，因此，城镇家庭养老服务迫切需要拓宽融资渠道，使其能够多方面、多层次地为城镇的家庭养老服务提供投资。在 2022 年，河北省有 75.35 万名老人在医院就医，其中财政补偿总额为 502 245 万元，其中老人自费支出为 148 062 万元，城市老人有 4 271 名。老人每月的平均退休金是 1 898 元。河北省的月均收入低于 1 000 元的老人比例较高，高昂的医疗和养老费用对河北省的城镇居民老人来说是一个很大的负担，凸显出河北省的家庭养老服务对城镇居民的资助严重不足，还不能完全满足居民的赡养支出，而河北省这一副省城的城镇居民对家庭养老服务的资助状况，也基本反映了中国目前城镇居民家庭养老服务资助不足的状况。

第三，法规政策落实不到位、执行不力

家庭养老服务在城镇中的推广和应用，有赖于相关法律和政策的推动和执行。从目前城镇家庭养老服务的实际情况来看，还存在着一些法律、政策执行不力，执行力度不大等问题。主要表现在：① 重视不够，研究深度不够；城镇家庭养老服务虽然是目前中国社会解决养老问题的一种重要手段，但是由于其内容繁多，对城镇家庭养老服务的研究还不够深入，无法有效地促进有关法律和政策的实施和实施。② 在绩效评估中没有体现出来。政府在贯彻与实施各项法律与政策时，更多地注重对各项政绩评价的指标与要求。目前，我国对城镇家庭养老服务的推广力度还没有被纳入到政府的政绩评估体系中，也没有形成有效的激励机制，政府对于城市家庭养老服务的推广工作关注不够，缺乏灵活性和流动性，造成了工作效率低下。③ 老年人的意见表达渠道不通畅；由于"自上而下"的决策流程，常常造成政府无法及时收到家庭养老中民众的迫切诉求，从而造成政府所推出的相关法律和政策与老人的实际需求口径不一致，信息不对称，渠道不畅通，从而造成法律和政策执行效果不佳。④ 某些规制政策的实施，对其他提供方造成了某种程度上的阻碍。这主要体现在：家庭养老在城镇的财政支持上。目前，城镇家庭养老使用者的收入保障法律和政策还不够完善，不仅影响了长期护理保险体系的构建，也影响了城镇使用者尤其是失能老人的收入保障，同时也影响了对遗赠养老保障的法律和体系的构建，影响了家庭养老使用者的正常生活，也影响了对其个人税收的调整。家庭养老在城镇的环境营造上。缺少对城市家庭养老服务的支持政策，例如住房贷款优惠，契税优惠，与美国，德国，日本等国家相比，差距较大。家庭养老在城镇的照料方面。法律和政策的执行力度不够，尽管有了病假、事假等有关规定，但家庭养老在城市中的缺失，以及对失能老年人的"陪伴"和"康复"等方面的缺失，使得失能老年人的"陪伴"和"康复"很难落实，尽管南京市在 2014 年出台了"护理补助"制度，但是从全国来看，这是一个很大的问题。在这一点上，相关的政策和规定还很缺乏。针对家庭养老这一城市中的社区及社会团体的法律、政策缺乏，实施不力，致使志愿服务很难成为常态，社区缺乏相关的训练及服务机构，对敬老爱老的道德教育也很难形成制度化、制度化。2022 年，河北省城市80 岁以上的老人共有 385 667 名，而全市 80 岁以上的老人每年只有 4.3 万名老人接受了家庭养老服务，这说明河北省城市家庭养老服务的实施还存在着很大的差距。管中窥，家庭养老服务在河北省的城镇还在继续，在全国都可以看到。

4.2.2　城镇家庭养老服务家庭供给能力及其影响因素分析

（1）家庭供给能力现状

从以上分析可以看出，城镇家庭养老服务是以家庭为中心的，城镇家庭养老服务是以政府、社区和社会团体为中心的。因此，在中国传统的养老理念中，家庭是家庭养老服务中最基本的提供主体，具有举足轻重的作用。所以，在城镇家庭养老服务的提供中，应该给予足够的关注，要使家庭作为主要提供者，补充其他三个主要提供者的不足之处。我国是一个以孝为本的传统国度，中国城镇家庭养老服务的提供从未被忽视。《中华人民共和国老年人权益保障法》明确了"对老年人的经济支持、生活照料和精神慰藉"的义务；在家庭养老服务的城镇中，家庭起到了其他提供主体所不能取代的作用。在中国，家庭是最基本的社会生活单元，它是一种通过婚姻、血缘联系而形成的、与自然界、与社会关系相结合而形成的、最密切的社会组织；夫妻，亲戚，手足，各种血缘关系都是维系的。一般而言，家族具有群体性，血缘性，经济性；婚姻的基础等特征，使家庭成员之间通过生育与赡养而形成了一种密不可分的血缘关系。就城镇的家庭养老服务来说，家庭是老人在城市中进行养老活动的主要场所，也是老人在晚年时最乐于居住的地方，它与中国的历史、传统、文化特点以及我们老人的一贯的养老模式相一致。城镇家庭养老服务中家庭提供的数量和质量，直接影响到老人的晚年是否快乐。

当前，中国家庭及其成员在城镇家庭养老服务中现状突出表现为：① 提供经济支持，满足居家老年人养老需求。2022 年河北省 65 岁及以上人口比重达到 7.40%，仅次于山东省，居全国第二位。2022 年河北省老年抚养比为 15.19%，高于全国平均水平（11.98%），较 2000 年增加 4.36%。2022 年，河北省 65 岁及以上达到 135.43 万人，占全省 65 岁及以上人口的 15.49%。根据本书针对河北省城镇家庭养老服务需求抽样调查，结果表明：在河北省居民中，以子女赡养为主的老人占了 41.6%，占到了很大比重。在城市养老养老中，家庭和家人（子女）的养老比例为 35.5%，在养老中占据第一位。河北省居民中，以子女为主要照顾对象的老人占38.4%，是居民中最大的一种。（资料来源：河北省城市居家老人实地调研的统计结果）充分体现了城市居家老人的家庭和子女在城市居家老人中的重要地位。② 对日常起居的照顾。有基本的日常生活照料：洗澡穿衣；饮食，家务，清洁，等等。工具性的生活照料：买菜，做饭，洗衣服；财务管理，旅游，社交，等等。家人对老年人的生活习惯和兴趣爱好非常了解，因此他们会对老年人的日常生活进行更全面、更周到的照顾，这让老年人能够生活在熟悉的环境中，安度晚年起到了无可替代的主体作用。③ 心灵上的安慰在解决老人的精神生活方面，特别是在对老人的日常社交，文化娱乐，亲情情感上；在家庭和睦等方面，可以起到很大的作用，使老年人能够得到强有力的精神支持，维持长久的精神愉悦，从而提高他们对生活的信心；老年快乐最主要的要素。④ 心理辅导。在家人和家人的帮助下，老人能更好地转换自己的角色，消除自己的心中顾虑，更能主动地向社会靠拢，提升自己的安全感，使自己能安心地度过余生。家庭对城镇家庭养老服务的提供具有多维度的影响，从中国的历史传统与实际出发，家庭的提供能力的提高与家庭结构、社会文化、经济生活等多方面密切相关。同时，由于城镇家庭养老服务实施的实际情况发生了改变，城镇居民家庭养老服务的提供也面临着新的形势和问题，对此，我们应该积极应对，并做出相应的应对。

（2）家庭供给能力的影响因素

从图 4-7 可以看出，家庭与政府之间的关系是由家庭结构，传统的社会文化，家庭的财政支持决定的。社区与社会组织之间的关系，使家庭养老在城镇中成为老人。① 家庭和国家之间的关系。在实施家庭养老服务的过程中，家庭和成员要提高"孝"的文化素养，并将城镇家庭养老服务实施过程中出现的资金、人力、物力等方面的困难及时向政府进行协调和沟通，以确保实施效果。② 家庭和社会之间的关系。在家庭养老服务的工作中，家属和家属要主动参与，对出现的问题要及时协调，对出现的问题要及时反映，要与社区保持良好的沟通和配合。③ 家庭和社团之间的关系。因此，在此基础上，家长和家人要与社会组织进行积极的协作，充分认识家庭养老服务这一社会组织的作用和优点，并积极向其学习，从而提高自己的提供能力。

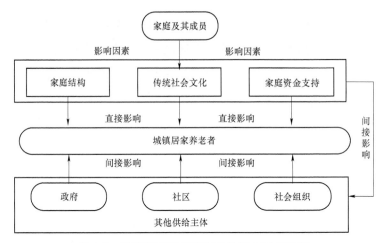

图 4-7　城镇家庭养老家庭供给能力影响因素

第一，家庭结构。从图 4-8 可以看出，在城镇家庭养老服务中，家庭及其成员扮演着越来越重要的角色，提高家庭的供给能力是必然的，其中，家庭结构与中国的社会和经济发展是同步的；同时，也出现了很大的改变，对家庭养老服务在城镇地区的家庭和家人的供给力产生了很大的影响。家庭和成员提供的养老服务主要体现为家庭结构的内化，即年龄的增加、人口的减少和人口的增加；空巢化、失能化导致城镇家庭养老服务的家庭供应能力薄弱，特别是对家庭成员的经济，时间，精力，精神等方面的压力前所未有。所以，对合理的家庭结构进行有效的调整，将极大地提高家庭养老服务在城市中的供应能力。

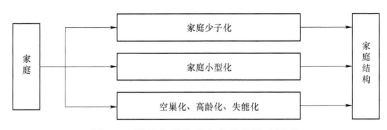

图 4-8　城镇家庭养老家庭结构影响因素

第二，传统社会文化。中国自古就有敬老安老的孝道文化，在社会发展过程中，家庭的安老作用在历史上很早就被确立了，这一点从图 4-9 可以看出。从远古时代起，中国人就养成了敬老、赡养、助老的优良传统，而家庭也一直是老人们生活、情感的寄托之地。"养儿防老""孝敬父母"等传统思想，使得老人对其家人（配偶、婚生子、婚生子）深信不疑；养子、孙子女、外孙子女等为老人提供养老服务已成为必然，老人对家人（子女）已有较强的依赖性，但这些依赖性仍未得到充分发挥。在新时代，要大力弘扬，引导，培育；这种尊老、赡养老人、帮助老人的社会文化，会对家庭成员（配偶、婚生子、婚生子）产生影响；在收养子女、成年孙子女和外孙子女的过程中，形成了深厚的孝道观念，重视家人之间的亲情关系，抚养照料，赡养关怀；家庭观念，家庭氛围，家庭和谐等因素在其中扮演着重要角色。城镇家庭养老服务应充分挖掘我国自古就存在的"孝"文化传统，从心理层面化解家人对养老的担忧，并在城镇家庭养老服务中突出"孝"与"孝"的"德"的"善"。

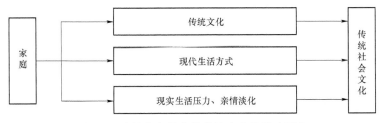

图 4-9 城镇家庭养老传统社会文化影响因素

第三，家庭资金支持。如图 4-10 所示，家庭及其成员在为城镇居家老人提供日常生活照料的养老服务中，完全承担或部分承担老年人的经济开支，这与养老经济支持有关。虽然政府对不同类型的城镇居家老年人有着不同的经济补助，但是与他们的日常支出、医疗费、服务费用等相比，这些费用经常无法满足他们的日常需要。因此，家庭及其成员的经济支持就成了城镇居家老年人生活支出的一个主要来源，城镇居家老年人的养老生活所涉及的费用范围比较广；财政资源的重要性不言而喻。在家庭养老服务中，对城镇居民的家庭提供能力进行了分析。

图 4-10 城镇家庭养老家庭资金支持影响因素

（3）家庭供给过程中存在的问题及原因

首先，家庭结构不合理，在中国日益严重的人口老龄化和一胎化的影响下，家庭结构有了明显的改变。河北省城镇居民户均数量：2001 年为 3.2 户/户，2004 年为 3 户/户，2022 年为 1～3 户，河北居民户数分布在 1～3 户之间，占总户数的 68.11%。三人家庭的比例最大，达到 25.30%，其次是两人家庭，达到 25.27%。2012 年，这个数字下降到了 2.3 个家庭，而在同一时期，这个数字的平均水平是 3.09 个家庭。资料表明，中国的家庭结构呈现出"4＋2＋1"趋势，家庭规模不断缩小，家庭规模不断扩大，家庭规模不断扩大；高龄、空巢化和失能化的人口结构模式已经出现，而家庭结构不合理的问题，必然会对家庭的供给能力造成很大的影响，其原因如下：

① 未富先老、家庭少子化严重

随着中国人口老龄化程度的不断加深，我国的养老问题日趋突出，而国民的整体实力还没有达到一个更高的层次。随着中国社会各个方面的养老压力越来越大，计划生育政策的实施，造成了我国人口老龄化、家庭数量不断减少，家庭养老职能日益弱化。

② 人口流动大、空巢化严重

伴随着中国社会的不断发展，人口的流动也在不断加剧，越来越多的孩子外出打工或外出打工，"空巢老人"的比例也在不断上升。据统计，2000 年，有 11.46% 的空巢人是寡妇，单独居住，11.38% 的空巢人是老年夫妻，合共 22.84%。在 2022 年，有 15.40% 的人口中有寡妇和 15.37% 的人口，这两种人口比例分别为 31.77%。在家庭养老服务中，家庭成员和老人之间的空间和时间上存在着很大的距离，这就造成了家庭和成员对空巢者的照料不足，进而极大地削弱了城镇中家庭的供给能力。

③ 家庭结构的小型化、多样化

自中国实施计划生育政策以来，"4＋2＋1"（夫妻双方都是独生子女，要供养 4 个老人和 1 个孩子）的家庭结构逐步形成，小型家庭在中国的家庭结构中占有主导地位，但与再婚、单亲、分居现象也有相似之处；独居、空巢、寡居等家庭形式层出不穷，家庭结构呈现出多元化的特征，家庭成员忙于应付来自于工作、生活的压力，而对老年人在居住环境、经济来源、生活照料方面，城镇家庭养老服务中对老人的医疗护理、精神慰藉、关怀显得力不从心，致使老人的养老职能减弱，老人的养老供给能力明显下降。通过对河北省城市居民的调查，目前城市居民中有 27.4% 的人是两个孩子，17.3% 的人是一位家人，15.3% 的人是没有家人。河北省城市家庭老人中，以子女为主要信息来源的老人占 39.1%；这一结果表明，在河北省，家庭结构呈现出小型化趋势，城市中独居（包括两个配偶）的老人比例很高。随着城市中的老人越来越少，他们对外界的了解也越来越少。从广义上讲，从全国来看，中国城市中的家庭结构已经呈现出一种不可阻挡的趋势。其次，社会文化错位中国具有悠久的孝文化，中国人的家族意识很强，尤其是老人，他们认为家族才是老人最后的倚仗；是老人们日常生活和情感交流的重要场所。家人之间的情感联系，是老人们精神上的寄托，长久以来，家庭孝道文化的影响，已经在整个社会中形成了一种抚养的美德。

我们的生活方式，思维习惯，文化理念，都是与我们的生活方式相适应的。活动区域受到了多种因素的影响，特别是在市场经济不断深化的情况下，我国传统的孝道文化在家庭成员的观念中变得越来越淡薄，优秀家庭孝道文化出现了严重的不匹配。这是因为：

① 对传统孝道文化继承引导力度不够

中华的传统文化，源远流长，孝亲之风，自古以来就根深蒂固，已经成为了中国人的一种优秀道德。但是，随着时间的推移，国家与人民的工作都集中在经济与社会的建设上，整个社会对于这个美德的重视程度越来越低，对于中华传统的"孝"文化的宣传与传承也越来越不重视。引导的重要性降低，导致大部分中国人，特别是青年，家庭观念淡薄，对孝道文化的理解与实践缺乏。

② 现代生活方式冲击剧烈

改革开放后，中国特色的社会主义在各方面都取得了显著的成绩，民族的整体力量得到了极大的增强，人民的生活也得到了极大的改善；全国上下都是一片欣欣向荣的景象。随着国外文化的渗透，现代中国人的生活方式、思维习惯、文化观念等发生了深刻的改变，再加上中国人口老龄化加剧，家庭结构越来越小，中国传统的孝顺文化面临着空前的挑战，家庭道德与家庭养老的传统观念日渐淡化。

③ 现实生活压力大、亲情关系淡漠

现代的家族成员在成人后的流动增加，他们可能到国外去学习、工作和生活；安居主要是为了应对生活中的各种压力，由于精力、时间和观念的影响，在生活上的照顾，问候，精神上的关怀；情感交流持续减少，原先是城市居家老人所依赖的家人与他们之间的距离越来越远，城市居家老人在情感上和心理上都失去了依赖；其焦躁不安，孤独，悲观迷惘；忧郁、抑郁等情绪突出，家庭对养老服务的提供能力也日渐减弱。截至2022年，河北省共有3 736个老年文化团体，参与了104.31万人的活动，与河北省城镇居民总人数相比，城市居民中的老人明显缺乏人性化的照顾，再加上本书第4章中"老人对精神文化的需要越来越迫切"的统计结果，显示出社会文化与老人的精神安慰之间存在着严重的脱节，河北省城镇居民家庭养老服务的社会文化脱节现象，也是国内普遍存在的一个缩影。

④ 经济支持压力大

在家庭养老服务中，家庭和成员的财务支持是城镇老人的一个重要方面，随着城市老人的养老支出不断上升，家庭和成员对城市老人的财务支持压力也越来越大，越来越多地成为了制约家庭和成员发挥供给能力的瓶颈。这是因为：

① 老年人自身特点决定

目前，城市中居住在家里的老人所占比例日益增加，并且随着人们生活水平的提高而逐渐增加。老年人在生活照料、康复护理、医疗护理等方面的支出呈上升趋势；随着我国城市家庭养老服务的发展，除了家庭和家人外，其他供给主体对城市居家老人的财政支持也无法全面满足城市居家老人的养老需求。考虑到我国的养老历史传统，城镇居家老人天生就对家庭及其成员产生了依赖性，因此，家庭及其成员不可避免地要承担起城镇居家老年人养老支出中的一大部分，这在无形之中增加了家庭及其成员的经济压力。

② 家庭结构变化、助老压力陡增

我国实行了多年的"三孩"政策，家庭小型化已经基本形成，"4+2+1"的家庭结构已经形成。从养老赡养的角度来看，一对夫妇要为四位老人提供养老保障，他们在经济上的压力会随着城市居家老人的年龄的增加而逐渐增加，这包括了直接费用、精力和时间。对老年人的照护资源和其他投入，对老年人和家庭的照护费用的不断增加，直接造成了城镇家庭养老服务老年人照护的经济投入过多，不堪重负。

③ 家庭及其成员本身的经济开支大

随着中国市场经济的深入发展，成人家庭不仅要应付家庭的日常支出，还要照顾子女的生活，而且还要负担父母的养老支出。随着社会竞争的加剧，许多家庭的收支不成比例，经常出现入不敷出的情况。无疑，家庭养老服务的主要供给对象是家庭和家庭成员，他们的经济供给能力将会受到很大的影响。河北省城镇居民中，月均收入低于 1 000 元的老人比例较高，老人的生活来源主要依赖于子女，在"4＋2＋1"的"小型化"和"4＋2＋1"的家庭结构背景下，家庭养老服务对家庭和成员的经济压力明显增大，这无疑会对家庭和成员提供养老服务的能力产生很大的影响。

4.2.3　城镇家庭养老服务社区供给能力及其影响因素分析

（1）社区供给能力现状

社区是城镇家庭养老服务的枢纽提供者，其提供的力量是影响家庭养老服务质量的关键因素。社区是城市家庭养老服务的提供的主要力量，它的主要作用是聚集养老资源，建设设施环境，提供日常的养老帮助；从服务人员的培养等角度来看，其对老年人的提供作用，在社区中的老年人的提供能力比较突出。但是，目前城镇家庭养老服务中的社区的供给量还很少，还需要其他的供给者来补充，而且还需要不断地提高自己的服务能力。为了适应这一情况，各省市、自治区都出台了许多与之相适应的养老政策，从当前的政策来看，"家庭养老和社区老年教育"已经成了各地区养老行业和服务的主要内容。在此基础上，政府提出了要积极引进社会资本，在社区中开展多层次的养老服务，并将其作为重点，逐步扩展到大健康领域；由此，延伸和充实了健康养老产业"整个晚年生活周期"的产业链，持续满足城镇中的老人们的各种养老需求，家庭养老也将受益匪浅。

近年来，家庭养老服务在城镇的社区日托中心，社区卫生服务站和其他社区的功能得到了改善，在社区的日常照护，慢性病的管理，康复；在医疗卫生等方面，中草药的供应能力有了很大的提升。社区是城市中老人在家庭中的主要活动和聚集地，在硬件建设，环境治理，体育设施等方面；休闲娱乐场所，日托中心，医疗服务点；以社区为重点的日常服务站等，逐步成为家庭养老服务在城市中的供给力的体现。

（2）社区供给能力的影响因素

如图 4-11 所示，社会透过环境设施，资源整合，资讯传播；服务人员的素质和其他因素，协调好政府、家庭和社会团体之间的关系，才能使城镇居民享受到家庭养老的养老服务。① 社会和国家之间的关系。社区应该将有关的法律和政策贯彻下去，对科学地规划、对资金预算进行统筹，并利用与政府之间的沟通渠道，对其进行及时的反馈，并接受政府的监督和管理。② 社会和家庭之间的关系。社区要积极深入居民家中，引导居民和家人参与社区建设，及时了解居民和家人在城镇实施家庭养老服务过程中所面临的困难，努力为居民提供帮助，积极化解居民和家人之间的矛盾，倾听居民和家人对城镇实施家庭养老服务过程中的意见和建议。③ 社团与社团之间的关系。在社区建设中，要构建一个有效的社会组织引进机制，并将其有效地利用起来，为其创造一个良好的服务环境。

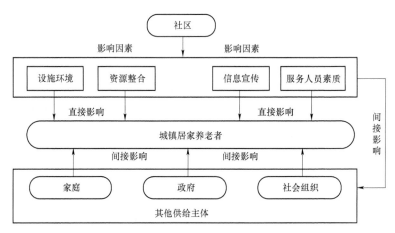

图 4-11　镇家庭养老服务社区供给能力的影响因素

第一设施环境。如附图 4-12，《中华人民共和国老年人权益保障法》（修正）中明确指出："适宜的环境，是实现老年人高品质生活的保障手段。"社区是城市家庭养老服务的提供主体，也是城市老人在城市中生活的主要场所。城市社区的设施环境是城市老人在城市中生活的重要组成部分，也是城市老人在城市中生活的重要组成部分。城市老人的生活环境，体育活动，休闲娱乐；老年人的社会活动、居住空间等基本生活需要，都会对其硬件条件、环境条件等提出特定的要求。包括家庭养老服务网站、家庭养老服务栏目、家庭养老综合服务点、托儿所、老龄活动中心及其他服务设施的建设，以及老龄住宅的内部设施、周围环境和采光通风情况；植物覆盖率和氧气含量与老人的生活质量有关。社区对城镇家庭养老服务的提供能力有较大的影响，主要表现在设施环境方面。

图 4-12 城镇家庭养老服务社区设施环境影响因素

第二资源整合。见图 4-13 所示，在各种类型的城镇中，以社区为基础的家庭养老的资源汇集平台，加强了对家庭养老服务的整合。这主要体现在：对来自政府、企业等各类社会组织的财力物力资源进行统筹规划，促进社区医疗卫生服务的发展，对城镇居家老年人家庭内部的相关养老事务进行调整，社区服务人员携手家庭及其成员，对城镇居家老年人的精神生活进行关注。鼓励城市里的老人多参与社会活动，建立老年活动中心、老年大学、老年文体团体等文化平台，组织各种适合老年人的阅读、唱歌和演讲；开展以健康讲座为主要内容的各类活动，建立健全老年权益保护机制，加大对老年群体的教育和训练力度，积极开展老年群体的体育锻炼活动；在青年中营造尊老、敬老、孝顺的"孝道"文化氛围，为老年人提供就业服务；做好日常生活护理工作，了解老人的具体状况，做好老人的日常护理工作等等。因此，社区对城镇家庭养老服务的供给力有很大的影响。

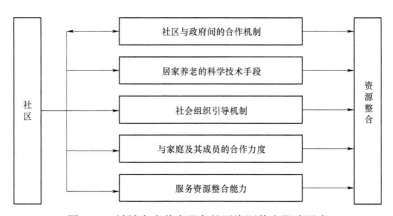

图 4-13 城镇家庭养老服务社区资源整合影响因素

第三、信息宣传。从图 4-14 可以看出，社区是城镇老人家庭养老的主体，是对城镇家庭养老服务的中心，在信息化进程中，信息宣传将会对社区提供家庭养老服务的能力产生更大的影响。在家庭养老服务中，城镇老人的个体化需求越来越明显，为满足不同的老人在社区中的养老需求，要求社区利用现代化的信息技术，从而；社区应建立城市家庭养老服务需求资料库，整理老人的基本资料、需求资料和义工资料；卫生档案信息的收集和数据的分析，将极大地提高社区卫生服务的能力。同时，建立了社区信息系统平台，呼叫网络平台，将互联网，物联网，移动智能养老装备；信息交流网络，爱与互助网络，特别服务网络；学习培训网，文化体育活动网，一键呼叫系统；手机、一键通等资讯科技丰富的资讯服务平台，可以为家中的老人提供生活照顾，护理康复；其城镇家庭养老服务的提供能力必将得到极大的提高，城市中的老人们也会得到最好的照料。老年人通常不能很好地了解到最新的养老政策、养老服务信息、养老活动信息等，因此，社区应该加强对他们的宣传，让他们能够及时、快速、全面地了解到国家对养老的扶持和优惠政策。与此同时，作为资源聚集地的社区，应该通过多种形式的宣传来强化社区养老的举措，从而吸引更多的外部力量，特别是像企业和非营利组织这样的社会力量来投资自己的养老资源，从而提高在社区城市中的家庭养老服务的供应能力。鉴于城市居民对城镇居民家庭养老服务的时效性，社区居民对城镇居民家庭养老服务的供给力将产生较大的影响。

图 4-14　城镇家庭养老服务社区信息宣传影响因素

第四、服务人员素质。从图 4-15 可以看出，城镇家庭养老服务中社区的服务人员数量是影响服务质量的一个关键因素，没有一支高素质和专业的服务人员队伍，社区对城镇家庭养老服务的提供能力是无法提升的。社区服务工作者是家庭养老服务在城镇中的终端机，他们直接联系到城市中的老人，了解社区的服务理念，服务内容，服务活动等；基本都是由它的服务人员来向城市居家的老人提供资源，城市居家的老人是否能够获得高质量的养老服务，取决于他们是否有足够的耐心、专业化、奉献精神、责任感和爱心。家庭养老服务在社区对城镇的供给量有很大的影响，其供给量主要取决于服务者的质量。当前，纯城市版的家庭养老没有社会属性，也不能归入家庭养老服务的社会化范围。无论在中国还是在发达国家，家庭养老服务的现代化社会化都必须以社区为基础才能实现，而在社区城市，家庭养老服务的总体定义是以"以家为本、以社区为本"，以"家为本""以社区为依托""家家户户和社区照料"相结合；为老年人提供专业化的养老服务。当前，以社区为桥梁，将城市家庭养老服务的供给者与政府、家庭、社会团体等三个主体进行沟通，使城镇家庭养老向社会化的城市社区家庭养老服务转变，真正实现"不出家门的社会养老""不出家门的养老院"的目标。城镇的家庭养老读者，通过其所属的社区，被纳入了家庭养老服务的社会化管理体制，其中，以公共服务机构为家庭养老读者提供基础的养老服务，以家庭养老读者为经济状况良好的读者，以私人企业和团体为其提供高端的养老服务，以家庭养老读者为其提供专业化、针对性和个性化的养老服务。与此同时，城镇家庭养老读者所在的社区也可以为其提供一个由家庭和社会机构组成的日托中心，为家庭养老读者提供便利。另外，民政部门既是城镇家庭养老服务的提供主体，又是城市家庭养老服务的提供主体，因此，对于城市家庭养老服务的提供，不能简单地、生硬地采用指标评价、给予一定的优惠支持，而要与城市家庭养老服务的其他提供主体合作，探索出行之有效的支持政策和方法。

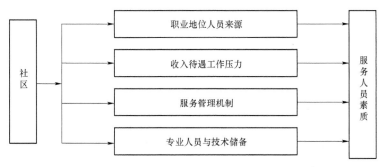

图 4-15　城镇家庭养老服务社区队伍素质影响因素

（3）社区供给过程中存在的问题及原因

第一，设施环境建设不完善。社区作为城市居家老人的主要安老场所，其设施环境的建设对城市居家老人的安老起着举足轻重的作用。但是，在我国城镇的家庭养老服务中，对社区的设施环境建设还不够全面。造成这一现象的主要原因是：① 社会事务繁杂，对社会关注不够；在城镇家庭养老服务中，社区要协调上级政府、居民委员会、街道办事处等部门之间的关系，特别是要花费大量的人力物力去完成上级政府交给的一些非养老院的工作。一定程度上削弱了社区对其内部设施环境建设的重视，进而使其无法专注于对设施环境的管理。② 规划不够科学，不够人性化。社区的环境和设施的规划和设计，首先是需要资金的，而且花费很大，社区的管理者常常会感到财政压力；城镇家庭养老服务经费短缺，可供社区筹措的经费就更加有限了。因此，社区的设施环境在规划和设计上存在着很大的随意性，影响了社区和城市中的老人们的生活环境，体育锻炼，休闲娱乐；社交活动，家庭养老服务栏目，家庭养老综合栏目，日托中心，老人活动中心，老人住处；住宅周边环境，采光通风效果，植物覆盖率；在氧气含量等方面，很少考虑到居家老人的实际养老需求，缺乏科学化、人性化的规划设计，造成了社区设施环境建设陈旧堆砌的情况。③ 执行不到位，监督机制不健全。我国城镇的家庭养老服务中还没有关于社区养老环境建设的强制性规定和政策出台，也没有一个统一的标准。由于缺少专业的社区人才，在施工过程中经常出现进度缓慢，实施力度薄弱，使得施工的精细程度不高。目前，我国城市中居住在家中的老人，其在社区中的生活条件和生活条件尚不健全，对其所提的建议也未得到重视，更未得到有效的解决和执行。截至 2022 年年底，河北省共有 1 542 个城镇社区老人活动站（中心、室），建成面积达 155 000 平方米，共有 259.72 万名城乡居民参与老年人活动。河北省共有 1 087 所各类老年大学（学校、辅导站），登记的老年人人数为 218 000 人，只占全省老年人口的 8%。全省共有 644 个城镇社区托儿所。城镇社区共对 16 073 例 60 岁以上的重度精神病病人进行了治疗。根据笔者的调研结果，河北省城市中的老人以生活照护为主，以医疗照护为主，占到了城市中的 42.5%，以医疗照护为主，占到了城市中各种照护的前 2 名。河北省在 2022 年有 2 598 855 名老人，与庞大的城市居住老人群体相比，现有的硬件和环境投资远远不能满足他们的养老需要。从目前的情况来看，目前我国的社区环境设施建设还不能很好地满足老人的生活需要，对此应予以重视，并进行标准化建设；让居住在家里的老人有一个舒适，健康的晚年生活。

　　第二，资源整合能力不强。城镇中，家庭养老服务的最终落脚点是以社区为基础的社会结构为基础，以社区为中心进行老人的养老活动。社区在养老中所起到的"平台"和"枢纽"的作用，保证了它对政府、家庭和社会组织的整合；提供诸如新科技等照护资源的能力。从城镇家庭养老服务的开发情况来看，社区在资源整合上的优势还没有得到很好的体现，主要表现在：① 缺少社区和政府之间的协作机制；其经费来源主要来自于政府财政预算。目前，社区行政机关还没有将养老基金的合理预算整合起来，与上级政府之间的沟通也不顺畅，无法将城镇家庭养老服务中社区的资金需求及时反馈给上级政府，以获得政府的资金支持。同时，在城市实施家庭养老服务的时候，社区与当地政府所属的公安、计划生育、民政部门进行了对接；目前，我国卫生和社会保障部门之间的协作水平不高，协调程度不高，城镇家庭养老服务的提供主要依靠政府有关部门，自主程度不高。② 新技术在社区中的应用，对老年人的照护能力不够。目前，网络、物联网和移动通信是信息时代的主要标志。在社区中，没有充分利用互联网、物联网和移动通信等信息化技术来构建老年人信息数据库；收集居家老人的需求资料，整理居家老人的健康档案，整理居家老人的医疗记录；在高科技的养老产品应用，服务人员的招募，以及对居家老人的技术训练等方面，使得家庭养老服务在社区的工作仍然停留在传统的模式和落后的状况下。③ 社区没有建立起一套有效的社会化服务体系。在开展城镇家庭养老服务的过程中，社区的眼界还不够开阔，还没有走出社区的范围，没有很好地整合社会力量，更没有建立起社区家庭养老服务的协作机制。而社会力量则具有充足的资金，先进的观念，先进的资质；服务内容科学化、监管评估严谨化、社会工作者专业化；众多志愿人员的加入，将极大地提高家庭养老服务在社区的供应能力。④ 社区和家庭和家人之间的协作不够紧密。社区是城市居家老人与外部世界联系的重要桥梁，它应该深入城市居家老人的家庭，既要对城市居家老人的养老需求进行科学细化并满足，又要对城市居家老人家庭所面临的实际问题进行深层次的解决。目前，"走进去"的理念已被广泛地在社区中被提出来，但是，关注的焦点主要集中在城市中的老人们的生活环境，他们的日常生活，他们的身体健康，他们的社会活动等。与家庭和成员之间的协作还不够深入，对家庭和成员在城镇实施家庭养老服务方面遇到的难题、对家庭和成员在城镇实施家庭养老服务方面的积极性，以及社区在其城镇实施家庭养老服务方面的优势等问题还没有得到有效的解决。⑤ 老年人在社区中的综合护理人员素质有待提高。高素质的社区服务人员是城镇家庭养老服务中的不足之处，社区常常将关注的重点放在每天的繁杂的养老工作上，忽视了高素质的社工与服务人员的引进，对目前的服务人员素质、专业、观念等方面的要求；由于缺乏对人才的培养、引导、管理等方面的培训、指导，造成了社会对人才的供应能力严重不足。在 2022 年，河北省有 7 908 名城镇老年人保健工作人员，7 400 多名权益工作者，2 900 多名信息工作者。通过对城镇城市居家老人的养老理念进行调研，我们发现，目前河北省城市居家老人大部分都有参加"社区夕阳红"系列活动的意愿和预期，但是，由于社区缺乏专业服务人员、社会力量等资源的整合能力，致使河北省城市居家老人在家庭养老服务系列中的需求与需求不相匹配，社区提供能力严重不足。整体来看，作为城市家庭养老服务的提供主体，我们的社区应该加强多方面、多角度、多维度的资源整合。

第三，信息宣传不对称。社区作为外部养老资源与老人进行有效联系的主要平台，其资讯传播功能必须建立并完善。但是，在特定的养老服务领域，社区的信息传播工作相对传统、陈旧，存在着信息传播不对称的问题。主要表现在：① 新闻宣传意识淡薄；有关老年人福利的法律法规和扶持政策，以及有关老年人福利补贴的规定；社区的养老服务方式，城镇的家庭养老服务的内容形式，以及城镇的家庭养老服务能够为城镇的家庭养老使用者提供什么样的利益，这些都是社区经常忽视的重要信息，没有考虑到城镇中老人的身体状况，造成许多城镇中老人对此不了解、不理解和不理解，从而造成了城镇中老人的养老知情权被侵犯，这也反映出社区对信息宣传的观念十分薄弱，甚至产生了一些偏差。② 新闻传播手段单一。社区中的布告栏、布告贴墙是专门用来做信息宣传的，老人们可以通过看布告板、布告贴墙，了解城镇中有关家庭养老服务的信息，并以布告板、布告贴墙等形式，成为城市中宣传家庭养老服务的重要手段。这一做法未充分顾及城市老人的视力、行动能力和知识水平；因为文化水平的原因，无法将所有的信息都有效地传播开来，所以在传播手段上就显得薄弱了。③ 信息传播手段落后；随着信息技术的普及，社区对信息的宣传仍然采取传统的张贴、通知和上门告知的方式；讨论和其他方法，都没有达到预期的效果。目前还没有考虑将互联网、物联网、移动通信网络等高技术手段应用于社区的信息宣传。河北省 2022 年有 542 个城镇社区老人服务中心（中心）。社区老年活动中心是城市老年人的主要活动场所，其所面向的城市老年人口数量很大，很明显，目前全省的社区老年活动中心数量是远远不够的。河北省各市级媒体在 2022 年共发布了 1 605 条有关老年人的新闻。全省共有三千七百三十六个老年文化队，在一年中有一百零四万三千一百人参加。河北省已出版了 2 700 多种有关老龄宣传和政策调整的刊物，但高层次的老龄政策研究结果只发表了 52 种，适宜于老年人阅读的刊物只有 120 种，其中反应强烈的刊物更是寥寥无几。通过对河北省城市老人的调查，笔者发现，城市老人中有 27.4%是文盲，33.7%是小学，21.4%是初中，这三个群体分别是：目前，老年群体对社区信息传播服务的需求较大。在河北省的城市中，在获得信息的途径方面，有 39.1%的人是通过子女的推荐，33.9%的人是通过亲朋好友的介绍，5.9%的人是通过广告、报纸等途径获得的，2.4%的人是通过电台、电视台等媒介获得的，而新媒介（包括网络、手机等）的人则是可以忽视的。在家庭规模不断缩小的今天，在家里的老人们，对他们的教育需求也越来越大。为此，迫切需要对城镇社区家庭养老服务的信息宣传提供能力进行大幅度提高，以切实满足大部分城市中的老人对信息的需要，使社区家庭养老服务的提供能力得到迅速提高。

第四，服务队伍素质不高。在城镇社区中，家庭养老的供给力是一个重要的因素，其中一个就是服务者的质量。然而，社区卫生服务人员的素质却不高，主要表现在：① 专业地位低下，人员来源复杂；在我们国家的传统思想中，一直把走进社区为城市居家老人提供养老服务看作是一种伺候人的工作，一般都认为这个职业不太像样，许多年轻人，特别是有一定学历和文凭的人，都不愿意涉足这个行业。服务人员主要是来自于农村的老年妇女，她们的文化程度低，知识领域狭窄，观念落后；从长远来看，家庭养老服务在城镇整体工作人员的素质不可能得到提高。② 工资和福利低，工作乏味。因为社区经费紧缺，用于服务者工资的预算很少，所以，社区服务者的收入普遍偏低，无法吸引到高素质的服务者；在目前的服务中，也没有激发员工工作的动力。与此同时，社区服务工作的内容很多，都是一项细致而又繁琐的服务工作。此外，城市中的老人在家中有很大的个体差异。服务行业的工作人员，往往会感到身体和精神上的疲惫，许多工作人员都会感到厌烦，不是偷懒，就是选择离开。③ 社区对服务者的管理缺乏系统性。社区的日常事务比较复杂，在管理上缺乏科学性。发展空间，教育训练，职业规划；资格认证、工作关怀等方面的不完善，直接造成了服务者的大量流动，服务者的素质建设一直得不到提高。④ 在城镇，各级学校开设的家庭养老服务课程的专业较少，服务人才的储备不足。目前，国内各级学校对于在城镇开设家庭养老服务的工作人员的学历教育不够重视，除个别高职院校外，大部分学校都没有这方面的专业；造成了社会服务人员的严重短缺。⑤ 目前还没有建立起一套自愿性组织的引进机制。目前，由于社区服务人员的整体素质偏低，且未建立社工与义工的引进机制，使得许多热心、负责任、具有专业素养的家庭养老服务义工不能参与到居家老人的照护工作中来。截至 2022 年，河北省共有 1 020 名社区护理人员和 21 000 多名社区助老工作者。与庞大的社区中的老人群体相比，所提供的服务是微不足道的。目前，河北省还没有一家专门从事社区家庭养老护理人才培养的机构，很少有专门从事社区家庭养老护理人才培养的机构，无法从根本上提高社区家庭养老服务从业人员的业务水平。通过对河北省城市居民的调查和统计，发现城市居民中有 92.3%的老人得到了照顾。有 39.2%的老人认为自己身体健康状况较差，29.9%的老人认为自己身体健康状况较好。结果表明，家庭养老服务的从业人员在河北省城市老年群体中的工作水平很高。从总体上讲，家庭养老服务在社区中的应用，已经成为衡量其提供能力的一个重要指标。

4.2.4　城镇家庭养老服务社会组织供给能力及其影响因素分析

（1）社会组织供给能力现状

城镇家庭养老服务的新兴提供主体是社会团体，它们的提供能力将直接影响到城镇家庭养老服务的发展。从广义上说，社会组织包括企业组织、非营利组织和 NGO 组织；社会组织包括社会自发性的组织，志愿性的组织，中介性的组织等等。在国外，社会组织在城市家庭养老服务的提供中发挥了重要作用，如美国的 56%，德国的 60%以上，日本的 80%以上。在城镇家庭养老服务的发展过程中，社会团体对城镇家庭养老服务的参与已经引起了社会各界的广泛重视。在十六届六中全会上，"构建庞大的社会工作队伍，提升专业的社会服务水平"被明确地指出。《关于全面推进家庭养老服务工作的意见》提出，要科学界定城镇家庭养老服务中的专职社工，以提高社工队伍的素质，提高社工队伍的素质和素质。2011 年 10 月，国家 18 个部委，民政部，民政部，财政部；《关于加强社会工作专业人才队伍建设的意见》是由社会组织共同制定的一份文件。在 2012 年 4 月，《社会工作专业人才队伍建设中长期规划（2011—2020 年）》中，国家发改委、民政部等 19 个部门以及社会组织共同发布了一份关于"到 2022 年，我国社会工作专业人才总数将达到 50 万名"的文件，并在此基础上，进一步完善了我国社会工作专业人才的培养体系。到 2020 年，全国社会工作人员总数将达到 145 万名，其中，中、高级社会工作人员分别为 20 万名和 3 万名。到 2020 年，对社工组织的管理人员和职业指导人员达到培训 8 万人。到 2020 年，新增社会工作硕士生 3 万人，社会工作博士 200 人，"双师型"师资 3 000 人。在 2020 年前，支持和发展社会工作专业人才培训基地 300 个，在全国范围内建设 50 个，并逐步创建国家级民营社会工作服务机构的孵化基地 50 个。培育和发展八万个私人社工组织。创建社会工作服务标准化示范点 200 个，示范点 1 000 个，示范点 2 000 个。近年来，河北省的司法救助机构为保护老年人的合法权益，为他们的合法权益提供了有力的支持。河北省法援机构办理的法律援助案件：2022 年、2011 年、2012 年、2013 年分别为 725、753、425、771；2014 年有 1 717 个，2022 年有 2 636 个。在 2022 年、2011 年、2012 和 2013 年分别为 1 543、2 857、4 242 和 3 845 次；2014 年和 2022 年，分别有 5 844 和 11 758 人。在城市家庭养老服务中，社会团体的参加受到了各级政府的高度关注。但是，在城镇社区开展家庭养老服务的力度、深度和程度等方面，都没有达到人们的期望。从 2022 年 4 月到 2023 年 1 月，仅有 5 个社会机构被核准设立为城市家庭养老服务（华龄涉老智慧科技产业开发中心，中民养老规划中心，民盛康复护理养老发展中心；中益老年事业开发中心和光耀家庭养老服务中心）在城市家庭养老方面的作用和力量，明显不符合这些社会机构在城市中的作用和力量。目前，我国社会组织的发展方式主要有：政府购买、义工组织；以企业养老产品、基金捐赠、实物捐赠等形式在城镇家庭养老服务中的投入，仍然是对政府的附属，还没有真正意义上的提供主体地位，限制太多；社会团体难以充分利用其自身的优势。在家庭养老服务城镇的大行其道之际，对社会组织的特征进行了准确的分析，并凸显了其特有的优势，使其更好地发挥了其提供的作用。要突出其专业、现代和科学的特点；通过对家庭养老服务的独立性、自愿性和公益性特征的分析，可以使社会组织在城镇中的参与，弥补其他供给主体的不足，从而真正使城市中的老人得到最佳的照料。

（2）社会组织供给能力的影响因素

从图 4-16 可以看出，社团与政府之间的关系主要是由自治参与、服务层次和人员管理三个方面进行的；家庭，社区之间的联系，这样才能让家庭养老在城镇里的人得到安老。① 社团和国家之间的关系。在城镇中，要主动与有关法律、政策协调，充分发挥家庭养老服务的作用；要获得政府的大力支持；要表达自己的诉求；要与政府进行有效的协商和交流。② 社团与社团之间的关系。社会机构积极参与到社区中，发挥自己的优势，就城镇家庭养老服务标准与社区进行有效协商，并与社区合作，提高服务品质。③ 社团和家庭之间的关系。社会组织应从多个方面对家庭和成员进行咨询，消除家庭和成员对社会组织的疑虑，建立起一种信赖的联系，从而真正为城市家庭养老的使用者提供一种安老服务。

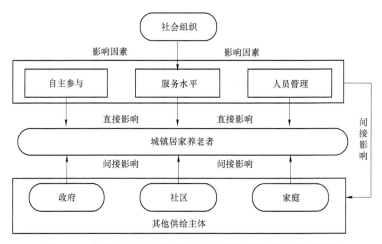

图 4-16　城镇家庭养老服务社会组织供给能力的影响因素

首先，自主参与。从图 4-17 可以看出，社区组织在城市家庭养老服务中的自主性对其提供能力的发挥有很大的影响。社会团体要符合中国传统的孝文化理念，协调政府与家庭的关系；加强社区之间的联系，加强自身在城市中的家庭养老服务的宣传力度，提高非营利机构的照护质量，增加公众对社会机构的认识；通过主动承担城镇家庭养老服务的责任，推广和借鉴国外社会组织在家庭养老服务上的先进经验，来进一步扩大自己的影响，得到外部的认同，进而建立起提供主体的地位，提高提供能力。

图 4-17　城镇家庭养老服务社会组织自主参与影响因素

其次，服务水平。一般而言，服务是一项以人为本、以"人"为服务客体、以"人"为中心的一项系统工程。在城镇的家庭养老服务中，根据老年人的需要，对服务内容、服务形式和服务理念进行了深入的研究，以使服务质量和质量都得到了提高。与其他提供机构相比，社会机构更注重服务，致力于提高自己的照护服务水平，更好地满足家中老人的照护需求；对老年产品的研究开发，老年旅游，老年保健；为老年人提供娱乐，为老年人提供金融服务，为老年人提供康复服务；在老年人的运动和健身等方面，显示了其为老年人提供的服务的优势。城镇社区家庭养老服务的服务水平可以突显其自身的优越性，也是制约社区社区组织对家庭养老服务提供能力发挥作用的一个关键因素。

最后，人员管理见图 4-18 所示，社会组织作为城镇家庭养老服务供给主体，其养老服务的质量高低、理念先进与否、内容全面与否、方式完善与否均取决于具体执行者——服务人员。社会组织自身由社工、义工等服务团体组成，其服务团体的服务质量决定着社会组织对城市家庭养老的提供能力的强弱，加强服务团体的服务意识，专业水平，技能水平；责任心强，敬业，有耐心；关爱意识和知识水平的培养，对社区组织在城市中发挥家庭养老服务的供应作用有一定的影响。

图 4-18　城镇家庭养老服务社会组织人员管理影响因素

（3）社会组织供给过程中存在的问题及原因

第一，自主性不强。城镇社区家庭养老服务中社会组织的自治程度较低，其主要原因是：① 政府干预过多，社会组织受到的限制较大；在很长一段时间内，我国城市家庭养老服务的编制工作都是由政府牵头进行的。在人员分配方面，这是一个很好的导向，在家庭养老中，社会组织参与的范围、形式、程度等方面，都有很强的要求。在人员构成、经费来源等方面，都有政府的严格规定。中国历史上"政府强，社会弱"的特点决定了社会组织难以跨越界限，过于严格的规章制度限制了社会组织的自治，使其缺少活力；参加城市家庭养老服务的工作人员的积极性大为减退，提供的产品质量也有所下降。② 社团的公益性质、敬业精神和志愿精神还不够强。长期以来，由于受到国家的历史和文化因素的影响，社会组织和工作人员普遍缺乏公益意识，缺乏奉献精神和志愿精神，特别是随着中国市场经济的不断完善，社会组织过度商业化，给大部分城市中的居家老人和他们的家人带来了很大的消极影响。人们不太信任社团组织。在 2022 年，河北省共有 1 537 个人民调解机构完成了养老纠纷的化解。有3 822 个老年社团，有一百一十万名老人参加。本书通过对调查结果的分析，发现河北省城市老年群体对于家庭养老服务的需求很大。然而，与河北省人口众多和他们的养老需求相比，河北省社会组织在城镇家庭养老服务中的参与程度还很浅，自主性还不强，其主体性的提供能力受到了很大的制约。而在我国，家庭养老服务的出版发行中，社会组织的自主性较差，这一现象也较为明显。

第二，服务领域不宽。企业，非营利组织，NGO；社会自发性组织、义工组织、中介组织等对城镇家庭养老的服务范围进行了广泛的覆盖，但是在实践中，社会组织还未满足其提供能力的需求，存在着服务范围窄等问题。主要表现在：① 养老服务的自主权和深度不足；在城镇家庭养老服务的实施过程中，社会组织受到的干涉太多，对政府的依赖程度太高，其服务的范围主要是与政府、家庭和社区的城镇家庭养老服务的内容相配合，而自身的服务独立性不强。与此同时，在城镇家庭养老服务中，社会组织更多地处在附属地位，为城市中的老人提供的服务也更多地依赖于其他的供给机构，因此，在服务内容、服务层次、服务方式等方面存在着较大的差异；在深度和其他方面都无法发挥出自己的优势。② 认可度较低，专业能力难以发挥；社区组织在大多数城市居家老人中并没有得到普遍的认同，他们和他们的家人对于社会组织为他们提供的养老服务的作用知之甚少，特别是当他们参与到市场中时，他们更多的是担心；社会组织中的养老企业往往无法在养老辅助用品（助听器、轮椅、身体护具）、医疗管理用品（血压计、体重秤、血糖仪）、医疗护理用品（理疗仪器、康复用具)、健康养生器材（按摩器、足疗用具、健身器材）、电子科技产品（老年人手机、收音机、平板电脑、智能手杖、影音喇叭、电脑手写板），金融金融产品，休闲娱乐产品等，真正的专业；以市场为导向的研究开发与运作，使得社会团体在城市家庭养老服务中的参与程度不够深入，其提供的力量被削弱了。结果表明：河北省社会组织在家庭养老服务中所涉及的范围较小，城镇居民家中的老人对其所提供的优质服务没有得到充分的认可和认可。城镇社会机构无法对家庭养老服务进行深度开发，其自身的供应能力受到了很大的影响。

第三，服务人员管理不善。社会组织的服务人员是落实执行城镇家庭养老服务的重要载体，社会组织依靠服务人员的专业化水平进行养老服务。当前，我国社区服务工作者的工作热情普遍较低，主要表现在：① 社区服务工作者的参与程度较低，对服务工作者的管理缺乏科学性；由于多种原因，社会组织在城镇家庭养老服务中的参与程度不高，在城镇家庭养老服务中的作用较小，主要涉及到的是一些具体的事情，没有很好的自主决策能力，标准化、制度化和培训机制还不健全，对服务者的管理也不够重视，造成了大部分服务者的有心而无能为力，无法充分发挥其积极性。② 义工与社工机构建设不健全。在家庭养老服务中，义工和社工本来就是城镇社区最好的人力资源，可以起到很大的作用。然而，由于我国城镇的家庭养老服务还处在萌芽期，社会组织的自我定位还没有明确，再加上政府、家庭、社区等供给主体的各种需求，使得社会组织在城镇的家庭养老服务中的志愿者（社工）、志愿者（社工）在城镇的参与并不深入，其专业性、科学性也没有得到充分发挥。③ 经费短缺，服务经费紧张，服务人员招募困难。目前，社会组织提供的养老服务资金多来自于政府资助、社会捐赠等，而参加城市家庭养老服务项目所需的服务资金也很多，资金的短缺使服务者的服务能力受到了很大的制约，大部分服务者都是无偿的，但是他们的日常支出和服务资金却得不到保证。社会团体服务者的工作积极性、工作积极性受到了很大的影响。由于资金短缺，社会团体很难招聘到足够数量的服务者，从而造成了服务者的短缺。

第五章

基于因素分析的家庭养老四个体系的构建及对策分析

5.1 系统原理的含义及其四个体系路径构建

5.1.1 系统原理的含义与特征

所谓"体系",就是在特定的环境条件下,各种因素互相补充、互相作用,从而形成某种结构。系统原则是建立在企业管理工作的基础上,通过应用系统理论来指导企业管理工作,从而达到企业管理目的的一种方法。系统原则具有整体性、层次性、目的性和适用性四个特点。四种特性元素是相互影响和依赖的,见图 5-1。不管是什么制度,都有以下四个共同特点。

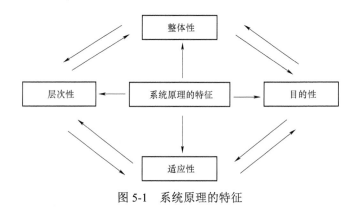

图 5-1 系统原理的特征

（1）整体性

在制度原则中,最根本的特点是制度的整体性,它是指构成制度的各种因素，一旦构成一个整体，就构成了一个具有新特点和一系列新功能的新制度；而不是单纯的相加。它的总体功能比各个因素的总和要大得多，即，在新形成的体系中，总体功能要比各个因素的总和大得多。从体系的整体性出发，在探讨提升家庭养老用户满意度的策略时，不能仅从家庭养老用户的宏观角度出发，也不能将家庭养老用户的个体特征与个体特征分离开来，而要从个体特征出发，抓住个体特征与个体特征之间的内在联系。这就是说，我们在对问题进行分析时，要从构成整体的各种因素彼此间的相互作用中去探寻系统的整体的本质规律；这样才能对整个体系的作用有一个较好的了解。

（2）层次性

一个复杂的体系通常有多个层面，体系和元素之间存在着一种相对关系，在面对一个体系时，我们必须对体系的层级有一个全面的了解和了解；在此基础上，利用多种分析方法，将该体系划分为几个层级，并将各层级的要素结合在一起，分析其总体结构与功能。以此为依据，明确了各个层级之间的有关职责，使得各个层级之间可以有机地协同，形成一种合力。

（3）目的性

目的性指的是一个系统的大方向，它从开始到结束，贯穿始终，不能离开，其目的就是要求构成系统的各要素与环节都必须维持和调整在一个最佳状态。所以，在对家庭养老进行影响因素分析的过程中，必须先明确制度所要达成的目标，再围绕这一目标，对制度的现状和发展进行分析。

（4）适应性

系统的自适应能力是指在环境变化的情况下，系统能根据环境变化的需要，自主地进行结构与功能的调整。即系统在受到剧烈的扰动或受到突然的冲击时，能够通过自身的力量进行自我修复，从而顺利地过渡到新的稳定状态。通过分析，认为"家庭养老"的内涵是：以家庭为基础，以血缘、婚姻为纽带，以政府为资源提供主体，以社会为服务提供主体的一种多元化的养老新模式。家庭养老也就是在家里的老人们，通过"周围生活圈"，得到的全面服务，如图 5-2 所示。家庭养老的内容既包含了个体的发展与家庭的扶持，又包含了政府的保障与社会的保障与服务。

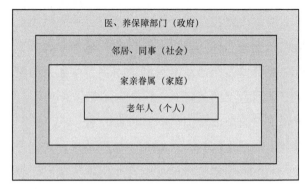

图 5-2　老年人的周边生活关系

5.1.2　系统原理下四个体系路径构建

在对家庭养老进行探索性因素分析、验证性因素分析和信度效度分析的基础上，编制出一份由个人、家庭、社会、政府等 4 个因素构成的、以个人为核心的、以家庭为中心的、以社会为中心的 4 个因素组成的量表。家庭养老其实是一项涉及政府、社会、家庭、个人四个层面的系统工程，如图 5-3 所示，因此，要想继续纵深地推动家庭养老的发展，我们需要齐心协力，多管齐下，综合应用系统一体化的原则，积极、高效地建设家庭养老的四大体系，充分发挥政府、社会、家庭、个人的作用。

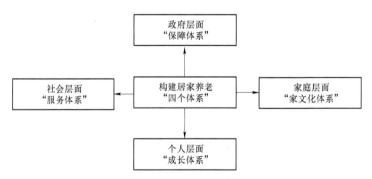

图 5-3　家庭养老四个体系路径构建

5.2　基于因素分析的家庭养老四个体系的具体对策分析

本书在介绍和分析了国外关于老人的家庭养老的基本情况后，对国内家庭养老四大系统的具体应对措施提供了许多有益的启示，并在此基础上，对应对措施进行了较为详尽的论述。

5.2.1　政府层面：保障体系

20 世纪 90 年代，我国的社会保障体系（含家庭养老）在社会保障体系中初具规模，在此基础上，政府逐步对家庭养老进行了政策导向，并投入了大量的资金来推进家庭养老的发展，目前，随着社会保障体系的进一步完善，家庭养老在我国还处在起步阶段，因此，在家庭养老的发展中，如何更好地发挥政府的领导作用是非常关键的，需要从总体设计、政策支持、资金支持等多方面来保证。因此，在现阶段，对政府层次上的保障制度进行研究，具有十分重要的现实意义。本书结果显示，"养老保障"与"医疗卫生保障"对家庭养老之老人行为有显著之影响。这就要求政府在养老、卫生等方面加大力度，更好地起到引导和引导的作用。在此基础上，我们应从北欧、英国等国家的"福利性"社会保障体制出发，进一步完善我国的养老与医疗保障体制，并在此基础上，积极推进养老与医疗的全覆盖。

（1）实现养老、医疗保险全覆盖存在的问题

养老、医疗保险基本全覆盖，解决了广大人民群众的后顾之忧，也是民生托底的一项十分重要的政治任务。在现阶段，实现基本养老保险和医疗保险的"全覆盖"，也是实现"全面建成小康社会"的一个重要方面。目前，我国基本养老和医疗保险的实现还面临着一些突出的问题。目前，全国的养老金覆盖率已达 85%，即已覆盖 8.5 亿人口，但若再扣除学前儿童及在校学生，则需覆盖 10 亿人口；曾有一段时间，有媒体做过一次"高龄"农民工的调查和扫描性的报道，反映出很多高龄农民工没有土地，没有社会保障，他们嘲笑自己生活在一个流浪的袋子里，其中的苦涩和无奈，可想而知。想要让那些年迈的农民工有个照应，最好的办法，就是让他们享受到全民的养老金。这也符合国家关于在 2020 年前实现基本养老保险覆盖的工作目标。但现行的社会保障体制自身尚待改进，最显著的是社会保障的公平与可持续发展问题。养老保障体系面临的最大挑战是养老保障体系中的养老保障。重大疾病的保障范围较小，是我国现行医保体系最大的不足和不足。实际上，大病保险是一种二次补偿，对病人的困难情况进行二次补偿，以减轻病人的经济负担。现在，一些罕见的大病已经

变成了一种常见的多发病，如果医疗保险不能对这些大病进行赔付，那么一旦出现大病，老百姓就有可能因为病而变得贫穷，或者因为病而变得更加贫穷。"医保"也将丧失其"保证病人就医""减轻病人负担"的基本作用。① 建立健全多层次的保险制度。当前，我国的养老保险体系是多层次的一个体系，涉及国家、单位和个人三个层次，包括基本养老和单位补充养老以及个人储蓄养老。但是，伴随着我国人口老龄化进程的不断深入，养老保障制度中所存在的问题也日益突出。如，目前我国的"统筹"仍然是以"县"为主体，与"省"的目标相去甚远，不同地区的养老金水平参差不齐；统筹水平仍较低，覆盖面不够大，部分社会弱势农民工群体没有得到相应的保障等。目前，我国的医疗保险制度正在逐步完善之中，在这个过程中，自然也出现了一些比较明显的问题。目前，这个制度还没有形成一个科学的目标，也没有一个合理的规划，在构建保障制度方面，也没有一个前瞻性的研究。因此，在对商业医疗保险进行控制方面，还存在着很大的难度，同时，在办理企业补充医疗保险手续方面，也没有一定的法律基础。目前，我国新农合存在着一些问题，如：新农合的保障水平不高，与群众需求不相适应等。② 保险资金的筹集与运作缺乏科学性。当前，我国的社保基金收缴以行政方式为主，采取现收现付制，即用当前的收入来填补当前的支出。该模式的主要缺点是容易产生资金缺口，进而引发保险责任代际传递，造成"入不敷出"的局面，让国家措手不及。而且，目前我国社会保障资金的管理还存在许多不足之处，如管理不力、监管不力等。比如，财政拨款没有得到及时的追踪和监控，财政拨款的使用效率不高；经常会出现基金被挤占的情况，而且部分基金流失的情况还在一定的范围之内，因此还需要进一步构建并完善统一的保障基金财务管理体系和社会保险基金监督管理制度，与之相关的一系列内部控制制度还处在建设与探索的阶段。操作上仍有一些问题，但也有一些局限。

（2）推进养老、医疗保险全覆盖的对策

① 实现全面覆盖，构建更高水平的统筹体系。我国计划到 2020 年基本实现养老保险全覆盖，因此，必须大力实施全民参保计划，尤其是要把 1 亿多农民工纳入这个体系。以目前的养老保险基本实行的是省级统筹为基础，下一步需要大力推进养老保险的全国统筹，并进一步借鉴国外的经验，极大地提高抵御风险和实施调剂的能力。当前，在基本医疗保险统筹中，存在着一个很大的

问题，那就是水平不高。在全国范围内，大多数地方都采取了地市级统筹，而一些地方却采取了县级统筹。在大病医疗保障中，县、市两级统筹往往不能完全满足患者的需求。同时，由于各地财政资金压力差异较大，因此需要建立一个更高水平的财政资金统筹体系。

② 为保险资金的保值增值腾出空间。通过对保险资金的科学测算，进行有效的投资，可以使保险资金增值。然而，基金的可投资空间有限，且缺乏可供选择的投资品种，使我国的资金配置出现了很大的局限；在实践中的探索中，笔者认为，解决这一问题可从两条途径入手，以养老保险基金的历史欠账为基础，一方面，可以通过国家财政和国有企业来弥补这一亏账，另一方面，还可以借鉴国内外的经验，采用一种科学有效的方式来弥补。在此期间，基金将持续增值，并提升运作效率。这样既可以为其创造一个较为宽松的经营环境，又可以增加其投资种类，增加其投资组合，以达到既能降低其风险，又能使其保持稳定与增值的目的。

③ 加强对资金的控制，保证资金的有效使用。对保证资金进行有效的管理，是保证资金安全使用的根本；随着新形势的发展，企业的财务管理体制要不断地改进，在经营上要执行统一的要求，要严格遵守财务规章制度，进行全过程的规范管理；由政府来组织和领导，并指导各基层部门制定财务管理制度，保证资金使用的安全与高效。同时，要加强全过程的监管，强化执法体系的建设，使执法质量得到持续提升；确保执行效率，进而提升各个组织与单位依法缴费的自觉性，提升维权意识，从法律和制度的层面上，确保社会保障的可持续发展。

④ 释放压力，提高工作效率，完善现行保证制度。目前，随着我国人口的日益老化，养老保障制度面临着日益严峻的压力，因此，我国的养老资金来源亟待更加多元化；其中，构建多元化的社会保障制度，是我国社会保障制度改革的重要方向之一。它既能减轻政府的经济压力，又能保证社会的稳定与和谐。以基本养老金为基础，构建起一套符合多层次特征的保障制度，并在此基础上继续推进企业、职业年金制度的建设；加强对商业保险监管、规范等方面的研究。现代的医疗保障制度，在其运作的过程中，一直在进行着错误的纠正和改进，其保障的范围和范围也在逐步扩大。在基本医疗保障体系构建完成之后，及时推出大病保险，是为了更好地防止老百姓因病致贫、因病返贫的又一次制

度安排。随着社会经济的发展，重大疾病保险对病人的需求日益增加，而商业保险公司的参与和承接，是政府对社会力量的广泛利用；这是一种不断改变政府管理观念、形成社会合力、有效提高工作效能的有益尝试和重要探索。

5.2.2 社会层面：服务体系

国外实践证明，家庭养老服务是一项社会公益服务，是一项为居家老人提供全面生活服务的支撑体系，而家庭养老要想健康、快速地发展，必须要有全社会的共同参与，这是一项系统工程，而这一系统工程的重要内容之一，就是要有专业机构、中介机构等多个部门的共同参与。所以，家庭养老的发展必然会受到市场的影响，欧美各国对家庭养老的投资并不是以盈利为目的的，虽然也有以市场为目的的商业模式，但这些模式都是为了更好地为居家老人提供服务。通过多变量回归分析，发现以上三个因子是家庭养老对老年居民满意度的重要影响因子。因此，在对服务系统的特点进行了简单的介绍之后，本书将从这三个方面进行详细的分析。

（1）服务体系的特征

其特征是：人性化、持续性、无偿。这主要体现在：老年人是社会上的弱势群体，对其进行全方位的人本化关怀是十分必要的。"三心"，即：耐心聆听、精心照顾、精心照顾；做好老年心理疏导工作。一般而言，当老人身体机能渐渐衰弱时，年老体衰之时，老人的病也就随之而至，因此，对老人的照料也就成了一项较为长期的工作；这就需要服务体系的内容要足够完善，要可以为具有不同意愿和需求的老年人提供持续而长久的温暖照料与服务。但是，家庭养老系统的建设是一项庞大的、耗费巨大的资金，并且具有"无回报"的特点，因此，政府应做好整体规划，给予一定的政策支持，并在此基础上积极学习和学习，加强对医疗卫生人才的培训；在家庭养老服务的建设中，应积极引导社会力量进入市场化运营，发挥各方的积极作用，发挥各方的积极作用。近日，国务院办公厅指出，到 2020 年，养老服务市场将全面放开，更多的老人将真正感受到不出门也能很好地养老，并且是以老年人是否满意和满意程度为评价标准。目前，我国民政部关于社区老人日间照料问题发布了相关文件，明确了服务的基本要求和硬件的配备标准，即；在此基础上，提出了更高的社区服务需求，并制定了相应的设计规范。而目前，家庭养老所面临的瓶颈问题之一，就是医护人员的短缺，目前，全国各地已建立 68 个培训基地，134 所大专院校开设了相应的护理专业，并出台了一系列政策和措施；然而，当前家庭养老中的医疗服务人员还面临着年龄偏大、人员流动过快、薪酬偏低等诸多问题。胡洁帆表示，对医务人员来说，除了要有稳定的工资待遇外，更要有更高的社会认同感，更要有对养老院工作的责任感。还有一些专家指出，要想解决老年人护理人员缺乏的问题，就要在老年人的生活保障、子女的教育上下功夫，并制定相应的对策。民政部有关负责人还表示，下一步，政府将鼓励有条件的地方制定相应的扶持政策，比如通过岗位补贴和以奖代补等方式，来鼓励医护人才到岗就业，从而持续提高医护人才的待遇。同时，要持续加大对老年全科医生、护士等核心人才的培训力度；要健全考核筛选机制，加强对农民的经济扶持。

（2）加快老年活动室的建设

老年活动室是老年人在家中休息、休息、休息的重要场所。老年活动室能够以在家的老人的具体需要和他们所拥有的资源的实际情况为基础，来安排一些特定的居家服务项目，比如：谈心聊天、文体娱乐、心理咨询等。卫生保健，老人教育，老人护理；有医疗科普、日间托老和入户护理、家政服务等，也可根据当地个体居家老人的具体特点，安排一些特色服务项目。

① 老年活动室存在的问题

老人活动房的硬件条件较差。许多老年人活动场所的基础设施还需要进一步改善，尤其是为老年人服务的无障碍设施还不够完善，应急救援设备的设置也不够完善。老年人活动室内的绿色空间偏小。有些活动室周围的环境相对拥挤，可以为老年人提供一个统一配备的操场、运动场、篮球场或棒球场的活动房，这种情况十分少见，这也是老年人活动室在建设过程中所面临的一个普遍问题。老年人活动场所的互动空间有待提高。大部分老年人在活动室中的交往空间都仅限于同一个社区或村子里的老人，因此，老年活动室的管理者要持续改进并创造出多层面的交往空间，实行开放的管理，使老年人在与同伴交流的时候能够更好地交流；并能与各年龄段、各社区、村的老人交流。老年人活动场所的综合性功能还不完善。在调查过程中，我们发现，很多活动场所在创建之初就没有做好充分的准备，对活动场所的设计也没有做好充分的考虑，对老年人的无障碍设施、防火、防电、防滑等方面的考虑不足。在建筑布置方面，没有充分考虑到南北两个地区的季节差别，更没有考虑到因为地域的不同，对活动室的设计也应有不同的要求，这都是造成一些老年人活动室得不到有效利用的原因。

② 结合国内外的经验与做法，老年活动室建设和管理建议

基础设施建设应侧重于满足老年人多样化需要的综合性。活动室的位置应以方便社区的老年人为原则，基础设施应注重综合多功能，应集健身活动、娱乐休闲和老年教育以及老年医疗于一体。在硬件建设上，应该与老年人的特征相结合，重视与其相适应的安全配套设施，应该根据国家的相关规定来建设老年活动室；要求室内光线良好，户外环境优美，室内外布置均符合防火、环保等要求。同时，基础结构也需要有能力应用新技术，这些新技术对老年人的身体和精神需要给予足够的重视。老年人活动房通常需要配有阅览室、医务室和棋牌室；聊天室，桌椅，乐器室；训练室、麻将房、各类多功能大厅等，有条件的地方还可以修建门球场、健身广场等。以老年人活动场所为依托，在条件允许的地方，按照老年人的兴趣爱好和心理特征，增加锣鼓队、合唱队、模特队等；秧歌队等文艺团队，或者成立书法、舞蹈、绘画和武术、戏曲等老年人协会等。

应坚持公益与福利相结合的原则，强化对活动室的管理；在对老年活动室进行管理时，应该遵循公益性和福利性两个方面的原则，主要以无偿为老年人提供服务为主要内容，不能对其非营利性质进行任何改变，要始终保持每天都是正常开放的状态。就其实施而言，其内容要有利于人际关系的和谐，有利于社会的安定。由地方老年组织和有关老年组织进行指导和协调，实行有秩序的管理。与此同时，可以向国外福利性政府的管理经验学习，以当地老年协会为依托，定期开展多种形式的、愉悦身心的、符合老年人特点的活动，以此来缓解他们的焦虑、忧伤、悲观和孤独的情绪，促进同龄老年人之间的互帮互助，利用老年群体中的相似经历交流与同等年龄的情感关怀、心理疏导和精神慰藉等方式，让老年人放松身心，放松心情，解开心中的郁结。确保你的老年生活在一个愉快，放松的环境中。

大力提倡争先进位，不断完善老年人活动场所评价体系。依据老人活动室的基本设施，功能板块，活动内容和作用；按照一、二、三星级的顺序，对服务质量以及管理运作情况等方面进行星级划分。持续强化考核评估，持续改进

与之相关联的考核评估体系，对存在的问题进行督促并进行整改，将汇总的考核结果纳入到当地地方组织的考核细则之中。在社区老年活动室中，应该将服务时间、服务标准、服务对象和优惠范围以及收费标准等内容向社会公开，让老年人可以更好地进行监督，并对老年人的意见和建议进行广泛的征求。各级老龄工作部门应该在考核制度的基础上，对社区老年活动室进行达标提升和考核验收，有计划有目标地组织老年活动室的管理人员进行经验和感受的交流，并对先进的老年活动室进行适当的认可和激励，从而更好地调动管理人员的工作积极性和工作积极性。

（3）设立老年民事调解中心

随着人口老龄化的持续发展，涉老纠纷也是层出不穷，其在整个社会矛盾纠纷中的比例也在不断提高，这与本书之前的多元 Logistic 回归分析相吻合。在现实生活中，我们可以看到，大部分的涉老纠纷和矛盾都是来自于家庭和邻里之间，它们对亲情和邻里之间的关系造成了很大的损害，而亲情的维系和邻里关系的和谐是一个非常重要的方面。而通过调解来解决民事案件中的纠纷和矛盾，又是一种符合我国国情的重要司法途径。目前，随着我国老龄化程度的不断加深，涉老矛盾的内容也越来越复杂，越来越多元化。很多纠纷和矛盾如果得不到及时的疏导和解决，就有可能演变成群体性事件，对社会的和谐和稳定造成了很大的危害。现在，经过我们的调查，我们发现与老人有关的矛盾和纠纷，主要来源于两个方面，一个是源自家亲眷属、姐妹、姑嫂和妯娌之间的矛盾和纠纷。二是来自于邻里间的矛盾和争端。民事调解能够减轻双方的紧张情绪，减少双方的冲突，增进双方的友好协作，从而达到降低诉讼费用的目的；也能迅速地解决涉及老人的争议和矛盾。同时，依据《关于加强心理健康服务的指导意见》（国家卫康办发〔2016〕77 号），以老年民间调停中心为依托，将心理辅导与引导服务纳入到城乡社区为老年人提供的一项重要服务。对老年人进行及时、有效的心理咨询与心理辅导。因此，建立老年民事调解中心，为涉及老人的案件提供具有法律效力的调解服务，是一种与国情民意相适应的行之有效的做法。在调查过程中，我们发现，在老龄化的背景下，民间调解能够有效地解决各类涉老的争议和矛盾，从而对社会的稳定起到积极的作用。老年民事调解中心配备了老年民事调解专家和专业的工作人员，对涉老的矛盾和纠纷，做到了有诉必应，并且能够及时地采取行动和措施，积极地深入到居家老人的生活中去。主动做好一次调解工作，化干戈为玉帛；将各类矛盾和纠纷化解在萌芽中，防止因小失大，是十分务实的做法，也是政府创新养老社会群体服务方式的一项重要内容。

（4）发放家庭养老服务补贴

家庭养老服务的资助，主要是指通过市场化的方式，通过政府购买的方式，使社会服务部门的有关机构能够为老人们提供与之相适应的服务。它的服务内容主要包含了四个方面，分别是：日常生活照料、上门医疗护理和精神孤独慰藉以及法律援助服务。具体是：日常起居、上门送餐、老年饭桌。上门维修，帮忙做家务，遇到紧急情况；医疗理疗，心理慰藉，心理疏导和辅导；感情的交流和沟通，人生的计划和引导，等等。家庭养老服务补助的具体实施是以社会服务的形式进行，即家庭养老服务补助是以社区服务的形式由社区机构向老人传递，因此，本书在前期研究中将家庭养老服务补助纳入社会因素的考虑，由于社区机构作为服务的最终执行者，其服务的质量直接关系到老人的生存与生活质量。

在此背景下，如何使家庭养老服务补助真正发挥作用，使其真正得到保障，笔者以为，应从以下三个方面着手。

① 启动竞争机制，选准服务机构

我们都知道，为老人提供的服务是一种关怀，而对老人的幸福感有很大的影响，因此，政府应充分利用市场机制，在社会服务组织的选择上，必须严控市场主体的准入门槛，并制订相关的竞争性条款，进行择优选择。让那些具有社会责任感、有担当、有使命感的社会服务机构可以成为承接主体，并且，作为承接主体，服务机构还应该向政府上交 5～20 万元不等的保证金，以保证提供稳定、高质量的服务。

② 规定服务内容，制定相关标准

通常情况下，享受补贴的老年人都是一些高龄老人、失能老人、空巢老人、特困救助老人以及农村五保老人等。因此，应该以不同老人的需求为基础，规定服务机构，为其提供不同的相应服务，同时，对于不同的服务，也应该制定不同的标准。这是最基本的保证，为不同的老年人提供适当的护理。

③ 加强过程控制，进行监督考核

各有关部门，比如民政局或财政局等，要组织专门的人员，或者邀请第三方机构，对社会服务机构（承接主体）展开事前和事中以及事后的检查和控制，对其服务的各个环节、服务各个项目的完成情况、老年人对其满意程度以及老年人的投诉率等展开详细的监督与考核。考核达标者，可以继续留用；考核不合格、不达标者，可以取消其承接的资格。

5.2.3　家庭层面："家文化"体系

欧美国家，例如英国、瑞典、美国，一向十分重视并重视国家及社会的重要角色；东南亚国家，例如日本、韩国、新加坡，更是十分重视家庭在其中的角色。"以孝为家，以孝为本"，这是我们国家的优良传统，我们国家的家庭养老，无疑是以每一个孩子的孝心为前提的，现在，虽然家庭养老的社会化，让我们这个家庭看起来更容易了，但这并不代表我们这个家庭的责任和责任就轻了。家人首先要履行赡养老人的法定义务。从当前的现实情况来看，政府的力量十分有限，社会的力量也十分薄弱，而在家庭养老中，我们出生在这里，长大在这里的家庭，在这里仍然是最基本和最重要的，因此，只有在"家文化"中，以"孝"为中心，提倡"孝"，不断提高子女对老人的赡养能力，才能让每一个家庭都能发挥出最大的作用。只有这样，我们国家的家庭养老才能更好地发展。

（1）建立以"孝"为核心的"家文化"

我们都知道，从古至今，孝道传承，百善孝是第一位；"孝"在我们国家历来都是一种家庭美德，在我们国家也是一种优秀的传统文化。从远古时期的萌芽，到后来的繁荣，最后的沉淀和升华，中国传统孝文化经历了西周、春秋和汉代；从魏晋南北朝到宋代到明代，从明清到现代，"孝文化"一直是维持家庭与民族和谐发展的主要因素。自古至今，孝顺是其核心，孝顺长辈，献爱心，是子女和晚辈义不容辞的职责。其实，"孝"一词的原意，就是要遵从父母的意愿，对父母、长者表示尊敬，并且要主动地表达出自己的敬意和关心。家庭养老中，"家"是老人的首要资源，儿孙满堂，是老人享受天伦之乐的标志，因此，对孩子的孝顺与否，将直接影响到老人的晚年生活品质。日本、新加坡在这方面的成功经验值得我们学习，充分利用好这一优势。正所谓，以和为贵，以和为贵。"家之道，在于和睦，家之爱，在于家人的温暖与欢乐，家人的爱，是最无私，也是最温暖的爱，家的爱，会让老人们的生活更加幸福，更加幸福，只有有了爱，才会有一个家，一个有爱的家，就会家业昌盛，家道昌荣。"厚德载物，一个有爱心的人家，自然是财大气粗。习近平同志在 2016 年 12 月与首批全国文明家庭的会面中指出："不论时代怎样变迁，不论经济和社会怎样发展，不论现在和将来，都要坚持以人民为中心"。家庭无论在国家还是在社会中，都起着不可替代的作用。他还多次强调，要保持高尚的品德，树立良好的家风，让每一个家庭都能真正成为促进国家和谐、民族进步的最根本的力量。所以，目前，随着老年人日益增多，要积极构建家文化系统，加强对老年人的家庭关怀；让老年人真正感受到了春天般的温暖，让他们感受到了自我的价值感和存在感，让他们在晚年的时候感觉到了安心和幸福。通过对调查结果的分析，我们发现家庭是最小的社会单元，也是老人最早生活的地方，因此，对"孝"的提倡尤为重要。事实上，在构建整个道德制度的过程中，我们首先要在家庭这一第一线上，强化道德观念的教育和指导。从而为家庭养老的建设奠定了坚实的基础，为其发展提供了强大的动力。

（2）积极鼓励子女对老年人进行经济支持

其实，在自己的父母年事已高的时候，自己的孩子应该给他们一些物质上的支持，这是身为孩子的责任。《中华人民共和国民法典》中明确规定：子女有赡养的责任。老年权益保障法也有条文规定，子女应当对父母给予生活上的照料和经济上的支持以及精神上的慰藉。因此，在我国，赡养父母是一种法定的义务，身为晚辈，我们应该积极主动、不折不扣地履行自己的义务。在家庭养老中，家庭是第一个落脚点，子女是老人的主要抚养者，他们所承担的责任，并不只是简单的生活照顾，还包括了对老人的经济支持，以及对老人的精神安慰。调查结果还显示，超过 20% 的老年人生病都是由于缺少经济和精神关怀造成的。因此，做子女的，应该更多地关心自己的父母，孝顺父母，而提高对老人的经济供养水平，是子女孝顺父母的前提和保障。对于有固定收入并且身体比较健康的老年人来说，他们对子女的经济需求的依赖性比较小，所以不管子女的经济供养水平是高还是低，都不会对老人的生活水平产生显著的影响。而对于那些自己没有固定收入且患有疾病的老年人来说，子女的经济支持情况就变得十分重要，子女经济支持的大小与程度对老年人的生活有着根本性的影响。

5.2.4　个人层面：成长体系

罗伯特·巴特勒在 1982 年就提出了"生产力老化"理论，认为老人仍有可能通过其自身的努力来推动经济的发展与社会的进步。罗威与卡恩在 1987 年提出了"成功的衰老"理论，并指出，每一位老人在不同的条件下，其个人的发展是有差异的；可说是天差地别，个人差异非常显著，有些老人随着年纪的增加，渐渐染上了病痛；但也有一些老人，他们没有生病，而是安详地死去，这就是他们的晚年。在这种情况下，我国的专家学者们也充分意识到了老年生理与心理的健康对于老年人的重要和其深远的意义，他们也在健康积极老龄化方面进行了积极的探讨，在学习国外老年人心理咨询与疏导的经验方面，不断取得新的突破。为更好地解决人口不断增长所导致的一系列问题，WHO 在健康老龄化的基础上，根据当前的实际情况，提出了"积极老龄化"这一概念。"积极老龄化"强调"积极"两个字，就是指在身体健康的前提下，老年人对积极主动地参加社会活动的需求，不断地发挥自己的作用，为社会做出自己的贡献。"主动老龄化"是 WHO 所倡导的一项发展策略，旨在使老年人在步入老年后，持续改善其生活质量和生活质量。要实现这一目标，我们应该对此做出回应，并积极投身于"活跃老龄化"的潮流中，采取行动；唯有如此，才能让你的晚年过得充实而有意义。在积极老龄化中，身心健康、参与活动、谋求发展是最重要的三个方面。积极老龄化对老年人的权利进行了充分的尊重，提倡有一定健康基础和能力技术的老年人可以从多方面对来自老龄化的挑战做出反应，积极主动地创造条件，满足需要。让自己在晚年的时候，可以有很大的自主能力。

（1）活在当下，树立自养意识

曾有人问一位高僧：什么是活在当下？"吃饭就是吃饭，干活就是干活，睡觉就是睡觉！"老和尚一语道破天机。现在，"啃老族"的数量越来越多，老年人的身体也越来越差，他们的生活变得越来越艰难，越来越多的人因为生活的压力而变得忧郁和狂躁，他们不是对自己的过去充满了仇恨，就是对自己的未来充满了担忧。每天都是忧心忡忡，一边是对过去虚度光阴的懊悔，一边是对自己没有好好地付出而懊悔；消极的情绪，加之儿女不孝，终日唉声叹气，唯独不注重活在当下；他们在悲伤和犹豫中，白白地浪费着现在的日子，因此，必须改变老年人的观念，让他们自我觉醒，活在当下，找到自己的定位，确定自己的目标，建立起自我养老的意识。目前，根据我国"未富先老""未备先老"的现实状况十分普遍，老年人要从基本上改变自己的养老观念，要懂得儿孙自有儿孙福；该放下的必须要放下，要明白一个人的到来和离开这个世界的最后依靠的是自我觉醒和自我超越，因此，老人心中必须要有一种坚定的信念；认清自己的来路，认清自己的去向，在物质和精神两方面做好储备，积极自我修养；即，老人本身应为自己的安老负责，并尽可能地降低对国家、社会及家人的过度依赖。事实上，一个人在青年时期就应该为老年作好充分的准备，这当中，首要的就是要有坚定的信念，并存足充足的退休金，让自己在心理上有一颗坚强的心，在财务上有足够的实力，在晚年能负担得起大部分的养老费用。活在当下，建立自我照顾的观念，对老年人来说，也是最好的享受。有句老话说得好，人老如金子，愈老愈珍贵。因此，老人们别以为自己老了就没用了，事实上，我们仍有许多美好的日子可以做。老人是一笔宝贵的财富，没有老人的辛勤劳动，就不会有我们现在的幸福生活。老人的确应该得到整个社会的尊敬和爱护。从个人层面上看，应该建立起"自养"的观念，改变对自己子女、别人的依赖性。条件允许的人，还可以学习理财，在老年时，不断提高自己的精神和物质上的独立。因此，我们在家里的老人要对自己的时间进行合理的规划，主动地融入社会，投身于生活，持续地发挥自己的余热；要克服孤独感，提升生活质量，逐步从依靠子女的养老方式转变为自己可以相对独立的养老方式，并最终实现自我养老。

（2）关注健康，保持自我成长

人生一世，万物一秋。短短的数十年生命中，每个人都会遭遇到生理上的疾病和精神上的冲击，我们这些老人已经走过了许多的虚度光阴，也经历了许多的大起大落；因此，上了年纪的人更要注意身体，保持心态的均衡，让自己不断的成长。一是，要让自己的情绪稳定下来，要让自己的心情好起来，要战胜负面的情绪。老人们可以多阅读一些对他们有帮助的书籍，扩大他们的视野；与自然亲密接触，保持乐观的心态，促进气血循环，确保自身的身体和精神健康。二是，学习以一种诙谐的方式对待别人。幽默能够化干戈为玉帛，让周围的生活环境变得轻松愉快，因为只有周围的环境变得轻松愉快，自己才会开心。三是，可以为自己的青春做些小小的美梦。比如，多看看外面的世界，多出去走走，多做些自己喜爱的事；要经常满足自己的一些小心愿，一些小目标，这样才能让自己的内心长久地充满喜悦。当然，假如自身的部分健康出现了问题，还可以借外界的力量来集中精力，集思广益；苏韬相信，只要找到一位名医，就能让病人的病情得到有效的缓解。四是，以坦然的态度去面对生死。大部分的老人在面临死亡时，都会有一种畏惧，然而，生、老、病、死，这是一种自然的法则；因此，作为一个老人，我们应该更加珍惜现在，过好每天，在不断的学习和领悟中，增强自己的内在意志和积极的精神力量；在一次又一次的领悟中，领悟到了生命和生命的本源与实质，从而不断地克服自己，甚至是超越自己。尤其要注意心理健康，因为在世界上，凡是长寿的老人，通常都有着宽广的胸襟，乐观的性格，他们用强大的意志力，战胜了生活中的种种困难，在知足常乐中，度过了幸福的晚年。在日常生活中，老年人要将自己想学、想做和应该做的事，有计划、有步骤地提前安排好，有条不紊、循序渐进，在关注健康的同时，保持自我成长，实现自我超越。从心灵的角度来看，人生就是一个不断增长的过程。我们老人应该学着忘掉悲伤、忘掉年纪，永远保持一颗青春的心，这样才能真正体会到生活中的"无龄感"。所以，在这一方面，作为老人，我们必须直面死亡的事实。同时，要跟上时代步伐，保持旺盛的生命力。黄彦萍表示，"主动老化"就个人而言，就是老人可以依自己的意愿，持续参加学习、工作及其他各种活动，为享受一个健康及平安的生活而作出贡献。本书亦发现，积极老龄的关键在于"积极老龄"，老人可以透过"剩余能量"来达成自身价值；促进了个体自我和谐，提高了心理健康水平，保持了自我成长，对生存和生命的意义有了更深的认识。积极老龄化是指老年人根据自己的实际情况，利用自己多年来所积累的经验，利用自己的能力，主动参加帮助别人的活动；而且，如果他有什么需要帮忙的地方，他也有权得到帮助。积极老龄化指的是，无论老年人的年龄如何增长，身为公民，他们都应该享受到机会平等的权利。事实上，老年人是社会资源，而不是社会负担，我们要充分调动老年人的积极性。所以，积极老龄化能够更多地发掘老年人的潜能，使他们的活力得到最大限度的释放，把社会老龄化的压力在无形中转化为强大的动力。因此，在面临老年问题时，我们不必惊慌，只需在理论和实践上发挥自己的长处；有了思想上的智慧，才能带领青年一代摆脱阻碍，得到帮助，才能彻底战胜困难，一齐向前，才能取得胜利。

　　总之，从本书之前对日常生活照料需求、上门医疗护理需求、法律援助服务需求和精神孤独慰藉需求之间的内在联系进行探讨，并结合多元 Logistic 回归分析，我们可以发现，对于老年人来说，想要在晚年生活中感受到安稳幸福，的确要有一定的物质经济基础保障，并有一群同龄人作为精神伴侣。而若能将这里所述的四个层次，也就是政府、社会、家庭、个人等十个层次，构建起保障体系、服务体系、家文化体系、个人成长体系这四大体系，这就能满足家庭养老对老年人的要求，让他们的获得感持续提高，让他们的需求得到最大程度的满足。

第六章

老龄产业支持性政策体系建设

　　为了应对人口老龄化，我国应大力推进老年产业的发展，针对老龄产业的供给侧结构性改革是应对人口老龄化的有效手段。习近平总书记提出了"努力挖掘人口老龄化给国家带来的活力和机遇""培育老龄产业新的增长点""有效地对人口老龄化、不仅能提高老年人的生活和生命质量、维护老年人的尊严和权益，还能促进经济发展、增进社会和谐""着力发展老龄产业"等具有指导性的重要论断。全社会，尤其是各市场主体，都要深刻理解国家的政策导向，紧紧把握人口老龄化所带来的发展机会，对此要保持清醒的认识，对此要进行积极的探讨；我们应勇于探索具有中国特色的老年产业发展之路。

6.1　老龄产业支持性政策功能定位

　　在政策支撑方面，应从顶层设计入手，厘清发展养老产业所涉及到的主要政策及理论问题，第一，要确保"产业""事业"相互补充，防止"产业化即为市场"。老年产业和房地产，石化，设备制造业；与其他国民经济支柱产业不同，金融是一种具有准公共物品特征的新兴产业，与家庭和谐、社会稳定密切相关。提倡和鼓励产业的目标是要对老龄化问题进行分类、分层回应，并将其解决，从而与养老事业构成一个良性循环的合力，共同助力老龄化背景下的养老难题。第二，政府制定的政策要符合市场经济的客观规律，要使市场对社会养老资源的配置起到决定性的作用；在新的人口发展环境中，由于生育率的降低和平均期望寿命的增加，导致的人口老龄化的迅速发展，老年人口的急剧增加，再加上家庭结构的变化，使得原先由政府主导并兴办的养老事业出现了危机，不能再继续下去，失去了经济基础和人力基础。在这样的情况下，政府要把养老服务事业向养老服务产业转型，最重要的是把纯粹的政府责任向社会、企业和社区转移，让更多的主体参与到养老服务的发展中来。即将供给的主体扩大到政府、社会和企业三个层面；家庭和个人的努力，让养老服务从政府提供的公共服务逐渐向市场化的运营方向发展，把养老服务事业转化为养老服务产业。充分运用市场机制来确定服务资源的合理配置，从而有效地发挥市场优势，提高资源配置效率。第三，要从多方面、多层次、多渠道的角度，使资金的供应更加多样化。积极调动社会力量，积极引入私人资金，鼓励独资、合资企业和委托机构；通过各种方式，如股份有限公司，为他们的发展创造一个平等公平的市场环境。既要拓宽养老服务业的投资主体，又要促进社会各方面的力量都参与进来，还要对老年人的内在特征和需求进行有效的评价，并针对不同的消费群体，实现投资主体的多层次。以养老院为例，可按其收入水平将其内部划分为"高、中、低"三个层次。在提供服务方面，以公立养老院为主，以照顾中低收入者为主。为中等收入和较高收入的人提供这些服务的市场是存在的。要充分发挥社会公益组织特有的功能，积极引导其为养老服务业的发展贡献力量，全方位、深层次地支持养老服务产业的发展。从养老服务业的特征来看，它是一种利润微薄的产业，其服务对象以老年人群为主体，具有一定的生理功能；由于投资回报周期较长，公司没有足够的内部激励。此时，就需要政府起到引导的作用，通过公建民营、民办公助、政府购买等方式，为社会力量提供资金支持。即便面对供应不足，也不能把标准放得太低，要加大政府机构的监督力度，保证养老行业的规范发展；保证为老年人提供高质量的服务。第四，要充分发挥政府的主导作用，加快我国养老服务业的产业化发展。养老服务业是一个比较特殊的行业，它的发展与国家的资金和政策的支持是密不可分的，而政府既是决策的制定者，又是执行者，必须在这一过程中起到引导的作用。在"政府主导，社会支持，企业参与"的基础上，强化政府在老年产业发展中的领导作用；"市场驱动"老年产业的发展路径。要实现这一目标，首先要在全国范围内建立一个统一的、协调的老年产业发展机制。日本厚生省于1986年建立"银工业重振办公室"，专责为"老工业计划"，其次，荷兰、芬兰及韩国亦纷纷建立相似的银工业单位。同时，国家还应成立统一的老年产业领导机构，对老年产业进行整体规划，并制定相应的政策，对老年产业的发展进行协调与推动；

卫生和工商等有关部门应加强分工，共同推进老龄化产业的协调发展。再次，建立与老龄化有关的法律和制度。在此基础上，进一步完善老年服务业的行业标准与服务规范。政府要加强对老年服务业的监督，健全老年服务业的行业标准，提高老年服务业的服务水平；为老龄事业打下坚实的基础。在养老设施的居住标准、居住环境、管理体系等方面，应由政府来制定；服务内容等方面，要有一个统一的、明确的标准，以确保老人能够在标准化的养老服务设施中，过上舒适、安心的生活。政府也应该尽快地建立起老年人产业的从业企业评价标准，让老年人产业的扶持政策能够有针对性地落实下去，与此同时，还应该对老年人的从业企业进行定期的检查，并对其经营资质展开动态的监测和评估。在此基础上，要根据国家的经济和社会发展的现实情况，充分尊重并利用市场机制，遵循老龄化产业的发展规律，从而制定出适合我国国情的老龄化产业政策；要统筹考虑、分门别类、因人而异；增强针对性，增强实际可操作性。

6.2　制定差别化的产业细分政策

养老服务业是一个综合性的行业，又是一个新兴的行业，需要有相应的政策指导与扶持。政府应营造一个有利于老年人健康成长的政策与环境。养老行业所涵盖的行业范围广、行业种类繁多、行业间的差异性较大，所以需要政府的扶持；在产业结构调整中，要针对产业结构调整中的子产业特征和产业属性，采用差异化的扶持方式和力度。在此基础上，本书提出了一种适合我国国情的养老服务产业发展模式。以此为依据，可以将支持性政策的构建路径与之相对应，分为三种类型：市场化产业、政府扶持产业和公共支出产业，在分类指导的基础上，采取差异化的扶持措施。

6.3　完善老龄产业金融支持政策

6.3.1　加快金融产品和服务方式创新

鼓励和支持企业、社会团体和个人开办和经营养老院和托儿所；老年人文体活动场所及其他经营项目。有关部门要制订切实可行的、行之有效的投资和融资支持政策，并将其落实到实际工作中去。要加大对老年人的诚信力度，加大对老年人的投资力度，加大对老年人的投资力度。在此基础上，我们将进一步加大对中国老年产业发展的保障力度，研究制定老年商品、服务的进口限制措施与政策，并对中国老年产业的国际资本进行规制，以保障中国老年产业的市场安全。在发展老年产业的过程中，应逐渐调整政府与私人资本的支持方式，使私人资本享有与国家资本相同的支持方式，从而达到公平竞争的目的。

6.3.2　着力推进现代保险服务业与养老服务有效衔接

《关于加快发展现代保险服务业的若干意见》在 2014 年 8 月发布，明确提出了"现代保险业""服务性"等特征。在此基础上，本书还提出了要把商业保险作为我国社会保障制度中的一项重要支柱，以充分发挥其对医疗保险、基本养老等方面的补充功能。在中国国情下，对现代保险服务业进行再定位，需要我们做两方面的工作：一是积极进行变革，扩大商业服务范围，更好地提供个人服务，并进行多元化发展。二是要重视和参与公共服务领域，如社会福利事业，涉及国家的民生事业，如养老事业等。现代保险服务产业的发展，不仅要注重经济利益，同时也要兼顾社会利益。

（1）加快养老服务机构与保险公司之间有效衔接

从世界上看，人口老龄化是一种普遍的现象，而在西方国家，更早进入了老龄化阶段，个人养老保险对其养老保险的重要性日益凸显。同时，在提倡"个人责任"的前提下，以"公共-私人"为基础的合作模式，构成了我国应对老龄化问题的基本框架。公共部门与私人部门之间的合作是应对老龄问题的基本框架。以国家发展经验为依据，充分发展的养老服务机构和逐渐成熟的养老服务市场是养老服务机构和保险业务开展合作的重要基础。目前，我国养老服务市场化发展还处在初期，也就是目前的养老服务市场还不能有效满足保险公司保险产品得以创新的需求。从目前的发展状况来看，在养老产业链条中，保险公司仅仅是其中的一个融资环节。虽然在最近几年里，相继推出了私人计划养老保险、长期护理保险等为老年人提供服务的险种，但是，它们的功能仍然是以"保险金的货币支付"为最终目的，来转移老年人的风险。也就是说，保险行业还处于养老产业链之外，属于相对封闭的保险体系，与养老产业的联系还不够紧密。所以，如何突破目前相对封闭的保险业体系的限制，主动参与到养老产业链当中，对于推动家庭养老行业的发展有着重要的现实意义。保险业要实现现代化，要充分利用个人养老保险、长期护理保险的功能，积极参与公共服务的提供、社会风险的管理，并积极投身于医疗、养老等惠民事业；同时，也可以推动商业保险参与社会管理，从而推动家庭养老行业的发展。

（2）支持有条件企业建立商业养老健康保障计划

到 2022 年年底，我国只有很少的几个单位建立了企业补充养老保险制度，全国总共有 1 366 万个企业单位，但是在同期，只有 5.47 万户企业建立了企业补充养老保障计划，这也就意味着，企业补充养老保险制度在我国养老保障体系中所产生的影响和发挥的作用十分有限。在我国目前财政压力日益加大的情况下，鼓励和指导更多的企业设立商业养老保障制度是提高我国企业补充养老保险制度地位的必然要求。目前，我国的经济发展已经进入了转型阶段，经济发展已经进入了一个缓慢增长的新阶段，所以，未来的财政收入要继续提高，将会面临很大的压力。不能因为经济压力太大，而过度缩减，这就需要资金的来源，要多渠道，多元化。对于国家而言，促进和扶持商业保险业的发展，可以为国家提供更多的资金来源，从而减少国家的财政负担；这样，既有利于推动公共服务的创新，又有利于促进养老事业的发展；从而降低了政府的行政负担，提高了行政效率。这就给我国商业保险的发展提出了新的更高的要求。但是，无论是从社会经济环境还是从养老保障制度本身来看，都存在着制约企业补充养老保险发展的诸多因素。一是社保缴费比例偏高，没有强制企业参加的外部硬性规定，多数企业没有能力也没有意愿为其职工缴纳补充养老保险。二是由于商业保险业本身的自主经营性质，加之企业员工对企业年金的认识程度较低，是制约其发展的主要原因；"新国十条"是一种鼓励企业设立商业年金的新政策，也是一种对企业年金发展环境的优化的重大探索，目前，社会各界都在期待着更多的税收优惠。

第七章

家庭养老服务中财税支持性
政策的完善

在以上几章的基础上，本书着重对我国城镇养老服务的金融支持进行了研究，并提出了相应的对策和建议。首先，通过对国家公共服务体系和财政税收体系等重大改革方向和趋势的分析和分析，为制定城市养老服务的财政支持政策提供理论和实践基础。其次，从基本原则、政策框架和政策建议三个层面，对我国城镇居家与社区养老服务的有效供给以及城镇机构养老服务的有效供给进行了政策设计。

7.1　财税政策支持家庭养老服务的作用方式

7.1.1　财政直接投资

财政直接投资是指运用财政资金直接进行养老服务机构设施建设、运营的方式，曾是在我国广泛使用的一种养老服务体系建设方式。这是一种财政大包大揽的建设形式，城乡公立养老院是这种形式的典型代表。这种建设形式在我国计划经济时期市场经济初期，快速建立起养老服务体系发挥了巨大作用。在目前市场经济时期，财政直接投资将产生乘数效应和挤出效应两种影响。首先是乘数效应，财政投入的增加扩大了相关服务业的发展，促进其他投资的加入。其次是挤出效应，是指在政府投资受到预算约束的情况下，没有充分的投入，也无法满足社会需求，而对民间资本产生的挤出。乘数效应和挤出效应如图 7-1 中所显示，$E(P_0, Q_0)$ 点是社会供给均衡点，在这个点上表示在没有政府介入的前提下，完全由个人或者家庭来提供养老服务，由于养老服务产业具有外部性，因此社会需求曲线为 D，总供求没有达到均衡。在政府介入提供服务或者增加投资滞后，供给曲线向右移动，社会服务的价格降低，到 $E_1(P, Q_1)$ 点出现均衡。当然，这是在假设政府可以无限投资的前提下，需要注意的是，现实情况中政府的投资是收到财政实力和预算限制的，并不是都能达到理想需求水平 Q_1

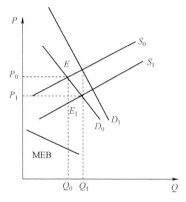

图 7-1　政府直接投资后社会供求曲线

点。实际市场中往往出现的是，政府预算投资所提供的养老服务价格通常会低于由市场资本提供的养老服务价格，由于两种价格不同对供需两方会产生不同的作用。供给方由于在中低市场难以经营并没有利润空间，更加看中高端市场，且与政府的投资错位经营。需求方则不是完全都会选择政府普惠性的价格低廉，服务普通的服务，有部分必然更愿意追求高端品质服务，因而自愿放弃政府投资部分。从这个差异化竞争环境可以看出，政府直接投资部分对民间资本的进入产生了挤出效应，也增加了市场的不公平及不平衡现象。

7.1.2　财政补贴

中国财政政策对养老服务的补贴主要分为对老年人个体的现金补贴和对老年养护院、休养院、符合要求的医养结合养老设施等养老机构的补助奖励支持。如图 7-2 所示，财政补贴同样对个人和机构产生不同的作用。一是财政对个人补贴产生的效应。在财政补贴的短期内，供需均衡在总体上会发生如图 7-2 的变化，即是需求曲线由于补贴而增加向右平移，D 曲线移动到 D_1 曲线，需求增加，供给却难以在短期内作出相应的增加调整，所以均衡点位置由 E_0 移动到 E。从图显示出，养老服务在财政补贴后，老年收入增加，养老服务需求和价格随之上涨，在一定时期内，由于受到需求增加的刺激，市场也会出现积极反应，市场的服务水平和价格提升，更多市场主体投入到养老服务中来，养老服务的总量上升，价格趋于下降，服务供给曲线出现一段时间的平坦。因此，在不考虑政府投资规模的条件下，只增加政府对个人的补贴，对社会资本投资，家庭养老服务才会产生挤入效应。二是财政对养老机构补贴产生的效应。我国通常根据一定的标准对市场化运作的公立机构或者民办非营利养老机构或者提供的非营利养老服务进行补贴，针对按照标准建设和按照规定运营的养老机构发放补贴资金。财政对机构补贴产生的效应与财政直接投资所产生的效应相似，在补贴能够满足市场需求的情况下，均衡点可以从 E 移到 $E_1(P, Q_1)$ 位置（图 7-3），从而减少市场对民营机构的挤出效应。

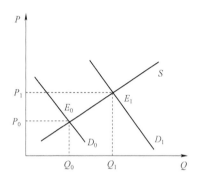

图 7-2　财政补贴后短期内供求曲线

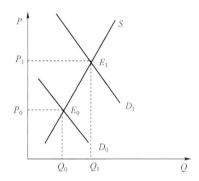

图 7-3　财政补贴后长期内供求曲线

7.1.3　专项转移支付资金

专项转移支付是指上、下级财政为特定目的而实施的一种转移支付。在此基础上，本书提出了一种新的研究思路，即从政府间转移支付的角度，研究了政府间转移支付对政府间支出结构的影响。它对我国养老制度的发展所产生的作用，仍以"机构养老""家庭养老""社区养老"等三种形式体现出来。专项转移支付将对社会保障基金投入到社会保障基金中的数量与结构产生两种影响：一是国家在总体上设定了与社会保障基金相适应的比例，这将产生"粘蝇纸"效应，使社会保障基金向社会保障基金中的投入增加。此外，对于来自中央政府的专项转移支付，特别是对其用途的界定，也将对地方政府的支出起到引导作用。目前，在我们国家，无论是机构养老，还是家庭养老，还是社区养老，都离不开经费的支撑，这就要求国家从顶层设计的角度来决定到底要重点发展的内容。因此，专项转移支付对于促进我国养老服务制度健康发展具有重要的现实意义。二是需要专项转移支付的支持，使一些地方财政承受了很大的压力，因此，在养老服务方面，地方政府的自主支出将会有所下降。另外，当前我国的专项转移支付还存在着部门间的利益冲突，导致了财政资金的分散性，从而影响了财政资金的使用。

7.1.4　税收优惠政策

税收优惠是指政府利用税收手段，调整纳税人缴纳的税款，从而对其实际收入产生影响，从而对其行为选择产生影响，并对资源配置起到调节作用。我国运用税务手段来支持养老服务，具体体现在：对养老服务机构和老年人实行所得税优惠，对其自用房产、土地、车船征收房产税；对城镇土地使用税和车辆使用税实行优惠政策。从整体而言，税收优惠能够直接提高供给方或需求方的收入，激励生产、刺激需求，从而实现社会供需的均衡点，这与财政对供需双方的补贴政策有着异曲同工之妙。"税式支出"这一概念的提出，让关于税收优惠政策作用的研究变得更为完善，也让我们意识到，税收优惠政策的科学性、完整性和规范性是影响税收优惠政策效果的关键因素。自从哈佛大学的斯坦利·萨里（Stanley Sary）教授（美国财政部长助理）于 1967 年第一次提出"税式支出"这个概念以来，人们普遍认为"税式支出"是对税收收入进行"减损"，是一种与现行税制背道而驰，以直接支出代替直接支出，并受到更小的限制和监管，以达到一定的经济和社会目标。从广义上讲，通常可以用来替代直接支出，以实现经济和社会发展特定目标的税收优惠，都可以被视为税收支出，其形式主要有税收减免、税收抵扣、免责等。缓缴税款、享受税收优惠等等。税收优惠不仅会对资本流动和个人决策起到激励和引导作用，而且还会带来一系列的负面影响，比如：增加了税收政策的复杂性，产生了寻租空间；对纳税人权利和义务的认识不清等问题。因此，科学、完备、规范的税收优惠政策，对最大限度地发挥税收优惠政策的积极效果，降低其消极影响，起着十分重要的作用。

7.1.5　政府购买服务

政府购买服务，主要指的是政府将一部分的资源承包给社会，利用社会的力量来生产出公共服务，之后，政府公共部门用资金购买的方式，将生产出的公共服务进行公益化。所以，这种方法的实质，就是政府重视市场机制的功能，按照特定的生产对象支付相应的费用。通过前面的论述，我们可以从社会福利多元主义，新公共行政学等相关的理论背景中，找到对政府行政干预的合理性与正当性。这样，这个通道就可以使整个社会的福利水平得到显著的改善。其中，政府采购对家庭养老服务的提高效率、提供内容与方式、需要的数量与内容有较大的影响。第一，家庭养老服务的需求受到了政府采购的深刻影响。E^*（Q^*、P^*）点表示的是完全由政府支付的养老保险金，D_1 表示的是一条较高的需要曲线，D_0 表示的是较低的需要，两者之间有一个差异；这就意味着，对老年人有强烈的养老需求，而政府能为其提供的服务却远远不能满足。而对老年人而言，老年人的养老需求并不强烈，但政府为老年人提供的养老服务比他们期望的要多得多。然而，因为政府这样提供的公共服务是对各阶层免费的，因此，无论高低收入的人，都能获得政府所提供的服务，而且没有任何费用；从某种意义上说，这对整个社会的总体福利起到了促进作用。第二，对个人的消费行为也有一定的影响。这是因为，一般情况下，对收入较低的老人而言，只要他们收到一笔钱或者一笔钱；这无疑会让他们自己的购买欲望变得更强。而政府所提供之照护服务，则会对居民对各种消费产品之选择产生影响。但若将重点放在特定的一项服务上，则对真实的工程进行补助的效果要比对现金补助的效果好得多。如图 7-5 所示，BB_1 为老年人未接受实物补贴前的预算约束线，$B^*B^*_1$ 为老年人接受现金补贴后的预算约束线，BKB^*_1 为老年人接受实物补贴后的预算约束线，此处政府提供的服务为免费的，需要指出的是，$B^*B^*_1$ 和 BKB^*_1 为政府支出数量相同。当政府向居民提供某种类型的养老服务时，将会给居民带来收入和替代效应。在所得效果上，若提供"免付费"之服务，则可令使用者在不改变其个人喜好的情况下，获得较多的照顾；图 7-4 就是这种情况。第三，从替代性的角度来看，若政府所提供的是一种免费的服务，则意味着相对于其他的服务而言，这种免费的服务有一种价格下跌的现象；这样的话，老人们就会选择这种方式。但退一步讲，如果政府不采用实物补贴，而采用货币补贴，那么就会造成如图 7-5 所示，在没有政府购买服务的前提下，老年人的预算约束线比个人预算线更高；个体对某一类服务的需求很少。第四，通过政府购买服务的方式，可以有效地改善老年人的生活质量。从政府失灵的角度来看，在公共服务供给方面，由于缺乏有效的市场竞争，缺乏内部的成本控制机制；由于交易费用过高，加之缺乏对交易的监管，导致了政府在公共服务中的失灵。因此，政府购买服务等于是将外在于政府的市场机制进入到公共服务领域，从而打破政府公共部门对公共服务供给的绝对垄断地位。但在此基础上，还需要对政府采购模式进行进一步的检验。与电力供应和市场供应相比，究竟有没有更高的效率。通过对图 7-4 和图 7-6 的综合比较可以看出，在引入了市场竞争机制之后，政府购买的效率是得到了提高。图 7-6 中 D_1 代表社会需求曲线，当政府完全购买服务时形成 E_1 均衡点，服务的价格是 0，个人需求也无限放大；D_1 代表社会需求曲线，完全由市场供给服务时的均衡点是 E_0，显而易见，完全市场化下的社会总效率 AE_0E_1 小于政府完全购买下的 E_1BC，也就是说，政府购买优化了资源配置，实现了帕累托最优，提高了人力、物力财力资源使用效率。

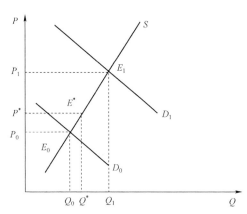

图 7-4　实物补贴产生数量变化

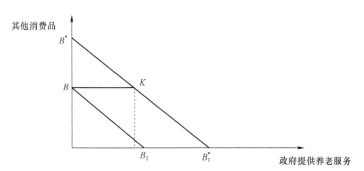

图 7-5　老年人预算约束线

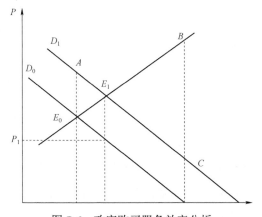

图 7-6　政府购买服务效率分析

7.2　城市养老服务财政支持政策设计的制度基础

党的二十大的召开，尤其是在《中共中央关于全面深化改革若干重大问题的决定》（以下简称《决定》）于 2013 年正式发布后，中国已经步入了全面深化改革的新阶段，在此背景下，中国经济社会发展面临着巨大挑战。这一改革的深化，将会对我们社会和经济各方面的发展轨道和道路，造成极大的冲击和影响。所以，本书所涉及到的财政支持城市养老服务有效供给的模式与政策研究，一定要以对我国公共服务体系、财政税收体制等有关重点领域改革方向与趋势的全面研判和准确把握为前提，才可以提出与我国养老服务供给侧结构性改革的现实情况相适应，同时还具有前瞻性和可操作性的政策建议。

7.2.1　我国公共服务体系改革的政策取向

（1）强调公共服务供给的主体多元化与供给方式多样化

2013 年的《决定》中明确指出，要以"平等权利、平等机会和平等规则"为基本原则，破除现行制度和制度框架中针对非公有经济的明示和暗示性的"门槛"　即"玻璃门""天花板""弹簧门"，扶持非公有经济发展。除了那些不适合由社会力量来承担的公共服务之外，其他的，不管是在基本公共服务还是在非基本公共服务领域，都可以对社会力量进行充分的开放，从而创造出一个公平竞争的市场环境。支持企业和社会团体等各类主体公平地参与和提供公共服务。杨宜勇与邢伟（2016）把公共服务划分为三种类型：保障性基本公共服务、发展性基本公共服务和非基本公共服务。在未来的发展过程中，保障性基础公共服务的提供将完全由政府和公共部门共同承担。在发展型基本公共服务中，政府将担负起主要的供给责任，在政府及公共部门的指导下，社会组织可以成为生产主体。在非基本公共服务中，以社会、市场为主导，政府仅起到提供的作用。在有关文件中，还强调要对公共服务的提供方式进行创新，要推动政府购买服务，推广政府采购、BOT（建设—运营—转让）、BBO（收购—建造—运营）、TOT（转让—运营—转让）、合同外包以及政府和社会资本合作（PPP）模式等。其中，一种新型的"公共-私人"合作伙伴（PPNP）270（PPNP）在公共服务提供领域也受到了越来越多的关注，并有望成为我国公共服务提供模式创新的新方向。

（2）强调基本公共服务供给的均等化、标准化和法治化

首先，目前我国的公共服务还存在着不平衡和不充分的问题。逐步消除公共服务提供的人群差异和城乡地区差异，是党的二十大以来我国公共服务体制改革的一个重要目标。因此，《"十三五"推进基本公共服务均等化规划》中明确指出，"以推动平等为核心，不是以平等为目的，而是以确保所有人都能享有基本公共服务的机会为中心"。其次，目前公共服务提供的质量、水平还不够高，与人们对美好生活的需求、提高人们获得感、幸福感、安全感等目标之间的矛盾很大。因此，在未来，在我国公共服务的供给过程中，迫切需要构建和完善基本公共服务标准体系，利用标准化手段，对公共服务流程进行规范，对社会资源进行优化配置，明确政、社的权责关系；创新公共方式，提高公共服务供给的质量和水平，推动基本公共服务供给的均等化、便捷化与普惠化，提高人民群众的幸福感、获得感和安全感。最后，因为在推进基本公共服务均等化和标准化的过程中，会牵涉政府各个层面的权责划分，以及社会供给主体的权益保障，所以，相关的法律法规需要被修改或者是进一步地完善，所以，一定要配合均等化和标准化的工作，来加速对现有的法律进行修改和完善，从而促进立法和提高立法的水平。

（3）强调社会保障的全国统筹与社会保险平台的全国统一

实际上，这是我们多年来一直在努力实现的，在不断地探索和实践中，也取得了一定的成果。2014年，按照十八届三中全会的部署，国务院发布《关于建立统一的城乡居民基本养老保险制度的意见》，将城市和农村两大养老保险进行整合，实现了全国范围内的统一。2014年，国务院在全国范围内发起了机关事业单位职工养老保险改革，参照企业职工养老保险筹资与管理模式，建立起了个人账户加社会统筹相结合的机关事业单位职工社会化养老保险制度；实现了企业退休人员和事业单位退休人员的退休金制度的统一。2018年，在新一轮的全国机构改革中，城市居民的基本医疗保险、城市职工的养老金，以及新的农村合作医疗，分别由原来的人社部门负责；将其统一并入新成立的国家医疗保障局，以这种机构改革、职能撤并的形式，实现了我国居民医疗保险的城乡统一。2019年8月，中央财经委员会第五次会议进一步提出，"要在省级统筹基础上加快养老保险全国统筹进程，在全国范围内实现制度统一和区域间互助

共济。"我国的社会保障和公共服务供给体系，正在由过去的城乡分割和区域差异显著，加快向资金筹措、使用的全国统筹以及服务平台全国统一的目标发展。

7.2.2 我国财政税收体制改革的政策取向

（1）合理划分中央与地方财政事权和支出责任

党的二十大报告指出，要建立完善的财政体制，必须建立健全财政体制，加强财政体制建设。《决定》在 2013 年又一次强调要"建立健全事权与支出责任协调机制"。2016 年 4 月，《全面推行营改增试点后调整中央与地方增值税收入划分过渡方案》发布，改变了"财力关系"，在此基础上，进一步完善了地方财政收支平衡，从某种程度上来说，这是一个更好的政策，同时也是一个更好的政策，可以更好地平衡两个部门的利益。《关于推进中央与地方财政事权和支出责任划分改革的指导意见》在 2016 年 8 月 25 日发布，明确提出到 2020 年"构建明确的分权体系"。在 2022 年，党的十九大报告中提出，要"构建权责清晰、财力协调、区域均衡的中央和地方财政关系"。贾康（2019）提出，未来国家与地方政府之间的事权划分，将按照四条基本原则进行：一是根据不同层次、不同利益群体的特点，按照不同利益群体的利益大小，进行事权与支出责任的划分。二是以公共服务或产品的供给效率为基础，对事权和支出责任进行了划分。三是以规模经济学为基础，对事权和支出的职责进行了划分。四是降低政府之间的事权分担比例。

（2）实施全面规范、公开透明的预算制度

2013 年《决定》提出了"实行全面、规范、公开、透明的预算体系"的新思路。《中华人民共和国预算法》于 2022 年 1 月正式生效。到目前为止，我国现代预算管理制度的有关理念已经形成，已经基本构建起了以四本预算为框架的全口径政府预算体系，并且在预决算管理的公开透明方面也取得了一定的进步。然而，在进行这一改革的过程中，却遇到了很多的困难和阻力，其中包括缺乏可操作的实施细则，以及很难将现代预算制度理念贯彻下去的问题。以此为依据，在 2022 年，党的十九大报告对预算制度改革的目标进行了更深入的阐述，并指出"建立全面规范透明、标准科学、约束有力的预算制度，全面实施绩效管理"。在此基础上，本书提出了一种新的政府采购公共服务项目的财政预算管理体系。特别是对政府采购服务项目，实行预决算单列。与此同时，要制定出一套与之相适应的绩效评价体系，对政府购买服务的质量和资金的使用效率进行综合评价，并将其作为下一年度财政预算编制和政府选择服务承担者的重要依据。

（3）形成有利于结构优化、社会公平的税收制度

间接税收入所占比例很高，企业税收收入所占比例也很高，这是推动我国税制改革的问题根源和逻辑起点。所以，《决定》将"逐步增加直接税比重"和"推动增值税"作为税制改革的两大重点。目前，我国正处于"营改增"的全面推进，资源税的改革稳步推进，消费税的征收范围不断扩大；税收征收和管理体制的变革开始。与养老服务供给有着密切联系的税收优惠政策问题，在今后的日子里，国家将会对其展开一次彻底的清理：与现行法律相抵触的，一定要予以禁止，有法理基础，并且有推广价值的，应该继续推广，并且还规定了明确的政策执行期限，应该在期限内结束。而且没有得到国务院的同意，他们也不能享受任何的税收优惠。针对某些特定行业与产业发展，未来将倾向于减少专项补贴的方式，更多会审慎、合理地采用税收优惠方式，并探索"以税式支出"的形式将减免税纳入预算管理。

7.3　财政支持城市养老服务有效供给的基本原则和政策框架

7.3.1　财政支持城市养老服务有效供给的基本原则

（1）财政支持居家和社区养老服务有效供给基本原则

在习近平新时代中国特色社会主义思想的指引下，从国家治理体系与能力现代化的总体要求出发，从我国城镇养老服务的供求特点出发，从城镇养老服务的实际需求出发，从城镇养老服务的实际需求出发，从城镇养老服务的实际需求出发；与新时代国家公共服务体系以及国家财税体制改革的政策导向相一致，坚持政府主导与社会参与相结合，坚持扩大总量与提高质量并进，坚持区域均等与地方特色兼顾。要坚持财政支持方式创新与财政支出绩效管理并重，充分发挥财政政策保基本、兜底线、促发展的作用，加速推动养老服务业的供给侧结构性改革，为我国的城市老年人提供更便捷、更具人文关怀、更高质量

的居家和社区养老服务。

① 坚持政府主导与社会参与结合

城市居家和社区养老服务供给是一项典型的民生工程，相对于机构养老服务而言，它更具公共产品、社会福利属性和社会公益性。按照国家与地方的财力分配原则，养老服务供给是国家与地方的共同财力。在养老服务供给中，中央财政事权主要表现在基本养老保险基金、基本医疗保险基金两个方面，由于中央财经委第五次会议中明确提出，养老保险基金在省级统筹的基础上，加快养老保险的全国统筹进程，在未来，全国养老保险基金的统筹事权将由中央承担主体与主导责任。中央与地方联合使用，对城镇居家与社区养老服务中的家庭设施进行适老化改造，对社区养老服务中心、社区养老服务中心的建设，对家庭养老服务的供给与需求提供资金的补助，都是由地方政府承担的。从事权类型上来看，在城市居家和社区养老服务供给中，存在着委托性事权，也就是由上级政府提供资金，下级政府负责推动并可操作实施的事权项目。还有引导性事权，也就是上级政府提供资金，鼓励下级政府承担一定的责任。因此，在我国城镇家庭、社区养老服务的供给中，政府应当起到引导和引导的作用。只有这样，才能保证居家与社区养老服务提供的社会福利与公益证，并对公共服务提供中常见的"志愿失灵"与"市场失灵"进行了宏观上的补偿与矫正。然而，在我国，以"政府主导"的方式来实现"居家与社区"的"社会责任"，却不等于"社会责任"。在理论上，政府、市场和社会组织在结构和功能上的互补性，决定了要解决单一供给模式所带来的困境，并最终达到最优分配的目的。"政府失灵""市场失灵""志愿失灵"三者之间相互叠加、相互影响的关系，也就意味着，"单一"的公共服务提供模式必将被"多主体协作"模式所替代。政府主导是指政府运用自身的"财权"，引导市场力量、社会组织等参与到家庭、社区养老服务的生产与供应中，使其履行自身的"事责"。而能否更好地引导经济增长，则取决于政府对其"财权"的科学运用。简单地说，就是要做好对城市居家、社区养老服务提供的金融支持的政策设计。为了实现这一目标，需要对我国城市居家和社区养老服务的名录清单进行制定，以此来明确哪些服务是必须由政府生产与提供的，哪些是由政府和社会共同生产提供的。在此基础上，通过制定相关的财政支持政策，对其进行分类指导，促进政府"财权"的运用和"事责"的履行，从而达到与其相适应和匹配的目的。

② 坚持扩大总量与提升质量并进

前文通过对我国城镇养老服务供给状况的分析，认为与城镇机构养老相比，城镇中的家庭与社区养老服务供给差距很大，其中包括结构上的不足；在服务提供的总量上，在服务的覆盖面上，也要增加服务的供给，居家和社区养老服务发展的不平衡、不充分的问题还比较突出。所以，在设计财政支持政策的时候，一定要将这一现实情况考虑进去，充分发挥财政支持在城市居家和社区养老服务供给中的保基本、兜底线的功能，根据城的市人口的分布，对社区养老服务中心、日间照料中心、老年活动中心进行科学规划和布局。建立社区卫生服务中心，增加居民在家里、社区的养老院的覆盖面。通过引入市场、社会组织等方式，促进居家、社区养老服务的生产、供应，使家庭养老服务对居家、社区养老服务的需求不断增加，使其供应规模不断扩大。在我国，随着经济和社会的发展，居民的收入水平也在不断地提高，中低收入人群的数量也在不断地增加。从"有没有"的问题，迅速转向了"好不好"的问题和"精不精"的问题。在城市中，居家与社区的养老服务也呈现出类似的发展趋势，比如目前家庭养老中的生活护理服务，已经不单单是由人来提供，更多的是要考虑到服务人员的态度、质量和专业水平。此外，对住宅设备进行适老化改造和更新，也有较大的市场需求。除了安全之外，还需要舒适，以及居民的综合素质等等。目前，我国城市居家和社区养老服务供给侧结构性改革的重点在于三个方面的突破：一是推动居家和社区养老生活照料服务质量与智慧化升级。二是要加快住房和社区的硬件设施建设和改造步伐。三是推动在家庭、社区中为老年人提供医疗保健服务的模式改革。所以，在设计财政支持城市居家和社区养老服务的有效供给的政策时，一定要以这种多层次、多样化、高质量的养老服务需求的特点和发展趋势为基础，用政策的导向和支持来加速形成与之匹配的供给结构，让城市居家和社区养老服务的供给结构能够更好地适应需求的改变，从而让城市养老服务从低层次的供需平衡到高层次的供需平衡。

③ 坚持适度普惠与突出重点兼顾

威伦斯基与勒博在 1958 年出版的《工业社会与社会福利》中首次对社会福利进行了分类，并将其分为"补缺型"和"制度型"两种。"补缺型"社会福利理论认为，社会福利服务的供给以家庭与市场为主，当市场与家庭不能满足需求时，国家与政府将选择对其进行替代。而"制度型"的社会福利则把政府看作是提供社会福利服务的首要机构，以全民为服务对象，因而被称作"普惠性"的社会福利。我国福利体系的发展，大体可分为创建、改革和重建三个时期，截至 2007 年，民政部第一次在全国范围内提出推进"补缺型"福利体系向"适当普惠型"转型，"社会福利体系由基本和有限的福利体系向适当的普惠型转型"。"适度普惠"在城市居家与社区养老服务中，有两个含义：一是普惠是指覆盖面的普遍性，即作为一项社会基础公共服务，城市居家与社区养老服务的对象应当是那些选择居家与社区养老服务，并能为他们提供最基本的照料；中央相关文件所说的"保基本"即是指，在这一"底线"之上，对所有的国民都必须是一视同仁。二是"适度"的原则，从发展的角度来看，我们还处在社会主义的初级阶段，要从社会经济的可持续发展和社会经济的可持续发展两个方面来考虑，以免过早地发生"福利病"。在制定财政扶持政策的过程中，要考虑到贫困、残疾、高龄等特殊人群的需求；生活有困难的老人，如残疾老人，以及特殊的计划生育家庭，都要给予优先照顾，既要普惠，又要符合现行的服务标准与水准；随着经济社会发展，不断提高服务水平和质量，拓宽服务对象，使这一类特殊老年人也能享受到经济社会发展的成果。

④ 坚持方式创新与绩效管理并重

在养老服务领域中，也出现了大量的服务供给模式创新，比如之前提到的政府采购、BOT（Build-Operate-Transfer，建设—运营—转让）、BBO（Buy-Build-Operate，收购—建造—运营）、TOT（Transfer-Operate-Transfer，转让—运营—转让）、合同外包、PPP 模式（Public-Private Partnership，政府和社会资本合作），以及 PPNP 模式（Public，Privateand Non-profit Actors，新型的公私合作伙伴关系）。在运营机制方面，各地也涌现出了许多成功的案例，比如虚拟养老院、智慧养老管理平台等。养老服务模式与运作机制的创新，也对财政支持的方式提出了新的要求，所以，财政支持政策必须与新形势、新要求相适应，在进行政策设计时，必须将这些新模式、新机制的运作规律以及存在的不足之处考虑进去，因为财政政策支持的目的就是要为其可持续发展提供支撑，所以这些不足之处就是政策支持的重点。基于上述研究成果，本书将为养老服务的新模式和新机制提供理论依据和技术支持。在此背景下，随着国家财税制度的不断完善，财政支出绩效评估管理工作也将日趋规范化、规范化。通过对财政支出资金的跟踪问效管理，既能够强化财政支出的责任，提高财政资金的使用效率，也能够倒逼提升公共服务供给方的供给质量和效率。在设计财政支持政策的时候，一定要针对财政资金的支出，设计出与之相适应的绩效评价与管理制度，要积极地探索引入第三方评价机制，并强化对绩效评价结果的反馈和应用。要建立健全财政对养老服务提供的激励与约束机制。具体地说，财政支出绩效评估结果可作为下一年度财政扶持预算编制和政府服务采购对象选择的重要依据。在第二年度财政支出预算编制与政府采购兑现遴选、合同续签时，要将绩效评价等级好的财政支持项目与对象予以优先和重点考虑。若一年的业绩评估结果不理想，则可在下一年考虑扣除财政开支预算，并在下一年选择购买服务的目标。

（2）财政支持机构养老服务有效供给的基本原则

同时，在习近平新时代中国特色社会主义思想的指引下，从国家治理体系与治理能力的现代化角度出发，从我国城镇机构养老服务的供求特点出发，提出了对城镇机构养老服务进行有效供给的政策建议。与新时代国家公共服务体系和国家财税体制改革的政策取向相一致，坚持分类管理与差别化扶持，坚持政府引导与市场化运作，坚持保基本与满足多元需求。充分发挥财政政策保基本、兜底线、促发展的作用，加速推动养老服务业的供给侧结构性改革，以满足老年群体不断增长的多层次、多样化的养老服务需求。

① 坚持分类管理与差别化扶持

国内的养老院可按营利性质、创办主体等进行分类。根据盈利性的性质，可以将其分为两种类型，一种是公益性，另一种是非公益性。公益性养老服务机构主要针对特定老年人群体，为其提供基本养老服务，而非公益养老服务机构则是面向市场，向消费者提供各类养老服务。根据创办主体的不同，养老服务机构可分为：公办公营、公建私营、公办私营、民办公助、民办民营共有五种类型，公办公营养老机构属于民政体系，由政府部门对其进行直接的管理，其中包含了人员任免、设施建设等内容，机构发展所需要的各种资金都是由政府财政拨款提供的。公建民营指的是遵照办管分离的指导原则，由政府出资建设养老机构，由招标社会组织或服务团体对其进行运营管理，政府担负起了行政管理和监督的责任。所谓的公办私营，就是指公立的养老机构，实行所有权和经营权的分离，通过委托、租赁等方式，将经营权转让给企业或社会组织。民资养老机构是指在民政部门登记、由社会团体出资、管理的、具有一定规模、具有一定规模、具有一定规模的社会公益事业单位。而民营养老机构是以营利为目的的，在工商部门以"非营利组织"的身份进行登记。不同的养老服务机构有着不同的服务对象和收费机制，因此，政府应该对其实行分类管理和差异化支持。普通（公营和公营）养老院是为贫困、残疾、"五保""三无"、孤寡老人、孤儿老人等弱势老年人提供的，采用"费用收费"方式。由于这类机构所服务的对象人群，一般都具有身体失能、失智等身体残疾，他们的经济状况通常都比较差，消费能力也比较低。因此，如果用市场化的方式来获得养老服务，必然会出现市场失灵的现象。在此背景下，由政府牵头成立的社会福利机构应发挥其"兜底性"功能。与此相对应，国家财政也要为这些机构的建设和运作提供必要的资金。由于民办公助型养老机构要帮助政府为部分特定老年群体提供养老服务，所以可以对政府力量提供基本养老公共服务的情况进行必要的补充。一方面，国家为这种类型的养老院提供了必要的资金保障，以保证其正常运行；另一方面，要加强对社区卫生服务的监管和评价，为社区卫生服务的资金投入提供依据。民营型养老机构是一种营利性的企业单位，因此，政府主要是采取相关的政策来引导和鼓励它们，将更多的社会资本引入到机构养老服务中来。

② 坚持政府引导与市场化运作

在今后的发展过程中，除了公办公营和公办民营类机构要担负起兜底的作用之外，其他的部分都倾向于在政府的指导下，进行市场化运作。政府"引导"的方式有两种：一种是通过税收和其他方式，鼓励和引导社会资金投入到社区养老服务中；另一种是加强对养老院的一体化管理。国务院的意见指出，要"坚持最严的标准""最严的监管""最重的处罚""最严厉的问责"，加强对养老服务事中事后的监管，为养老服务机构提供一个公平、公正的发展环境。"市场运营"指的是两种方式，一是对公立养老机构进行转型，一方面，通过对其进行市场运营，使其承担起为社会提供基本保障的责任，另一方面，通过引进社会资本，使其从"公办公营"到"公建民营"，再到"公办民营"。二是民办公助型的养老机构，因为它们是在民政部门登记的"民办非企业单位"，所以不是以盈利为目的的，所以可以鼓励它们向私营和私营的方向发展；二变更登记为"私人公司"。

③ 坚持保基本与满足多元需求

从财政支持城市机构养老服务有效供给的目标导向来看，它的主要内容有两个方面：首先是保基本，也就是对于经济困难的失能失智老年人和计划生育特殊家庭老年人来说，政府开办的养老机构一定要发挥其社会兜底的作用，为这些特殊困难的老人群体提供免费或低收费的托养服务。目前，满足进入公立养老机构养老需求的老人群体数量庞大，而且还在迅速增长，公立养老院因其良好的环境、优质的服务和相对低廉的收费等特点，导致了其床位的短缺。在一些城市，老人们为了进入养老院，一等就是十几年。因此，在保障基本生活的同时，财政对养老机构的支持也是非常重要的。同时，也可以采取财政补贴和政府购买等方式，让民营养老机构在社会福利和社会福利等方面承担一部分社会福利的保障责任。其次是为老年人提供多样化的养老院服务。在本书的第二章中，笔者从老人对养老服务的需求特点来看，老人对养老服务的需求已经从单纯的生活照顾逐渐向多层次、多样化和个性化发展。收入中等的老年人更愿意选择方便、优质的服务和合理的价格。而对于那些有较高经济水平的老人来说，他们更多的是去高档次、高收费的高级养老院。为此，金融支持要针对农村居民的多元化和多层次的特点，选择适当的方法，对其进行科学的引导。

7.3.2　财政支持城市养老服务有效供给的政策框架

在财政支持居家和社区养老服务、机构养老服务有效供给的基础上，这一部分将重点放在建立一个比较系统完整、具有前瞻性和可操作性的政策体系框架上。

（1）财政支持居家和社区养老服务有效供给的政策框架

① 厘清居家和社区养老服务"需求侧→供给侧←支持政策"的框架逻辑

供求是市场经济发展过程中最重要的两个方面。目前，"总需求极大"和"结构性供给短缺"是我国经济和社会各个领域发展中存在的突出问题，也是"供需错配"问题的突出表现。与此类似，在城市居家和社区养老服务领域中，也存在着相同的问题：一方面，养老服务的数量供给总量的规模和增长速度，与不断增长的巨大真实需求之间有着很大的差距，相应的服务质量也与城市老人的需求预期有很大的差距，也就是说，目前城市居家和社区养老服务既存在着总量的供给不足。结构性的供应短缺也是一个问题。另一方面，在供给侧也存在着一定程度的无序性和盲目性，在一些领域中，服务的生产和供给已经超过了社会服务总需求，或者因为理念过于超前，配套没跟上等原因，导致需求侧不能接受和理解，最后造成了公共资源的大量浪费。目前，国家在各个方面都在推进供给侧结构性改革，这并不意味着要完全放弃"需求管理"，而要从更深层次地对需求进行分析和研究，寻找供需关系的结合点，进而从供给方面入手；要把优化供应结构作为首要任务，使供应平衡从一个较低的层次向一个较高的层次发展。按照上述的逻辑思路，要想在我国城市中达到更高层次的供需平衡，首先要对需求侧进行更深入的研究。通过对第二章的分析，我们发现，在城市中，居家与社区养老服务的需要可以被归纳为三个方面：一是生活护理服务，它的特点是服务内容有很大的差异性，老年人对服务消费的支付比较保守，对家人的照顾服务的依赖程度很高。二是对养老空间的需要，在此，养老空间可以被划分为私人空间（也就是自己的住所空间）和公共空间，它们的特点是关注房屋的所有权私有性，关注私人空间和公共空间的安全。舒适，方便，对社区的需求；对社区公共空间的可及性和对各类设施的可更新改造的可持续性的需求等。三是对医疗保健和精神慰藉服务的需要，其特点是对基础医疗保健服务的需要和强烈的"关系型"的需要。第二个阶段，研究确定了促进家庭与社区养老服务供给侧结构性调整的关键点。通过分析，本书认为，目前我国城镇居家与社区养老服务供给的特点与问题主要表现为：一是城镇居家与社区养老服务作为一种"准公共物品"，极易出现市场供给失灵；二是由于企业的劳动强度大，企业极易发生"成本病"；三是由于供应管理上的"分割性"，造成了服务"碎片化"现象的发生。四是供给主体职能的矛盾，以及对社会与市场的压制；在对其需求特征、供给侧的现状特征和存在的主要问题进行分析的基础上，基本上找出了供给与需求的契合点，进而对城市居家和社区养老服务供给侧结构性改革的重点和方向进行了阐述：一是推动居家和社区养老生活照料服务的质量提高与智慧化升级，具体内容包括：推动居家和社区养老服务设施网点的建设和完善，推动服务供给模式与运行机制的创新，加强生活照料服务从业人员队伍的建设，为子女照料服务提供条件支持等。二是加速适合老龄人口的住房和社区的硬件设施的建设和改造，主要是推进对新住房进行科学的规划和施工设计，加强对居民区的老龄人口的服务，并加速住房的适老性改造。三是推进家庭与社区养老保健服务提供模式的创新，推进养老保健向社区延伸，促进养老机构与医院的结合，强化护工队伍建设。四是，结合我国城镇居家与社区养老服务供给侧结构性改革的着力点与方向，对我国现行财政扶持政策进行深入剖析，为后续政策设计提供逻辑起点。从第三章的研究中可以看出，一是目前财政支持生活照料服务供给的政策，具体包括了三个方面，分别是：面向老人、面向养老组织或机构和面向养老服务人员。其中，面向老人的财政补贴政策还需要进一步完善，对居家和社区养老服务机构的支持力度不够，政府购买居家和社区养老服务的市场竞争力不强。二是我国养老服务体系中，政府对养老服务体系的支持不足，主要表现为经费不足。三是目前，我国家庭、社区养老服务的财政支持还不够充分，缺乏一个稳定的资金投入机制。然后，根据目前国家公共服务体系的发展趋势，以及财政政策的改革方向，建立有针对性的金融支持政策体系。至此，基本厘清了"需求侧→供给侧←支持政策"的框架逻辑。

②　整合"财政、税收、民政、社保"四大部门政策

目前，我国城镇居家与社区养老院的财政经费主要来自于财政、税务、民政、社会保障等四个主要部门。其中，财政对养老服务供给的补助、对养老设施的投资补助、对养老服务人员的雇佣补助；对老年人的福利等进行了投资。在税务方面，对老年人提供的扶持主要包括对老年人提供的减税政策以及对老年人提供的福利政策。民政部门的 284 项资金主要是通过社会福利彩票对有关的老龄问题进行专项扶持。社保部门主要是指城乡居民基本养老保险基金和基本医疗基金，为特定老人群体的生活照料服务、精神慰藉服务、康复护理以及全体老人的医疗服务提供支持。城镇家庭与社区养老服务"财税民政"；将"社会保障"四个领域的政策进行整合，旨在避免出现政出多门，九龙治水的情况，并对政策进行梳理，明确职责，实现对社会公共资源的有效配置，使财政扶持政策的效果最大化。在对城镇居家和社区养老服务进行四个部门的政策整合时，要着重做好两个方面的工作：第一，利用财政预算管理体制改革的机会，推进对养老服务政策性资金的整体整合。目前，我国财政预算制度的改革主要集中在实行"全口径"预算制度，以及实行"跨年"预算平衡制度。其中，全口径预算管理改革的终极目标是构建一个以公共财政预算为基础，政府性基金预算、国有资本经营预算与社会保险基金预算等为辅助的全口径政府预算体系。在我国，城市居家和社区养老服务的财政政策性资金有多种来源，包括了一般公共财政资金、政府性基金以及社会保险基金。一部分来自于中央，一部分来自于地方。应当说，财政预算管理体制的改革，为促进我国城镇居家和社区养老服

务财政政策性资金的全面整合,提供了绝佳的机会和平台。对此,李萌(2015)建议:"财政部门应突破其内部各业务部门界限,将主要的养老服务项目作为一个项目单元,对资金的运用,尤其是对专项转移支付项目的选择进行综合考量,如有需要,可在政府收支功能账户中增设一项,以便更好地体现出养老服务的真实情况。"财政负责统筹安排,科学编制社会养老服务经费。第二,在推进政策理顺的同时,要做好新旧政策之间的衔接。从政策网络理论的视角来看,"清除"和"整合"具有密切的关系。近几年来,中央各部委和地方各级政府都以促进养老服务业的发展为核心,制定了大量的政策文件。同时,国家的基本政治经济制度相关领域的改革也在持续深化。然而,很多扶持养老服务业发展的政策都是在这些改革开始前就已经下发,这就造成了目前很多养老政策文件与目前的公共服务体系建设理念、思路和财政税收体制改革的方向和原则出现了矛盾,甚至是冲突,这就必然需要对这些政策进行及时的整理和调整。另外,从时间和空间上来看,养老保险制度的融合也存在着新老制度的衔接问题。从维持社会稳定与和谐的观点来看,新政策的实施不应该使已有政策扶持对象的养老待遇有所降低,也不应该使政策优惠力度有所降低。

③ 建立居家和社区养老服务多维度的财税支持路径

以"需求侧→供给侧←扶持政策"为基本思路,围绕我国城镇居家与社区养老服务供给侧结构性改革的重点与方向,整合"财政、税收、民政";"社会保障"四大部门的政策,构建了居家和社区养老服务的多维财税支持途径。第一,在财政上,不断提高对养老服务的供给补贴,对养老设施建设的投资补贴,对养老服务的雇佣补贴;对养老服务业从业人员进行投资等分类扶持。其中,对养老服务的供给补贴,主要是对服务机构的运营与模式创新进行支持。一方面,可以支持居家和社区养老服务机构的可持续经营,另一方面,可以鼓励服务机构为居家的老人提供更高质量、更方便的服务。财政对养老设施建设的投资与补贴,重点是对居家和社区养老服务设施网点建设、小区设施适老化改造,以及支持医疗资源向社区延伸的建设投资等。政府对养老服务人员的补贴,主要是为了解决因劳动力成本过高而造成的"成本病",以降低劳动力成本为基础,向养老服务机构发放劳动力补贴,同时也是为了减少企业成本而采取的一项行政费用减免措施。财政对居家和社区养老服务人才队伍建设的补贴,主要目的在于解决目前城市居家和社区养老服务中劳动力供给的结构性不足,缺乏有经验、专业的服务从业人员和专业的护理人员。第二，税务上，主要是对城市中的家庭及社区中的养老院及个人给予税务减免或税务优惠。对为老年人提供托儿所、康复护理、食宿、出行等公共服务的机构，实行税收优惠政策。对从事为家庭、社区提供养老服务的机构、建造适老型居住区的房地产企业，给予公司税收优惠。对照顾老年人的子女和亲戚，给予税收优惠。第三，由民政部门提供的社会资金，主要用于老年人居住环境的改善和改造。第四，社会保障部门的养老保险基金与医疗保险基金，通过相互联系与转化，对家庭养老、社区养老等领域的养老保险基金进行扶持，促进"医养结合"的实现。

（2）财政支持机构养老服务有效供给的政策框架

在我国，机构养老的供给主体较为单一的情况下，政策扶持的途径较为明确。与之相比，本书的研究目标与任务在于：① 构建适合我国国情的居家与社区养老服务体系；② 构建适合我国国情的居家与社区养老服务体系。

① 厘清机构养老服务"需求侧→供给侧←支持政策"的框架逻辑

就像在城市中的家庭、社区照护服务，在供给和需求上都出现了许多"供需错配"的问题。要达到较高层次上的供给与需求平衡，首先，还需对需求方进行更深层次的研究与分析。从第二章中可以看出，城市机构养老服务的需求侧主要可以归纳为三个方面：一是对生活照料服务的需求，对饮食和起居有较高和差异化的要求。二是对于老人的空间要求，即对于老人所处的位置，环境，以及老人所处的生活环境。三是医护人员对心理安慰籍的需要，尤其是对医养结合、至亲陪伴、探访等方面的感情需要，将会更强。然而，与城市中不同的服务内容，对应的是不同的供给主体，而城市中的养老服务则是通过养老服务机构来提供的，不管是对养老服务的需求，还是对养老服务空间的需求，抑或是对医疗护理的精神慰藉的需求，都是通过养老服务机构来提供的，而且，不同的养老机构所服务的目标人群也是不相同的。所以，在理顺逻辑时，我们可以逆向操作，将需要的内容再一次归纳出来；主要分为两种，一种是弱势老人，另一种是一般老人。在这些需求中，老人弱势群体的需求被划分为轻微和中度两个类别。而一般的老年人，也需要更多的个性化和高品质的养老服务。第二阶段，确定了促进我国养老机构发展的关键点，为我国养老机构的发展提供了新的思路和方法。通过对第二章的分析，发现目前我国城镇社区机构养老服务的现状及特点，主要表现为：一是"床位空置"和"一床难求"并存；二是施工管理中"重硬件轻软件"的问题；三是现有的养老服务机构在服务质量上有"偏离目标，超标准"的趋势。对需求特征、供给现状以及存在的主要问题进行了分析，基本找出了供给与需求之间的契合点，进而对城市机构养老服务供给侧结构性改革的重点和方向进行了阐述：一是要积极推动公办养老机构的转制改革，整体上要坚持分类改革、分步实施的原则，并以公办养老机构的现有基础和条件为依据，对其进行全面评价，确定各个公办养老机构的转制的方向和类型。在具体方式上，可以对具备条件的公办养老机构改制为国有养老服务企业进行探索，也可以实行公办（建）民营模式，还可以采用 PPP 模式，积极发展民间资本参股或者控股的混合所有制养老机构。二是推进"机构养老"和"社区养老"和"家庭养老"的结合，在服务内容和目标上，大力支持各种类型的养老机构为居家和社区中的老人提供养老服务，并积极探索"物业服务＋养老"的新模式，鼓励物业公司利用社区养老服务，为社区中的老人提供"送餐、打扫和定期上门"的养老服务。从业态上看，要积极扶持养老机构向小型化、专业化和社区方向发展，以适应"就地养老"的实际需要；朝着连锁和品牌的方向发展。三是推进养老机构的"医养"融合，为其提供体制和政策保障，并加大对"医养"融合人才的培训力度。第三，结合我国城镇机构养老服务供给侧结构性改革的重点与方向，对目前我国城镇机构养老服务的财政扶持政策进行了深入的分析，并提出了相应的对策建议。通过对第三章的分析可知，目前在我国城镇机构养老方面的财政支持政策主要有：一是财政支持政策，具体包括了养老机构床位建设补贴、床位运营补贴（含特定老年人服务补贴）、养老机构引进专业护理人才奖励补贴和其他财政补贴（例如银行贷款贴息、床位综合责任险补贴、养老机构购买医疗设备补贴等）。二是税收扶持，主要包括营业税、收入税和土地使用税；对物业税和行政事业单位收费给予优惠。三是其他政策上的扶持，如福彩资金。目前，我国城镇养老机构的财政支持存在着两大问题：一是政府对其提供的补助难以实施，主要表现为补助条件苛刻，水电供应困难；天然气、通信等价格方面的优惠很难得到实施，银行贷款的优惠也很难得到实施。二是补助标准不够科学化；在此基础上，与目前我国公共服务体系建设和财政政策改革的政策取向相结合，建立有针对性的财政支持政策体系。至此，基本厘清了"需求侧→供给侧←支持政策"的框架逻辑。

② 整合"财政、税收、民政、社保"四大部门政策

在我国城镇养老机构中，财政经费的来源也主要是财政、税务、民政、社会保障等四个方面。其中，财政对养老机构的扶持，主要包括建设补贴、运营补贴、购买服务和贷款贴息等。税务部门对养老机构的扶持，主要包括：增值税，所得税，土地使用税；对物业税和行政机构收费给予优惠。民政部门的 287 项福利彩票资金主要用于养老机构的建设，运营方面的专项补助。社保部门主要是居民基本养老保险基金和基本医疗基金的政策，主要围绕着入住老年人的医疗保险基金结余部分，以及养老保险基金入市支持养老机构建设与发展方面展开。但是，当前，这些政策还处在研究与试点阶段，还没有得到全面推广。在城市机构养老服务方面，对四大部门的政策进行了综合，与在城市居家和社区养老服务的政策相同之处在于，一是要在财政部门的领导下，做好每年的预算管理，并进行归口管理，对社会养老服务的预算进行科学的安排。二是在推进政策理顺的同时，要做好新旧政策之间的衔接。此外，针对我国城市公办养老机构与民办养老机构双轨运行的现状，从竞争中性、营造公平市场发展环境的角度出发，努力推动公办养老机构与民办养老机构支持政策的趋同化。

7.4　财政支持居家和社区养老服务有效供给的政策建议

7.4.1　规范政府购买服务政策

《关于做好政府购买养老服务工作的通知》（财社〔2014〕105 号），《通知》于 2014 年发布，以下简称为《通知》，明确了其基本原则、目标和重点任务，并明确了政府的责任。尽管如此，因各地贯彻《通知》精神的情况不一，仍需加强如下工作。

（1）根据各地实际，合理确定购买内容

按照《通知》的要求，在城市中，可以由政府购买的家庭和社区为老年人提供的服务，主要有：社区日间照料服务，老年活动中心的康复和文化娱乐服务。为在家里的老年人提供助餐，助浴；照顾及其他上门服务。对城镇家庭与社区护理工作者进行培训。养老服务需求、养老服务质量的调查、评估；随访

和监督等。基于这一点,《通知》还强调,要坚持"量力而行、尽力而为、可持续"的原则,按照当地的经济和社会发展的实际水平、当地的财政支出能力和当地的老年人对基本服务的需求,对现有的各种由财政支出提供的养老服务项目进行了梳理,并在考虑到政府购买的可行性和合理性的前提下,对其进行了相应的调整和细化。与此同时,还有两点需要进一步强调:第一,这个服务目录清单并不是一成不变的,它应当随着经济社会发展水平、本地居家和社区养老服务需求的变化而进行动态调整。在一些地方,由于目录调整工作的繁琐,一个目录可以管好几年,这与目前在各个领域中加强供给侧结构性改革的精神相违背。第二,在"十四五"时期,国家的财政或多或少会有一些支出的压力,因此,在选择服务项目的时候,必须坚持量力而行和可持续发展的原则,不能盲目地扩大服务范围,提高服务水平。

(2)规范服务购买程序,提高市场竞争性

目前,我国的城市居家和社区养老服务市场还很不发达,而且还没有制定出相应的服务标准,政府购买服务的机制和程序还不健全,这直接造成了政府购买居家和社区养老服务的市场竞争力不足;这在一定程度上又极大地影响到了城市居家和社区养老服务供给能力和水平的提升。为此,一方面,中央政府应该尽早制定出一套适合我国国情的政府购买服务体系,并做出系统的制度安排;尽快制定相关的指导意见,服务指南和相关的政策。另一方面,各级地方政府应该以中央的指导意见、服务导则为依据,并与本地经济发展的水平、养老服务的实际需求、养老服务供给的实际基础相结合,科学地制定出一套操作指南,对服务购买过程进行规范。

(3)强化预算管理,建立常态化资金投入机制

关于政府采购养老服务的经费保障,《通知》从两个方面做了规定:一是将财政采购经费纳入已有的财政明目,统一安排。二是,对于新增加的部分,也可以由同一级别的财政预算来实施购买。在此基础上,针对目前我国家庭与社区购买养老服务经费供给不确定、正常化不足等问题,加强对家庭与社区购买养老服务经费的预算化管理,并构建起正常化投入机制。具体来说,"统筹安排"是指将现有有关部门在养老方面的经费预算中的一部分划入政府采购的经费,并在预决算中单独列支。"新增部分"要按预算制的要求纳入采购预算,采购主体要按规定做好采购工作的预算,并在财政部门批准后向下发放。

7.4.2　提升财政补贴政策精准性

用于城市居家和社区养老服务的财政补贴，主要有：面向老年人的补贴（高龄补贴、服务补贴、护理补贴等），面向服务提供机构和组织的补贴，以及面向养老服务从业人员的补贴与队伍建设投入等。

第一，对老人的财政补助，应该从完全不支付的补助，逐渐过渡到以部分支付的补助，或以支付的方式进行社会保障。目前，无论是高龄补贴、服务补贴还是护理补贴，都属于非缴费型的财政补贴。高龄补贴指的是 80 岁或者 90 岁以上的老人，每月由财政提供一定额度的财政补贴，服务补贴与护理补贴相似，通常是针对一定年龄以上的低保和无子女的空巢老人发放服务优惠券或者一定额度的现金补贴。在实际操作过程中，通过比较可以发现，单纯的非缴费型补贴存在着一定的问题。比如，老人并不会将补贴用于购买相应的服务，这使得补贴的目标与结果之间出现了偏差。在此基础上，本书提出了浙江嘉善县实行的"比例补助法"，即针对低收入群体、贫困群体和空巢群体；对年事已高的老年人，经审核确有需求者，可通过购买《家庭养老服务优惠券》，获得 30%～50% 的资金补助。这一部分缴费形式的"比例补贴模式"，能够突破目前城市居家和社区养老服务供应短缺、有效需求匮乏的发展瓶颈，使得"养老服务的财政补贴"能够真正用于扩大有效服务需求，推动我国城市养老行业的发展。另外，在借鉴国外成功经验的基础上，探讨将养老保险纳入社会保障体系，将现有的非缴费型财政补贴作为"个人、政府、社会"共同筹集资金的一部分，加速构建养老保险体系。

第二，对提供服务的单位和组织，要更多地给予经营补助。当前，不管是由政府投资运营的，还是由企业投资经营的，都存在着不同程度的经营困难，难以持续的问题。财政政策的支持会对社区家庭养老服务的供给产生积极的影响，根据城镇社区家庭养老服务期刊的评价结果，实施分级的财政政策，将有利于激励城镇社区家庭养老服务期刊的发展，提高社区居家老人的生活质量。为了达到这一目的，建议引入第三方评估的方式，对居家和社区养老服务机构所提供的服务的数量规模、质量等级等方面展开评价，再以评估的结果等级为依据，来决定补贴的等级与规模，县（区）一级政府应该将补贴资金列入年度财政预算，并实行专款专用。这些政府的资金，主要是用来支付员工的薪水和福利，以及水电、设备损坏、折旧等费用。另外，应该增加对家庭、社区等机构的补助。在国外，社会或社区志愿者承担了许多居家和社区养老服务的任务，他们在推动居家和社区养老服务的健康、可持续发展方面起到了无可取代的作用。但是，目前，国内的社会公益组织还没有完全发展起来，因为运营资金的短缺，许多社会公益组织都面临着"心有余力"的窘境。因此，本书提出了一种以政府为对象的、以政府为主导的、以财政为导向的、以稳定的方式对公益机构进行运营补贴的制度。具体的补贴标准和方式，还可以参考对服务机构的补贴方式，引入第三方机构，对社会公益组织提供居家和社区养老服务的数量规模、质量等级等方面进行评估，从而合理地确定补贴的等级和规模。

第三，增加对人力资源的投资和补助，以弥补我国城镇家庭、社区的人力资源不足。一方面，在人才培训方面，应从全国的角度，制订适合我国国情的居家与社区养老服务人员培训与培训的中长期计划，并在高职院校开设养老服务专业；加大招生规模，从学费的减免、专项奖学金的设置、就业的引导和保障等多个角度，对养老服务专业的招生有生源，学生上学有资助，就业有保障。另一方面，在从业过程中，为了提升养老从业人员的职业自豪感和获得感，建议对当前部分地区实施的养老服务人员入职奖励、服务年限补贴等补贴措施进行推广，逐渐提升我国城市居家和社区养老服务的从业人员的专业素质和数量规模。

7.4.3 优化税收政策支持

关于居家、社区养老服务的有效供给的税收政策，其具体表现为以下四个方面：一是对为老年人提供照顾和财政补助的家庭成员的税收政策。二是对从事家庭、社区照护工作的工作者实行税收优惠。三是对居家、社区的养老院、养老企业进行税费优惠。四是以老年人为对象的税费优惠。

第一，基于目前的情况，提出了一种针对子女养老的特殊附加扣除办法，并依据其经济依赖性，制订不同的政策。国发〔2018〕41 号《个人所得税专项附加扣除暂行办法》根据独生子女和非独生子女的情况，对其抚养费用的分担和减免标准进行了规定。由于是第一次试点，从可操作性上讲，现行的暂行办法规定了全民养老的税前扣除标准。但事实是，赡养有退休金的父母和没有经济来源的父母，对孩子的财政资助的依赖程度有很大的不同，对孩子的税前抵扣额的边际效应也完全不同。因此，建议在适当的时候，以父母对子女赡养经济依赖程度为依据，制定出差别化的子女赡养老人专项附加扣除细则，也就是对子女经济依赖程度越高、子女负担越重的群体，对应的子女赡养老人专项附加扣除标准也就更高。

第二，在此基础上，本书提出了一种以社会福利为导向，以税收为导向的社会福利政策。在居家和社区养老服务市场上，由于缺乏专业从业人员的情况下，除了通过财政的入职奖励、服务年限补贴之外，还可以通过个人税收来调整服务市场上的劳动力供给。所以，在目前缺乏专门的居家和社区养老服务的从业人员的情况下，可以有针对性地制定产业从业人员的税前减免额，例如，参照子女赡养老人的税收扣除标准；实行每月 2 000 元的税前抵扣，间接增加养老从业人员的工资，增加养老服务市场的劳动力供给。

第三，本书提出了一种更为系统、完备的城镇家庭、社区养老机构税费优惠政策。在经营方面，应该坚持以小、微型企业的税收优惠政策为基础，对由社会资本投资运营的小型化、专业化居家和社区养老服务机构，对其企业所得税给予税率降低或三年内减半、两年内免征等优惠政策，对于由政府财政投资建设并经营的居家和社区养老服务机构，可以免征所得税。此外，对养老服务机构的融资、投资等环节，也可适当扩大其覆盖范围。在融资方面，对为城镇家庭、社区老年人提供贴息、优惠贷款的，给予适当的企业所得税减免。对于向非营利的居家及社区养老机构或机构提供贷款的，还可享受印花税、增值税等的减免。在投资方面，对家庭、社区养老院购置的设备实行免税处理，并允许养老院的设备加快折旧速度，使其税前扣除项目增多；对于投资制造与老龄有关的特殊产品的，给予适当的税收优惠。

第四，对老年人实施相应的税费优惠，以增加他们在老年生活中的实际支出。建议在开展以房养老的探索和实践过程中，要制定与之相对应的房地产税收优惠政策，比如，可以依据老年人的实际收入水平，对那些在某一收入标准之下的老年人群体进行征税；可以减免或免除其所有财产的财产税等等。

7.4.4　完善配套政策

除了上面提到的财政和税收方面的支持，民政部门也可以通过社会福利彩票基金和社会保障部门通过城乡居民基本养老保险和基本医疗保险基金等方式来支持养老事业，具体包括：

第一，本书提出，应增加对城镇居民家庭、社区老人的资助。其目的只有一个，即"扶老，扶残，救孤"；针对我国人口老龄化问题日趋严重，经济新常态下，各地区财政收支压力加大的情况，提出了加大"扶老"开支在中央和各级政府社会福利彩票公益金开支中所占比重的建议，针对城镇居家社区养老服务，应优先扶持低收入、特殊群体、特殊群体的家庭养老服务，应优先扶持低收入群体的居家和社区养老院的基础设施建设，以及为其提供养老服务的公益机构。

第二，提出建立与家庭、社区相结合的城镇养老基金联动机制。伍德安和杨翠迎（2015）认为，应当构建养老保险和养老服务的联动机制，即构建养老保险和养老服务的联动机制，并将养老保险和养老服务的衔接和转换纳入到养老服务体系中。在医疗保险制度改革的进程中，将包括康复、"临终关怀"和照顾照顾在内的老年服务，统统列入了财政支持的范畴。设立专门的福利基金、发展养老福利事业、实现养老保障的多元化等。在此基础上，提出了将住房公积金用于居家、社区养老的支持功能充分发挥，并提出了将家庭适老改造开支纳入到个人账户中的建议。

7.5 财政支持城市机构养老服务有效供给的政策建议

7.5.1 强化财政支持政策落实

目前，我国已经初步形成了一套较为完善的城市机构养老服务供给政策。但要实现上述目标，还有一个"最后一公里"问题。为此，下一步应积极推进地方财政，土地，税费；加强对人才的扶持和其他优惠政策的实施，是加强财政扶持政策的执行。

第一，加强顶层设计，优化制度，加强不同部门之间的政策协调；在政策设计上，应将财政、税收和民政纳入其中；社会保障等相关部门，都会被纳入其中，进行全面的考量，不断的推敲，打通"肠梗阻"，让这些政策难以实施。如水、电、气等方面的问题；针对电信和其他价格优惠难以落实这一现象，提出了各级物价部门要联合地方民政部门，认真开展排查和整理工作。对排查出的养老服务水、电、气未落实的；对享受通信和其他优惠价格的行为，依法追究责任。

第二，我们应该在保持中立的同时，以公平为导向，推动公立和私立机构在养老服务扶持政策上达成一致。在社会福利的私有化过程中，制造者和购买者被广泛视为国际上规范行为的代表，而政府的角色则应限于为福利资源和福利服务提供政策规范和标准。因此，公平和正义应作为制定社会福利资源配置政策的基本原则。面对我国城市公立与民办养老机构的双轨运营现状，我们应在政策实施过程中，将公立和民办、本国和外资养老机构的公平竞争原则，置于重要位置，确保所有养老机构能同等享受到各类政策的优惠。

第三，要树立"精准化"的观念，掌握"精准化"的政策解释权，以确保养老机构的可持续运营和发展；目前，养老机构在享受到优惠政策时，仍然存在着很多的障碍。例如，在贷款优惠政策中，由于公办私营或民办公助的非营利性养老机构没有土地所有权，因此经常会因为缺少担保抵押物；从银行获取贷款困难，相应地，财政也无法享受到贷款贴息的政策。对养老机构的财政补助申请要求严格，对那些以租赁方式运营的养老机构来说，难以达到补助的要求等等。民政部门在实施政策的时候，应该针对养老机构所反映的问题，掌握政策的解释权力，以精准服务和个案处理的方式，使那些真心为养老服务提供服务的机构可以享受到这一优惠，而不是一味地死守"门槛"，而是要积极支持其持续、健康地运营。

7.5.2　增强财政补贴的科学性

第一，加速制定养老服务品质评价规范。目前，国家有关部门正根据中国不同地区不同的经济和社会发展情况，制订不同类型的养老服务标准；提出了养老机构服务质量评价的标准应分为三个水平，即国家标准、地方标准和强制性标准。国家标准强调的是普遍性、普遍性和普遍性；地方性标准是以养老服务的质量为重点的，应该根据当地的财政支出能力和经济社会发展水平，对国家标准进行适当的修改或升级。而强制性标准则是在国家标准和地方标准中都要体现出来，它的目的是要保证养老服务消费群体人身财产安全和享受基本养老服务的权利。另外，在评价内容方面，应考虑到老年人的精神慰藉、医疗护理和保健娱乐；在评价中加入智慧养老等内容，提高评价的人性化和个性化。

第二，要加速形成第三方评价体系。目前，对财政支出项目的绩效进行评估，总体上是以政府为主导，政府对其进行了具体的评估标准和方法，并对其进行了评估和考核。政府财政部门是资金的下拨方，自然是想要通过绩效评价与考核，找出资金使用过程中出现的问题，从而改善和提高财政资金的使用效率和效益。然而，在实际中，如果没有对被拨款的政府机构和被拨款的企业和事业单位进行有效的监管，就很容易出现相互勾结的现象。因此，在执行城镇养老补助政策时，要加快建立第三方评估机制，加强对城镇养老补助的绩效考核；强化政府对养老服务的责任追究，可以让有限的资金得到最有效的利用，也可以为养老服务的发展创造一个公平公正的市场环境。

第三，根据考核结果，构建一套动态的考核体系。绩效考核的目标是使财政补助更有效地发挥其作用。如果制定了考核标准，同时引入了第三方考核机制，那么考核结果是否能有效地使用，如何使用，就显得非常重要。财政和民政部门应当对补助的绩效进行激励和约束。下一年的财政补助，将以年度业绩考评成绩为依据，确定。具体地说，如果绩效评估优秀，那么下一年度财政补贴的系数要提升到 1.1 或者 1.2，也就是为当地养老机构同类财政补贴平均水平的 1.1 倍或 1.2 倍。若业绩评估结果为"合格"，下一年的补助系数仍为"标准"，也就是说，下一年补助的平均值仍保持不变。若业绩考核评价结果为不及格，下一年的财政补助系数会降低。

7.5.3 加强财政支持方式创新

目前，全国范围内的公立养老机构都在进行着转型，在公共服务供给方面，也在进行着模式和机制的创新，同时，人民对美好生活的渴望和信息化的发展，也在持续地催生了新型的机构养老业态。为此，金融扶持政策也要与之相适应，加大金融扶持方式的创新力度。

第一，要积极扶持老年福利事业。支持养老机构扩增公债，考虑到其投资回收期较长，建议政府支持其发行可持续公债。对于那些在项目完成后运营良好的养老机构，应该支持其利用项目土地和项目未来收益作为债券发行的担保和质押。此外，还应积极探讨通过项目收入债券、项目收入票据等方式，为养老机构的建设、运营提供资金支持。鼓励商业银行和政策性银行对盈利型养老机构提供以其支付方式获得的土地和设备等资产的抵押贷款。督促地方政府建立养老专项支持基金，并通过财政补助、贷款贴息、风险补偿等形式，来支持金融机构加速金融产品和服务的创新，为养老机构的建设和运营提供资金。

第二，对社区养老服务的"PPP"进行扶持。随着我国人口老龄化程度的加快，"PPP"模式已成为国际上养老服务机构的重要投资和运营方式。尽管在我国，"PPP"养老项目中，真正进入到采购和实施阶段的比例很少，但在养老服务领域，政府和社会资本的合作发展是一种趋势。这既能加速现有公立养老院转型的进程，又能提升养老院的提供效率和质量。为了实现这一目标，一方面，为了适应家庭养老服务的大趋势，大力支持国有企业的培训中心、疗养院和空置的办公大楼，将原本属于国有企业的养老院和疗养院进行整合。利用"PPP"模式，将商业设施和其他社会资源转变成养老服务机构，从而扩大城市中机构养老服务的供给规模。另一方面，要保证机构养老服务"PPP"项目可以享受到财政补贴、税收优惠等现行养老服务发展的优惠政策。此外，还应鼓励各级财政部门，针对机构养老服务"PPP"项目的关键环节，实施精准化的财政政策支持。保证"PPP"项目尽快进入到采购、实施和运营的各个环节。

第八章

家庭养老服务中的人力资源支持
政策的完善

家庭养老服务，不管是通过家庭，还是通过社区，又或者是通过各种社会机构，最终都是通过人来完成的，所以，家庭养老服务最重要的还是建立在专业人才的基础上，家庭养老服务的顺利发展，离不开高质量的人才。这也是政府无法回避的问题，所以，制定家庭养老服务的人才支撑体系，以掌握居家服务的人才层次和类型，明确各种服务的人才界限为核心，以此为切入点。这一章将从我国目前的人才发展基础、有关人力资源保障的扶持政策出发，对未来家庭养老服务的人才队伍建设、家庭养老服务的志愿者队伍建设、家人的扶持等各个方面的扶持政策进行探讨。

8.1 养老服务人力资源分类及素质要求

家庭养老服务人力资源详细划分和队伍建设，是建设家庭养老服务的重要条件。我国需要建设比较完善的涵盖老年服务、医养结合、生活照料、文化娱乐、法律支持为一体的家庭养老服务内容体系，切实提高老年人的养老幸福指数。随着社会经济发展，老人对安老生活的要求也在逐年增加，安老服务的要求也越来越多样化，逐渐走向了多元化；与此同时，也需要更多的专业技术人才。家庭养老服务的要求是多元化的，它的内容涵盖了社会生活的各个方面，而一个完备的养老服务体系，其实是由经济保障、护理保障、精神慰藉保障是政策、制度、法律、舆论、管理等一系列的综合体系构成的。因此，从广义上来说，养老服务人员主要是指在各类养老服务机构中，从事老年服务与管理工作的专业人员、生活照料人员、医疗护理人员。生活服务者，机构管理者等。通过对家庭养老服务中的人才进行分类，可以看出，家庭养老服务中的人才制度建设同样是一个复杂的系统工程，它需要护理，医疗，社会工作；从管理、心理、法律等多个层面对人才进行了培训，并建立了相应的体系。

8.1.1　家庭养老服务从业人员分类

第一种是从事老年人照护的人员分为几个主要类别。首先是生活照料人员，他们负责老年人的日常起居，并与家属、医生等建立联系，同时注重老年人的心情，以创建健康的生活环境。这个工作需要大量的耐心和细心，而对教育和技能的要求相对较低，因此主要由缺少高等教育和专业技能的女性承担。

另一个类别是护理人员，他们在家庭养老服务中扮演着重要角色。由于许多老年人患有长期疾病或丧失一部分功能，健康护理的需求十分迫切。护理人员根据专业程度可分为基层医护人员、专业医务工作者和老年护理工作者。基层医护人员具有专业知识和技能，可提供个性化护理服务。专业医务工作者具有丰富的临床经验，能应对老年人的疾病和突发情况。老年护理工作者专门负责老年人身体和心理的康复，在康复医学、护理医学等方面有深厚的知识。

还有一个重要群体是为老年人提供养老服务的工作人员。他们的主要任务是帮助老年人了解社会资讯，提高生活质量。这类人员包括社工、法律咨询人员、金融服务人员、兴趣爱好训练员和日托中心工作人员等。社工帮助老年人处理跟健康相关的问题，提供各种咨询服务。法律咨询人员帮助老年人维护权益，防止受到欺诈。金融服务人员帮助老年人做出合理的理财决策。兴趣爱好训练员组织各种活动，满足老年人的娱乐需求。日托中心的工作人员则需要高度专业的技能，他们照顾老年人，同时协调各类资源，为老年人提供关爱服务。

8.1.2　家庭养老服务人员从业素质及要求

家庭养老服务从业人员的素质和技术水平，对家庭养老在老年群体中的生存质量有直接的影响，对老年群体的生活需要是否得到满足，是否得到身体和精神上的舒适度有很大的影响。培养高素质、高专业、高技术、高技术、高水平的家庭养老，是实现我国社会可持续发展的必然选择。家庭养老服务教学工作人员的职业素质包括：思想素质、业务素质、管理素质和法治素质。首先，老年人应具有较高的职业操守。老年护理是一项关注"夕阳人生"的工作，更要有足够的耐心与爱心。对于养老机构来说，其兴盛与衰败的重要因素是员工对老人的关怀与人本化的服务。在工作过程中，不管老人的身体状况是怎样，都要做到一视同仁，要有正确的劳动态度，要注意程序，按照规章制度办事，这样才能将为老服务工作做好。其次，提高老年人的职业素养。养老服务与管理者要对与养老护理业有关的法律法规与行业规范有所了解，要具备专业的眼光，做任何事情都要与老年人的特征相结合，一切将老年人的满意度作为衡量标准。老年服务与管理人员应该对心理学、伦理学、老年学等方面的基础知识有充分的了解，对老年人的心理、生理特征以及对老年人的健康状况有充分的认识，对老年人的各项护理技术有较深的造诣。还应该掌握一些基本的护理技巧，比如常用的药物的使用方法，生命体征的观察，常用的清洁消毒和卧床患者的护理。最后，老人管理人员应具有较高的管理水平，如统筹协调，组织规划等，这是老人管理工作能否顺利进行的关键。在此基础上，对《老年人权益保障法》《侵权责任法》《治安管理处罚法》《养老护理员国家职业资格标准》，以及其他相关的法律法规进行了深入的研究，为老年人的合法权益提供了有力的保障。

8.2　家庭养老服务人力资源供给分析

家庭养老服务是在我国人口迅速老化、家庭养老功能减弱、机构养老功能缺失等大环境下，为解决我国老龄事业发展面临的一种行之有效的方法，对从事老龄事业的人员提出了更高的需求。目前，家庭养老的规模很大，对养老服务的要求也很高，迫切需要一批专业的服务者，为我们提供多样化的服务。当前，我国家庭养老服务专业人才的现状，主要表现为：专业人才的数量不足、文化素质、专业水平较低、身份和社会地位亟待提高等诸多方面的制约和瓶颈。要从根本上解决家庭养老服务人才培养中存在的"量少质少"问题，就必须从人才培养、市场输出、人才使用等多个层面，进行多层次的指导与政策扶持。

8.2.1　家庭养老服务提供者数量少

家庭人数较少。家庭小型化和核心化以及对职业发展的要求，导致能够开展家庭养老服务的家庭人数急剧下降，或者对开展家庭养老服务工作的积极性越来越低。由于家庭成员提供的养老服务功能的弱化，导致了老人对子女的依赖性下降，这在客观上提出了对专业养老服务承接人员的要求，从而导致了需要提供老年服务的群体规模变得越来越大，而家庭成员的养老服务功能也变得越来越弱。目前，我国的老人照护机构还存在着供给不足的问题。根据统计，全国 60 岁，及以上人口 24 090 万，占全国 17.3%，65 岁及以上人口 1 581 万，占百分之 11.4%。《中国老龄事业发展报告（2015）》提出，到 21 世纪中叶，60 岁以上人口将达 4.8 亿，80 岁以上人口将突破 1 亿，这一数字已成为世界上最大的老龄化问题。随着我国老龄化程度的不断提高，在基本生活、健康医疗、健康照护等领域，对家庭养老服务专业人才的数量与质量提出了更高的要求。由于受我国传统文化的限制和现实的经济和社会条件的限制，相当多的老年人依然生活在自己的家里，而家庭成员则是主要的服务提供方，伴随着家庭逐步小型化和核心化，家庭户均人口也在不断地下降，截至 2022 年，家庭户均人口为 3.03 人，比 1982 年的 4.41 人平均少了 1.38 人，子女的看护作用已经无法发挥出来。社会工作的专业人员短缺；目前，我国的家庭养老服务中关于老年人护理的制度还没有得到普遍的确立，护理人员的数量和护理人才的数量严重不足。尽管许多社区都提出了建立家庭养老服务中心的申请，但由于没有专职的管理人员，也没有为社区提供基本的公共家庭养老服务的专业服务。根据中华人民共和国民政部的统计数据，到 2022 年年末，全国社会工作专业人才的总数达到了 102.56 万人，在全国取得助理社会工作师和社会工作师证书的人员达到了 32.66 万人，与 2016 年相比，增加了 3.92 万人。自 2022 年起，我国民政系统对社会工作者的培训工作获得了极大的支持，并取得了显著的进展，目前已有的社会工作者数量已从 2022 年的 11.3 万人增至将近 50 万人，具备养老服务资格的护理人员数量也从 2022 年的 3 万人增至 32.66 万人，在民政部《全国民政人才中长期发展规划（2010—2020）》中明确指出，到 2020 年，中国将培育专业的社工人员 150 万名，护理人员 600 万名。就算将来能达到这个计划的目的，但与家庭养老所需要的人口相比，也是远远不够的。

8.2.2　家庭养老服务提供者专业水平低

多年来，家庭养老服务的缺位，也导致了我国家庭养老服务工作人员的素质良莠不齐，普遍存在着整体素质较低、业务能力较弱、专业化程度较低等问题。在客观上，服务者的专业性对老人的照护品质与满意度有影响。第一，老年人的人力资本层次不高；家庭养老服务是一个劳动密集的产业，家庭养老服务的从业人员以流动人口、下岗工人和待业青年为主；未就业的年轻人、50 年代女性等，她们的学历普遍较低、专业技术能力不强、年龄较大；这一特征在某种程度上限制了我国养老服务专业化的发展。第二，老年护理人员的职业技术训练比较缺乏。培训是提高社会工作人员素质的重要途径。在全国范围内，对社会工作进行了广泛的专业培训，参加人数达到了 682 545 人，比 2016 年增长了 156 170 人。在这些省份中，北京，江苏，浙江；在山东，广东和河北，对社会工作者进行了超过 30 000 次的培训。西藏、新疆和海南的区域差异较大；青海和其他省份的培训工作基本没有开展过，每年的培训人数也不到 1 000 人。职业技能训练是提升人才质量的一个主要途径，但要实现人才队伍的最优发展，还有很长的路要走。目前，很多培训还存在着主动性不足的问题，主要是居家服务临聘人员在上岗之前，对他们进行了一些短期的专业知识培训，他们只能被动地接受这些培训，这些培训大多都是采用了短期的填鸭式培训。知识的系统不够深入、不够连贯、缺乏专业素养，受训者的接受度较低，缺乏能力提高的训练；由于传统的"扫盲"模式，再加上学员接受度不高，使得学员的实战技能提高效果十分有限。第三，进入老年服务业的门槛不高。目前，家庭养老服务的从业人员年龄偏大，文化程度偏低，这主要是由于社会经济发展的需要，也是由于国家为贫困人口提供了就业机会。一方面，由于政府对于老人照护服务的技术标准不高，因此，只有一些不具竞争力的人员可以加入到这一行业中来。专业的医护人员拥有一定的专业的康复知识，他们所服务的人群通常属于收入比较高的高端人群。另外，政府招聘的养老服务从业人员大多是针对困难就业人群，经过简单的培训后，再让他们从事一般的生活照料和简单的康复护理工作。

8.2.3 服务提供者权益保障弱

养老护理理论认为，在满足养老护理需求的同时，还应给予照顾者相应的支持，并保证其权益。家庭养老服务是一部新兴的法律，其在法律上的规定还不够完善，在法律上还存在着诸多缺陷。目前，家庭养老服务的从业人员在工作中普遍存在着收入低下、社会地位低下和工作压力大的问题；社会保障水平不高，社会保障水平不高等问题十分突出。以上海市为例，这个成熟的大城市在家庭养老服务方面相较于其他国内城市较早起步且较为成熟。尽管上海员工的薪酬水平在全国范围内领先，但相较于整个行业的薪酬水平来说，上海市家庭养老服务的员工薪酬仍然偏低。由于家庭养老服务提供商的收入水平较低，这导致了就业竞争力有限，从业人数较少，且整体素质较低。这也使得行业内出现了高流动性、高失业率等问题。在雇佣权益方面，家庭养老服务提供方存在不足。家庭养老服务工作因为收入水平低、人员流动较大等特点，一直是福利较少的岗位，劳动关系和福利待遇不规范。这个行业没有正式的薪酬体系，也缺乏完善的保险和押金制度。由于服务工作的特殊性，员工往往没有固定的工作时间和法定的公休。此外，社会保障的不足对家庭养老服务员工的工作热情产生了负面影响。家庭养老服务行业受到了社会舆论的压力，主要针对社区中的老年人和残疾人。在工作过程中，可能会出现冲突，一旦出现冲突，舆论和判决往往会倾向于支持弱者。服务人员的合理要求在这样的环境中难以实现，构成了巨大的舆论压力。

8.2.4 服务提供者可持续性发展能力差

家庭养老服务提供商的专业水平较低，从业人员的发展潜力和后继能力较差，缺乏有效的培训。人力资本是家庭养老服务开发的首要因素，其可持续与否，将直接关系到"家庭养老"模式能否持续。从养老服务业的人力供给方面来看，因为以上所述的因素，养老服务行业的从业人员在社会中的地位并不高，他们干的都是"伺候人的活"。此外，他们的工资收入较低，福利保障较差，这些因素导致了他们对有一定专业知识背景的年轻人的职业没有太大的吸引力，更不是年轻人作为职业生涯来长期规划并从事的行业。尽管最近几年，我国开始在高校中开设社会工作、健康护理、老年康复等与养老服务相关的专业，但毕业生中长期从事该领域的人数并不多。有调查表明，我国每年培训的照护专业毕业生中，从事照护工作的不足 10%，而且每年都有大批的照护人员离职，这就导致了家庭养老的总体服务质量不能得到有效提升。就职业生涯发展而言，目前国内在养老服务业中还缺少一种专业生涯评估和发展的机制。在我国，对于养老服务人员的工作内容和行业标准，还没有制定出与之相对应的标准，对职位和职责也没有进行合理的划分和解释。此外，由于职业身份和工作内容不明确，也导致了职业分类不清晰。因此，在资格认定、职称评定工作中，缺少了一个基本的依据，也就不能形成这一行业的职业发展梯度。此外，还存在着职业晋升机制不健全的问题，使得该行业的从业人员没有一个明确的上升机制和一条完整的职业发展路径。这极大地限制了高校教师专业素质的提高。

8.2.5 人力资源发展支持性政策少

目前，我国社区家庭养老服务工作人员流动性大、人才培养不稳、培训落后、义工团队、非正规护理团队等方面存在着人力资源不足等问题，已成为我国社区家庭养老服务人才供应与老人需求的突出矛盾。当然，为了推动家庭养老服务的人才培养，我们在各个方面都做了一些有益的探索，并制定了一系列的政策和措施。通过对政策支持的现状进行总结和梳理，能够明确政策支持的重点，发现政策盲点，进而提出改进政策对人力资源支持的措施。目前，我国的政策重点是对高校人才的支持，对养老服务专业人才的支持，以及对护理人员的职业资格认证；在此基础上，提出了提高护理人员再就业能力的对策建议。

由于家庭养老服务这一特殊的行业特点，使得我国政府在这一行业的发展过程中应当担负起很大的职责。无论是政府、市场、社会等供给主体，都应在供给中起到一定的作用，而作为供给主体的政府，更应负有不可推卸的责任。在推进工作时，政府多以"上""下"的方式进行，但由于各级政府对家庭养老服务的解读存在一定的偏差，导致政策的制定与实施存在"执行盲点"。目前，我国对家庭养老服务的扶持政策表现出如下特点：一是对财政直接投资缺乏足够的关注；目前，我国的养老服务业正面临着巨大的人才缺口。据统计，到2020年，我们国家的养老服务将会出现600万个空缺，而到2022年只有100万个空缺。尽管这一数据在不断增加，但是很明显，这一数据并不能满足迅速增加的老年人口和发展的需要。虽然我国已经在多个方面发布了相关的建设规划，其中都强调了要重视对养老护理人员的培养，还强调了这一行业的资格考试制度，要求持证上岗。但是，很明显，就河北省的庞大需求量而言，一切职业训练与技能培养都是要花时间的，而且这个群体的文化水平大部分都在初中以下；只有少数人经过专门的训练。造成这种两难局面的原因很多。首先，目前国内还没有形成一套完整的养老专业技术人员培训制度，这一制度制约着专业技术人员的发展。虽然目前还没有在全国范围内形成系统，但在一些特定的地区，已经进行了试点。比如，东部地区则更加注重系统性的培养，注重实践者的学术素养和专业技能的培养。而在中部，重点放在了更多的短期化训练上，把重点放在了如何最大限度地利用现有的资助资金上。西部和中部地区的情况相同，都是注重增加社会福利。其次，决策的等级依赖性是决策的重要因素。我们对不同层级政府关于养老服务行业人力资源的政策进行了梳理，结果表明，地方政府的政策支持主要是以上级政府的文件为蓝本，而政策创新往往是在上级文件的主要措施下进行的扩展和细化。在对养老服务人才的支持方式进行创新方面，基层地方政府缺乏积极主动的态度，大多数时候都是按照上级的要求来制定相关的政策文件。再次，决策的模糊性。在目前的政策中，对专业人才进入养老服务业给予一定补贴的引导政策中，在国家和省级政府层面，只是对其进行了支出补贴，并且在规定上存在着一些不明确的地方。比如，在工作多久给予补贴以及如何补贴等具体问题上，都存在着一些不明确的问题。目前，只有一些文件对其进行了宏观的规定，但是缺少了一些具体的实施标准和措施。因此，在地方政府面临着资金短缺的情况下，这些政策的实施往往很难在实际中得到落实。最后，决策主体的疏忽。政府在制订政策时，常常是从自己的角度出发，集中于对自己所能支配的资源的倾斜，而对社会、家庭等资源的忽略。事实上，面对我国广大的老人群体，有必要让一些专业的从业的人员来提供家庭养老服务，政府可以利用人才培养机制和财政补贴机制来支持这个产业的人力资源，但光靠人力是远远不够的，我们也不能忽略以家人和社会义工为代表的非正式照顾者的角色。就拿美国来说吧，美国同样面临着严重的人口老化问题。目前在美国的人口超过 2 000 万，其中包括配偶，孩子，亲属；由朋友组成的非正式的照顾小组。为了支援这个团体，美国政府还建立了"全美居家照顾者支援项目"，并且加入了"老年人法"。这一资助计划通过动员和支持这些非正式的家庭照顾者，为他们提供物质资助，帮助他们获得支持性服务；在养老服务中，以扶助、培训、间歇性照护为主要内容的基础服务，有效地解决了养老服务人员短缺的矛盾。因此，在国家对非正式照护机构的扶持中，如何扶持非正式照护机构也应引起重视。

8.3 家庭养老服务人力资源支持性政策体系建设

8.3.1 加强家庭养老服务专业人才队伍的建设

随着年龄的增长，老年人在身体上会呈现出身体机能的萎缩，身体的健康状况比以前差，心理上也会出现与社会不适、悲观处世等情况。因此，家庭养老服务并不是一个简单的服务项目，它既要关注老人的日常生活，又要关注老人的身体状况，更要关注老人的精神状况，积极的情感状态，确保老人的身心健康。例如，在日本，就有一项政策，要求老人照顾者要接受 3 年或以上的训练，拿到相应的资格证，方可进入工作岗位。而且，他们所从事的一切服务都是有高下之分的，不同级别的员工，只能从事相应级别的服务。我国目前迫切需要解决的问题是，如何建设一支专业的养老服务人员队伍。

（1）构建社会工作人才培养体系和建立健全从业资格认证制度

首先，要重视社会工作的专业化队伍建设。当前，我国社会工作人员的培训水平与世界先进水平仍有较大差距，而在全国的职业系统中，拥有一支持续不断的专业化的社会工作人员队伍，将是家庭养老模式发展的有力支持。人才的培养可以划分为两个类型，一个是高层次人才，另一个是专业技术，高层次人才的培养可以通过在高校开设与老年人服务和护理有关的专业来实现。在人才培养的过程中，可以考虑补贴相关专业的毕业生参加职业资格证书的考试，从而更好地指导学生提高养老服务专业的技术水平，提高专业人员在这个行业工作的黏性。为解决家庭养老服务与社会工作的衔接不密切、就业与社会工作需求的落差较大等问题，普通高等院校、高职院校应积极主动地承担起责任，从专业设置到人才培养都要有针对性；在培训方法方面，要积极探索学校与企业的合作、创新实训基地，提高社工人才的数量与质量，为家庭养老服务提供专业的、专门的人才。其次，对家庭养老服务的作者进行了专业培训，并取得了相应的证书。在社会工作中，养老机构可以利用专业的社会团体，系统地树立社会工作的价值观念和工作方法；通过对知识和技能的短期培训，提高了实践者的业务水平。并在此基础上，引进更多、更专业的社会工作者加入到家庭养老服务中，增强我国养老服务队伍的专业性。另外，对于希望在家庭养老服务上工作的人，也要有一定的资格要求。通过对护理人员进行职业资格考试，并给予相应的培训补助，既可提升护理人员的专业技术能力，又可增强护理人员对养老服务的认同感。

（2）政府应构建人才支持体系，优化从业环境

第一，对家庭养老服务的工作人员进行了初级、中级、高级分级，并制定相应的职称评价体系，对工作人员进行了职称评价。职称的评定，既是家庭养老服务专业人士提高技术水平的重要途径，又是为他们提供一种新的工作岗位，为他们提供了一份稳定的工作，也为他们的职业发展提供了一条新的道路，这对于建立一个规范的体系，健全一个良好的管理体系，都有很大的帮助。

第二，要完善员工的培训体系，并制定出一套长期、有效的培训方案。家庭养老服务也是一种对专业基础和知识技术更新速度要求很高的职业，无论是新护理工作者还是老护理工作者，都必须进行知识的更新和知识的提高，比如德国就是这样一个例子，它在家庭养老服务中广泛地建立了一个由社会团体组成的职业训练网络，并充分利用了国家机构的自上而下、层次分明的伞形训练系统，培养出了一大批具有一定技术水准的护理工作者。

第三，提高员工的工资和福利水平。政府应当以养老服务从业人员为中心，构建与之相适应的人才政策支持体系，从职称评定、晋升渠道、调动机会等方面，为从业人员提供更多的职业发展空间。同时，对于一些一、二线城市，还可以按照当地居民的生活水准，设置一些金融补贴，保证他们在本地的收入水准。除此之外，政府还应保证为退休人员提供的各种保险，如养老保险、医疗保险、工伤保险等。简而言之，就是要通过提高工资和福利来激励员工的积极性，同时也要吸引更多的专业人士加入到养老事业中来。另外，可以采取公开考试、定向招聘、定向培训的方式，从社会上引进养老服务专业人才；积极吸纳一批具有高学历和朝气蓬勃的青年才俊，充实为老年人提供服务。

第四、政府应加大对公众的引导力度。积极引导社会资源、社会各阶层人士投身家庭养老服务，增强家庭养老服务在"孝道""社会伦理"等方面的认同感、尊崇感，在社会上广泛营造出关注家庭养老、尊崇从业人员的良好氛围。

8.3.2　加强家庭养老服务志愿者队伍的建设

在家庭养老里，专职人员是一种刚性需求，但并非每一个职位都要求很高，

比如陪老人聊天、散步、锻炼身体、给老人做家务等工作，都可以通过志愿人员来完成，所以，志愿人员对家庭养老服务来说，可以起到很好的辅助和推动作用。在《中国社会服务志愿者队伍建设指导纲要（2013—2020年）》中，"志愿者"是指"以时间、智力、体力、技能等为己任，不以获得物质回报为主要目标，自愿为他人和社会提供公共服务的人员"。当前，我国的志愿者队伍建设中还存在着许多问题，比如：缺少一个管理机构，进入和退出的随意性很大，志愿者的质量良莠不齐，制度规范不完善；缺少政策的支撑等等。为此，政府应在义工队伍的建设上，促进其制度化、正规化、正规化，并对其进行规范：

（1）强化对志愿者队伍的组织管理和培训

第一，对义工的注册和管理进行了严格的规定。对志愿者进行规范管理的首要步骤，就是要对志愿者进行信息登记，并对他们进行信息真实性的验证，完成对他们业务水平的初筛等工作。这既是对志愿者身份的认可，也是对他们合法权益的保障。与此同时，加强政府志愿者协会的组织联系，将分散的志愿者个体组织在一起，形成一支具有鲜明养老服务特色的志愿者服务团队，增强志愿者队伍的组织性和凝聚力。第二，加强对志愿人员专业素质的培养，以提升其服务水平。志愿者培训的执行主体既可以是政府，也可以是社会机构，但必须在培训内容和培训材料方面实现资源的共享，对培训体系和课程进行标准化，使志愿者能够迅速地掌握基础的护理知识和老年人的心理知识。可迅速提升义工的专业化程度，提升义工的工作效率。第三，要构建、完善、规范的义工交流平台，促进义工交流。网络时代的志愿者交流平台，是一个志愿者工作中进行信息交流的主要阵地。当前，志愿者网络平台和交流论坛层出不穷，有关部门要对其进行合理的配置和管理，既要做好归口管理工作，又要做好宣传工作。合理指导各社区设立专门的网上信息交流平台，方便他们之间的业务沟通，同时也可以引导并吸引更多的社会人士参与到家庭养老服务义工工作中来。

（2）建立志愿者队伍的激励扶持机制

第一，健全激励机制。加强对志愿者服务人员的档案管理，不仅是评价志愿者服务质量的一项重要指标，长期来看，有助于提高志愿者服务的质量，促进志愿者服务的长期发展。同时，通过对志愿者工作的评价，对优秀的志愿者进行物质与精神上的激励，从而形成一个良性的良性循环。比如许多国家都有"时间储蓄"系统，通过家庭养老服务，鼓励年轻的老年人去照顾那些年纪大的老年人，让他们在老年的时候也能享受到同样的服务。第二，要增加对志愿者工作的资金支持和投入，可以采取政府购买服务，鼓励企业和个人出资等形式，为志愿者工作提供资金。

8.3.3 加强对家庭成员的政策支持

家庭养老是我们国家的一种传统养老模式，在很长一段时间里都占据着绝对的上风。但是，在工业化和现代化的大潮中，家庭养老的作用越来越小，"社区养老"和"家庭养老"也正是在这种情况下出现的一种养老形式。虽然家庭养老的作用有所减弱，但这并不代表它的重要性有所减弱，在现实生活中，家庭养老仍是一个"以家庭为中心"的栏目，家庭养老的发展离不开社会的支持，也离不开社会的支持。这包括为家庭提供政策资助，也就是为那些在家照料老人的年轻人提供一些资助。在西方发达国家，以社会政策为依托，加强对家庭的保障功能，已经引起了人们的广泛关注。比如，在1942年的《贝弗里奇报告》中，就提到了一项建议，那就是，在家里工作的妻子，可以和丈夫分享退休金，也可以给孩子们提供生活补贴。这一政策不仅体现了对女性和孩子的关心，而且体现了对女性和孩子的关心，也体现了对女性和孩子的关心，为女性和孩子提供了一条新的出路。

（1）制定税收等优惠政策鼓励年轻人进行非正规照料

家庭养老服务中，作为最基本的一部分，家属照顾是不容忽视的。事实上，在当今的社会中，因为流动已经成为了一个重要的特点，因此，家人养老的贡献不仅仅是对家人中的老人给予更多的关怀，更是一种社会责任；这对维护社会和谐、安定有很大的帮助。在我国政府层次上，在以前的养老服务扶持政策中，较为忽略了对家人的扶持与协助，很少有年轻人直接以政策扶持来照料老人。而且，在许多国家，对于那些愿意照顾自己家庭的年轻人，也会给予一些优惠政策，以鼓励他们主动照顾自己的老人。比如，韩国就出台了一套强化家庭安全的政策，比如，三代同居、赡养老人超过5年的家庭，可以减免一部分收入税。对供养超过65岁的老人的纳税人，可以减免个人所得税。我国可以效仿韩国的做法，对照料老年人的年轻人给予某些税务减免；新加坡的年轻人，对愿意与老年人同住的年轻人，给予某些按揭贷款的优惠；美国的居家照护项目，也可以为从事非正式照护工作的家人、亲戚及朋友，提供训练及支援。

（2） 探索向与老年人一起居住的年轻人购买服务

实际上，在家庭养老服务的供应中，除社会公众、社团之外，还应以家庭成员为主体，对家庭养老服务进行政府采购。南京政府在 2014 年 10 月推出的"亲人照护型"养老模式就是其中一种，规定子女、儿媳在家照顾因生病卧床的父母、公婆，就可以享受每月 300～400 元的待遇。虽然薪水不高，但这条规定的重要性还是有的。对于家庭来说，减少了孩子养老的财务负担，有利于维护家庭的稳定。这一政策也起到了激励和宣传孝敬老人的作用。最后，提出了一套适合我国国情的护理人员队伍建设方案。激励效果的好坏，直接关系到养老服务的质量，因此，要在家庭养老服务中，建立起一支专业化、多元化、稳定性强的团队，需要政府与社会组织的配合，加强对人才的培训，提升他们的社会地位，改善他们的经济待遇，让他们的社会地位，让他们的经济待遇，将老龄社会的挑战，转变成机会。

第九章

家庭养老服务中的社会组织支持政策的完善

在目前以及在未来一段时间内，我国老年人对家庭养老服务的高需求与服务供应不足构成了主要矛盾。在人口老龄化和高龄化的背景下，我们是否能有效提供家庭养老服务将直接影响养老社会的成功与否。

在这个环境下，作为家庭养老服务的主要提供者，社会机构在应对老年人的多样化需求时，可以弥补国家、市场和家庭在养老服务这个层面上的短缺。同时，社会机构有许多无法替代的特性，能够在一定程度上减少政府和市场在服务提供过程中可能出现的失误。其公益性和志愿性质，以及服务提供的灵活性，使社会机构具有了其他组织难以比拟的优势。

因此，如果我们能在家庭养老服务中更好地发挥社会组织的作用，我们可以丰富服务内容，提高服务效果，并促进政府、社会组织、和社区等各方的协同合作。要解决家庭养老服务的问题，就必须强化社区组织的建设，同时加强政府与社会的合作。这是推动家庭养老服务高质量发展的重要路径。

9.1 社会组织参与家庭养老服务的功能定位

9.1.1 社会组织与政府合作的关系内涵

目前，我国学者对社会组织的概念还没有形成一致意见，非政府组织、民间组织、非营利组织以及第三部门组织等对其概念的定义也有所区别，总体上，这些不同的提法没有实质上的区别，但它们之间也有一定的区别。这里所说的社会组织，是非营利性的，是一种具有自治性、公益性和志愿性的社会组织，并且有正规的组织形态，这里也特别提到了公益慈善和城乡社区服务的社会组织。从福利多元论的角度来看，社会团体在社会福利提供中所发挥的作用，无论其合理性或有效性，都已在理论上得到证明；所有的社会团体都扮演着社会福利提供者的角色。所以，对于社会组织的介入，无论是在理论上还是在实践中，都已经成为了一种共识。那么，怎样才能更好地满足日益庞大的老年人口和多样化的养老需求？这就需要包括社会组织在内的政府部门、企业组织和社会组织等各种主体共同参与到这一过程中来，从而达到主体之间在目标上的统筹协作，从而达到有效地构建居家模式的目的。在公共治理理念的指导下，福利私有化和混合福利已经成为了西方国家福利改革的主要方向。在养老服务方面，由于与老年人的老年生活质量有关，所以养老服务属于准公共产品。在此基础上，政府和社会团体之间的合作就是一种合作关系。在混合福利体系中，社会组织是最主要的提供主体，是国家与其进行合作和协商的目标。法国学者吉德龙（Gidron）提出，"合作制"模型强调，在公共部门提供资金、委托，以及第三方服务提供等方面，必须建立起一种新的、有针对性的、可持续发展的"合作制模式"。所谓"良性合作"，就是政府出资，社会团体出资。在这种模式下，在政府出资的同时，社会团体也可以利用自己的优势与资源，与政府结成伙伴关系；有一定的自主权，有一定的参与权利。在服务范围、服务标准、服务内容和资源分配等方面，政府和社会组织协商，社会组织既是服务供应商，又是利用自身的影响力，参与到政府养老服务的各种决策中。也就是说，政府在参与公共服务时，具有资本、资源、权力、政治信任等诸多优势，但同时也存在着服务提供上的不足。而社会团体则在专业、技术、服务传递等方面具有一定的优势。

9.1.2　社会组织的服务内容和角色功能

社会团体参加家庭养老服务，就是根据有关制度和法规，通过各种途径，采取多种形式，参加家庭养老服务的经营，为老年人提供相关的服务，以提高老年人的生活质量。然而，在家庭养老服务中，社会团体以政府购买服务的方式参与，即以"买方"的身份参与。从政府视角而言，其在公共服务供给中的最大优势是能够有效地整合资金和资源，在家庭养老服务这一类准公共物品的提供中处于领导地位，其所拥有的资源主要有：扶持政策与措施，组织机构与组织能力，公共服务与社会福利，以及宏观引导与监管。

第一，从宏观上对家庭养老服务进行宏观上的指导和整体上的协调，在市场、个人、家庭三方利益上实现资源、责任、利益的最优匹配，构建起一套完整的社会保障体系。在实施家庭养老服务时，政府应先确定家庭养老服务的需求，然后是服务的竞标与采购，最后是服务的供应监管；所以，他们才是最有发言权的。

第二，以社会组织为中介，以招标的形式与政府签订各类照护项目和活动，并经过组织、实施和评估；家庭养老服务在供给、统计、评价等环节中开展服务和管理，并从政府参与决策、开展绩效评价和社会团体融合等方面，加强家庭养老服务的参与，形成了"政府购买，定向委托，合同管理"的模式；

第三，公共服务提供的"第三方评价"途径。首先，社会团体是养老服务的提供者，这一点已得到普遍认同。因此，一个自然而然的问题就变成了：社会组织以什么形式介入其中？通常的做法是，通过风险投资，招标等途径，社会团体可以得到政府外包的服务项目。其所包含的内容很多，具体有：了解老年人的各项身体健康状况，经济水平，服务需求；记录、量度，建立专业服务的标准与程序。其次，老人与养老院工作人员就日常生活照料、精神慰藉、代购等问题达成协议，如中介和康复物理治疗护理等。最后，以社会团体为主要的政策制定主体。社会组织可以与服务第一线保持密切联系，可以对老年人的潜在需求进行有效的掌握，并可以通过挖掘潜在的服务对象，对服务项目进行创新。

第四，社会团体扮演着监管和评价的角色。家庭养老服务的员工在提供过程中，可借助社会团体的全方位、全流程的监管与引导，搜集第一线的服务对象的提供信息，掌握需要的信息，了解需要的信息，从而提高服务质量。社会组织起到了资源整合的作用。联结资源是社团组织的专业之长，借由社团组织的专业与系统性的入门训练，提升社团成员的服务技巧与专业素养。

9.1.3　社会组织参与家庭养老服务的优势视角

第一，通过协同供应，使家庭养老服务的服务更加精细，从而减少了费用。"细管"是源于20世纪50年代日本的一种先进的、符合现代社会要求的一种高效率、高标准的管理思想与方法。精细化管理是通过对现有的机制元素及框架式的行为方式进行优化，从而更好地满足新出现的需求和目标的功能要求。将专业化作为发展的前提，将技术化作为基本保证。以数据信息化为主要切入点，有效地实现了预定的目标。企业的精细化管理强调的是规范化、系统化、信息化的流程，对组织的战略目标进行细化，最终达到"目标设定—协作执行—目标绩效实现"的目的。对企业来说，社会组织不仅要注重业绩，而且因为其公益性质，也要注重服务对象的满意度所产生的社会效益。目前，社会上的老人对照护服务的需求已经呈现出高度标准化和多样化的特点，这对照护服务的提供提出了更高要求。由于其制度和机制方面的原因，政府无法确保家庭养老服务的有效供给，而且，政府机关也没有减少服务费用和提高服务质量的激励机制。这就导致了政府在服务职能上比社会组织要弱。在当今人口老龄化和高龄化的大背景下，要想改善老人的生活品质，就必须要持续地改善老人的生活品质，进而提高老龄社会的管理水平；加速推进政府和社会团体的合作。就社会组织而言，它的规模较小，具有较强的管理体制与组织机构灵活性，可以快速地适应新的发展态势，快速地做出响应与改变。另外，非营利性的社团组织，其官僚主义倾向较少，其发展目标是公益；适合从事政府部门不方便或抽不出时间从事的业务。本书从社会福利的角度出发，探讨了社会福利制度对社会福利的影响。比如，一个城市要照顾 5 000 名行动不便的老年人，根据民政部门的测算，如果从社会团体中购买家庭养老服务，一年的投资只需要两百万元，就能解决这个问题。但若要为这些老人建立一个养老院，以每一张病床的成本（包括建筑、土地、人力）20 万人民币来算，至少要十几亿人民币，两者的投资差距太大了。社会组织可以将政府购买服务、义工捐赠服务、老年人自费服务等的资源进行最优分配，并大幅降低公共成本，提升供给效率。

第二，推动社会福利资源的整合，以多样化的服务来满足老人的需要；随着经济社会的不断发展，特别是目前我国的社会主义矛盾已经发生了转变，出现了人民对美好生活的向往与发展不平衡不充分的矛盾。这就意味着人们对更好的生活的不断追求。所以，与其他社会群体相同，老年人在价值观念、选择偏好、收入水平等各方面都有自己的内在分化，进而，他们对居家服务的需求也一定会有不同程度的分化。在满足日益分化的利益需要方面，社会组织起着无可取代的作用。其中包括：医疗，教育，文化，体育，民政，劳动；可以满足不同的老人在生活照料、精神健康、文化、法律，以及其他许多方面的需求。社会组织也可以通过多种形式的灵活性，可以为更小的群体提供灵活性的服务。

社会机构可以为不同的老年人提供与其需要相适应的服务，也可以对政府功能的不足进行及时补充。另外，在接受政府购买服务的过程中，社会团体能够适时地调整项目的服务计划，并能够及时地响应和满足新的需要；同时也可以确保服务的质量。在政府层面上，根据老人的身体状况与年龄，可以选择多层次的服务，也可以针对不同条件下的老人，给予有差别的服务补助，这样就可以有效地满足老人的多样化需要。同时，随着我国社会主义市场经济的发展，政府对养老服务的垄断问题也得到了有效的解决。社会福利的一部分是通过市场、个人和社会群体来实现的。社会组织可以起到连接市场、公共部门和家庭的桥梁作用，它可以为部门间的协作提供机会，并可以有效地将社会福利的各种资源进行整合，从而提升服务的供给效率；最优组合，以满足老年人对内容的要求。另外，更"接地气"、更具竞争优势的社会组织，也是政府、NGO 等机构所不能替代的。社会组织将志愿者服务组织组织起来，并对其加以合理运用，为不同种类的老年人提供差别化的服务需求，一方面可以减少成本，另一方面也可以弥补政府在资金和人才上的不足。

第三，扩大经费来源，提高家庭养老服务的可持续发展能力。从广义上看，社会团体的财政收入有三种来源：一是国家对其提供的财政补贴，二是商业团体、民间团体的捐赠；三是从自己提供的社会服务中获得的回报。但从总体上来看，这些渠道都有其自身的缺陷。以往，由于融资渠道单一，导致了社团的发展常常受限于融资渠道，而融资渠道的多元化，则可以使社团获得更多的融资，使社团更好地发挥自己的作用，提高自己的水平。更重要的是，一旦没有了资金的约束，社团的自治能力将大大增强，可以按照自己的专业特点开展服务；也将更加地公益化，并将重点放在社会提供的服务上，以避免自己因资金短缺，而误入歧途。同时，它也将为社会各界更好地吸收社会资本，为社会提供更多的支持。

9.2　社会组织参与家庭养老服务供给的现实困境

9.2.1　政府对社会组织的管理越位与缺位并存

（1）准入过于严格，社会组织不易获得合法身份

总的来说，目前我国社会组织的发展已经进入了一个新的时期，国家也出

台了一些相关的政策，对社会组织的发展进行了扶持和鼓励。但是，目前我国的社团组织发展还存在着一些缺陷。其中最重要的问题之一，就是进入社团的门槛太高，使得社团活动在法律上不能得到承认。一方面，我国目前对社会组织的管理采取的是双重管理模式。社会团体也要受一个商业当局的监管。因此，对社团组织的准入又增加了两个门槛，不少社团在申请的过程中都没有成功；不能注册，也不能达到自己的目的。另一方面，也有很多社会团体想要申请家庭养老服务，但是他们又没有资格申请，这是一种很尴尬的处境。其次，明确的注册条件较为严苛，尤其是对于社团组织的注册，除对经费有严格的限制之外，更是如此。协会的成员数量，一般都在 50 人以上，比其他国家的 12～15 人要高得多。在"双重管理"的制度下，再加上严格的注册要求，很多想要为老年人提供服务的机构，都不能通过注册，也不能通过上级部门的审核，所以他们要么依附于别的机构，要么就是没有法律地位的民间机构。没有法律地位的社团组织，难以开展其各项活动，也难以获得社会捐助。由于进入门槛过高，很多社团都游离于行政机关管辖的边界之外，因而被认定为"非法组织"。据统计，在当前中国，近 300 万家社会组织中，有近八成因进入门槛太高而处于"非法状态"，这也制约了它们承接大型家庭养老服务（Social Association）任务的能力。

（2）监督管理不当，管理政策之间缺乏衔接

目前，我国的社会组织在管理监督方面还有很大的发展空间，之所以如此，有两个原因。一方面，由于不能注册，所以不能得到政府的有效监管。另一方面，即便是一些成功地取得了双重身份的社团，也因为被两种不同的管理方式所影响，从而造成了自己的制度混乱。进而造成了在其日常运行过程中，存在着一些规则和规范的缺失，再加上社会宏观环境的恶化，政府和社会所承担的监督职能也没有发挥出应有的作用，最后造成了对社会组织的监督管理出现了问题。无论是国家还是地方，都在积极推动家庭养老服务的实施，一系列的指导性、规范性文件相继出台，但由于政策与政策之间的衔接还不够紧密，很多政策都没有明确的规定，很难实施。所以，迄今为止，家庭养老服务尚未被完全列入政府采购的议事日程。虽然国务院和各有关部门已经印发了很多意见、细则和通知，但是，它们大多只是宏观指导，涉及的部门很多，造成了责任主体的缺失；因此，各功能部门之间的权责关系，并没有得到合理的协调。

（3）法律制度建设滞后，社会组织法律地位不清晰

社会团体的第一个特点是其非营利性，这里的"非赢利性"是指其不能像社会上的私营部门和公司一样，以营利为主要目的，因此，在我国民法中应当予以肯定。而在《中华人民共和国民法通则》并未规定"非牟利法人"这一概念。这也说明，我们的基础法制还不完善，社会团体还没有进入一个完善的法制环境。虽然各个部门都颁布了相关的政策和条文，但经常因为政出多门，导致与社会组织参与社会服务有关的法规大部分都分散在零散的行政法规或部门规章当中。这也表明，当前，我国社会组织的运作缺少高价位、完整统一的立法支持，社会组织参与社会福利服务在很大程度上受到了部门社会福利法规的制约。

9.2.2　社会组织对政府组织体系的依赖及内部治理不完善

（1）社会组织自主性弱，对政府资源依附性强

家庭养老服务在政府和社会组织两个层次上的协同发展是为了适应人口老龄化趋势，满足老年人对养老服务的需求，从而实现公共利益。但在家庭养老服务的提供过程中，由于项目实施所需的资源，各社会组织并不能完全自给自足。为了保持其发展，它们必须与政府进行互动。

在我国，家庭养老服务项目主要以政府购买服务为主。项目的基本特点是政府与社会组织之间建立合作关系，通过政府资金支持，向社会组织提供养老服务，满足老年人的需求。在这样的合作关系中，社会组织更多地依赖政府的财力和物力，如融资、项目合同、政府官员的偏爱以及媒体宣传等，容易产生依赖性。而政府则依靠社会组织的专业技能和人才。

政府之所以要依赖社会组织，是因为它们具有高效率、高专业性和低成本的特点。尽管政府需要借助社会组织的力量来提供家庭养老服务，但从公益事业的终极目标来看，仍需由政府来决定。在国家权力的制衡下，社会组织发挥了从属和附属性的作用。这主要是因为政府对服务对象的选择、对经费的调整和服务范围的调整等方面对社会组织产生较大的影响和控制力。

在实施家庭养老服务时，社会组织通常需要借助政府的力量和资源来进行。然而，很多家庭养老服务的发行机构都是由当地政府和相关部门以"自上而下"的方式成立的，这就使得一些有实力的社会组织享受不到相应的资源，从而被

排除在养老服务系统之外。这导致政府购买服务的行为变成了一种权力下放和任务分配，使得社会组织在实施家庭养老服务过程中无法摆脱对政府资源的依赖和依附，进而降低其独立性和自主性。

可以看出，在家庭养老服务领域，大部分资源基本上都被政府的公共部门所掌握。这就注定了大部分的社会组织在发展时难以摆脱对政府资源的依赖，形成一种"依附性"。尽管如此，政府和社会组织之间的协同依然是应对老龄化问题的有效方式，未来应在保证资源的合理分配和利益保障的基础上，促进双方更深入的合作，实现共赢目标。

（2）内部治理不完善，自身发展能力不强

在我国，社团组织的发展还处在初级阶段，还远远没有达到成熟的程度。目前，我国许多社会团体还存在着一些问题，如：内部体制不健全，诚信透明度差，自律机制欠缺等。例如，在民主决策、信息通报以及财务规范等方面还不成熟，这些都会对社会组织的自身能力建设造成不利影响。与此同时，因为社会信用体系的不完善，加上没有一套行之有效的财务公开管理系统，导致了非营利组织在运作过程中出现了腐败现象。这些问题造成了社团的可信性与可信性不高，社团资源的整合与调动能力不强。另外，由于许多社会组织的专业人才匮乏，加上其财务状况不佳，也不利于吸引社会专业人士。当社会组织本身难以为自己提供更高的工资待遇，同时也缺少完善的社会保险保障的时候，面对着服务老年人这样一项风险较高、报酬较低的工作，又使得社会组织的工作人员具有很大的流动性；职业化建设不够完善。此外，在目前国内普遍缺少养老护理员的情况下，社会组织自身常常缺少护理人员，而且服务人员的质量也是参差不齐；特别是提供服务的员工，多为城市的下岗人员或农村进城务工人员，受自己的收入水平及工作习惯的影响，多数未接受过严格、系统的从业培训。由于我国社会组织发展滞后，目前其在家庭养老服务中的责任承担程度较低，与其他提供主体相比，与美国、德国等代表性的福利国家相比，其在养老服务中的责任承担程度较低。

9.2.3 社会组织多元筹资机制尚未建立

经费不足是制约 NPO 发展的最大瓶颈。社会组织自身资金匮乏，缺少政府财政和税收政策的支持，会导致其发展不稳定。所以，对于社会团体的资助和政策扶持，在许多国家都是如此。比如，建立健全政府购买公共服务的制度，扶持社会团体的发展；或者依托财政、税收等方面的优惠政策，对社会组织的发展给予扶持。目前，我国社会团体在发展过程中还存在着自身财力薄弱、政府扶持力度不够、社会资金缺乏等诸多问题，这些问题已成为制约社会团体发展的主要因素。

（1）政府支持力度偏弱

国家对 NPO 的扶持是 NPO 可持续发展的一个重要保证，而家庭养老在提供 NPO 的过程中，NPO 的经费短缺也是 NPO 的一个主要缺陷。而在西方，大部分的社区机构都建立起了比较健全的经费保障制度，能够有效地发挥其参与社会服务供给的能力与热情。美国霍布金斯的市民社会研究中心，在 42 个国家进行了一项调查后，发现在非营利性的社会团体，其所得的平均收益为：政府拨款的 40%，服务费用的 49%，慈善捐赠的 11%，而其中，政府拨款的比重最大，达 55%，然后是教育，47%，然后是社会服务。例如，在美国，在家庭护理产业，有 20% 的资金来自于政府，79% 的资金来自于服务费用，1% 的资金来自于捐助。和国外相比，我们国家对社团的支持就比较薄弱了。根据国务院发展研究中心社会发展研究部课题组的调查，虽然政府在财政补贴、政府采购、优惠土地供给、税收减免等多方面给予了一定的支持，但力度还是不够，许多调查单位并未享受到优惠。经费不足已成为社会团体存在与发展的重要问题，也是社会团体所面临的主要问题之一。

（2）筹资渠道比较单一

目前，我国养老服务社会组织的经费不足，主要表现在经费来源单一等方面。目前，我国大部分的社会团体都采取了"体制内生"的方式，基层团体较少得到发展和壮大。而一些拥有双重身份的社团，则常常完全依靠政府提供的资源。但是，目前，随着政府对服务商的采购，越来越谨慎，最后不再求助于公开和竞争，而是选择了与自己关系更好，甚至是与自己有联系的社会组织。这样，得到资助的退休社会机构将得到大量的发展，而没有得到资助的机构将受到阻碍。在此意义上，透过政府获取资源之管道，既不完善，亦不畅通，更会影响市民参与社会福利事业的热情与信心。

（3）社会组织获取社会资源资助能力较弱

缘于受到我国社会组织发展环境的约束，许多社会组织存在自我筹资能力弱，盈利能力低，社会影响力不高等缺陷，在市场竞争中的能力不高。只有小部分社团在一些领域有了一定的影响，具有很高的社会信誉和发展水平，可以作为社团发展的典范，被民政部门或有关部门所关注。另外，目前的社会捐赠制度还不健全，捐赠文化氛围不浓，没有建立起一套长期有效的社会捐赠管理制度和机制。中国社会普遍不喜欢慈善捐助，也缺少慈善捐助的传统，因此，中国社会对慈善捐助的期望就是通过国家对慈善捐助给予一定的税收减免。但是，如果社会机构没有足够的经费支持，就很难有足够的社会资本投入到家庭养老服务这一领域。

9.3　完善社会组织参与家庭养老服务的支持性政策

9.3.1　构建规范有活力的动力机制

（1）营造支持型的社会氛围

在家庭养老服务中，社会大众对其缺乏认同，这是阻碍其参与机制建立的一个重要因素。因此，培育社会组织在社会大众特别是老人群体中的认同感和包容性，提高家庭和社会对其在城镇社区家庭养老服务中的地位和作用，是确保其在城镇社区家庭养老服务中发挥作用的一个重要基础工作，也是保证其在城镇社区中发挥积极作用的充分条件。

第一，以"准公益性"为特征的社区家庭养老服务的政府责任重大，应持续增加家庭养老服务的基础设施投资，并加强有关部门的公共服务建设，以改善老人与家人对居住环境的满意程度，为老人提供高质量、高效率的照料服务与照料产品；这样，就可以在降低社会组织进入社区的阻力的同时，政府也要起到保护的作用，在保证老人最基本的养老需要得到满足的前提下，合理地利用市场的游戏规则；在此基础上，提出了一种以社会福利为导向的社会福利制度。

第二，要使社团有效地参与，不仅要有硬体的保障，更要有软体的文化作后盾。要对传统孝道文化和家庭传统美德进行大力弘扬，构建出一种与新时代相适应的以义务性、自律性、互益性为特征的新孝道理念，营造出一种积极的尊老养亲的社会舆论氛围，尽量避免因为尊老敬老问题而引起的各种社会冲突。

要想培养出一种新的孝道观，除了要保持政策法规、媒体舆论的支持和监督之外，还需要利用学校、社区、电视、网络等多种渠道，为年轻人提供一种行之有效的信息和材料，让他们在潜移默化的过程中认识和理解老年人最需要的是什么。让青年一代从内心深处认识到，老年人并不是一种潜在的社会问题，也不是一种负担。与此相对，老年人的安康和幸福才是老年人自身的权利。青年一代应该在认识和尊重老年人尊严的基础上，把敬老尊老助老视为自身的一项基本权利，以及自己应得的真情实感。而不是怜悯和宽恕。

第三，激发老人及其家人对社会组织的兴趣，加强老人家人、社区、社会组织三方的互动，让老人、社区居民对社会组织有更多的认识，增加他们对社会组织的认同与信任感，并在此基础上，增加对社会组织参与城市社区家庭养老服务的支持率，使老年人积极参与城市社区家庭养老服务的实施，发挥老年人的"余热"作用，变社区家庭养老服务的消极影响为积极因素，同时，社区家庭养老服务中心或社区居民委员会可以有意识地鼓励、帮助社会组织开展丰富多彩的老年文化活动，引导社区居民积极参与，发挥社区居民的主体作用，促进社区居民与社会组织的相互理解与信任。这样就可以在无形中形成一种支持的社会气氛。

（2）培育参与型的政治文化

参与型的政治文化是社会组织能够参与城市社区家庭养老服务的政治保障，是社会组织能够顺利进入社区家庭养老服务领域的前提条件，可以间接降低社会组织参与城市社区家庭养老服务的隐性成本关于政治文化，阿尔蒙德做出了具体的阐释和分类，所谓政治文化是指在特定时期一个国家所持有的政治态度、政治信仰以及政治情感，是一个国家或地区的政治、经济、社会习俗共同作用的结果。具体包括地域型、服从型、参与型三种类型，参与型政治文化则是指社会成员往往公开地趋向于作为一个整体的系统，参与政治过程的一种文化换言之，参与型政治文化是公众对政治体系以及体系的输入和输出有全面清晰的认知取向、情感取向以及价值取向，可以积极准确地认识并评价自己作为体系内成员的权责及所作行为的政治效能。

中国上千年的独裁统治，形成了一种顺从、依赖的政治文化，这是阻碍我国政治民主进步的一个主要因素。目前还没有形成一种参与式的政治文化，而这正是栓结城市社区家庭养老服务中存在的社会组织参与机制的深层原因。鉴于此，培养一种适用于我国的社会组织参与城市社区家庭养老服务的政治文化，不能忽略，没有它，社会组织便不能真正地进行实际的参与。正如美国政治学家科恩的《论民主》所言，当一个社会允许普遍性的参与，并鼓励持续、有力、有效的、知情性的参与，并在实际中得以实现时，知情性将由知情性的人来决定，这样的社会民主，即为广度和深度的民主。

构建参与型政治文化是一个综合性的概念，在新公共管理理论中，政府被定义为掌舵者而不是划桨者，政府不再提供直接的服务，政府的责任主要表现在：制定政策规划、厘定服务基准、提供财政福利和实施监督监察等。由于社会事务的复杂性，需要更多的社会力量参与其中，因此，构建一种参与型政治文化成为题中之义。只有这样，我们才能更好地参与城镇社区家庭养老服务的提供，为此，我们可以从三个方面进行努力：一是在社会组织参与的权力和责任上，通过立法来明确社会组织的合法身份，并对其参与城镇社区家庭养老服务的权利进行具体的界定，保证其知情权、表达权、监督权等能够实现；二是对有更多自由裁量权的社会组织，应尽量在切实可行的范围内，积极行使其参与权，自觉培养和增强其主人翁意识。三是关于社会团体参与的宣传，强调增强社会团体的自觉性和责任感，充分发挥其参与城镇社区家庭养老服务的潜力，并利用专业的宣传机构和平台，开展有关社会团体和城镇社区对家庭养老服务的宣传，提高社会团体的认同和信任，让其认识到其在城镇社区家庭养老服务中的重要作用，从而在整个社会形成人人关注养老，人人支持社会团体的良好氛围。

关于社会组织的参与途径，政府应当及时、负责地向社会公开参与的信息，并在愿意参加的社会组织中起到导向的作用，保证其参与的均等性政府应当尽量为其提供多种、有目标的参与途径，如：政务公开、议政平台、听证；不管是传统的还是现代的，都要保证这些渠道的便捷、及时、反应和公信力。

（3）健全规范化的参与制度

规范的参与体系是目前以政府为主导的参与方式的需要，也是使社会组织在家庭养老服务中发挥"杠杆作用"的基本前提。如果没有一个标准的参与体系的保护，那么家庭养老服务在社区中的有效提供就是一个空头支票，而且，在启动的时候，由于资金的不稳定，运作的复杂，投入的成本是无法收回的，很难保证持续的参与。其稳定性和效力决定了其在各种行为情景下都不可避免地呈现出偶然、随机的特征，很难得到公众的信赖，从而使其在城镇社区家庭养老服务项目中的参与成为了一种流于形式，而不能取得实质性的进步。

作为制度的利害攸关方，社会组织的意见和建议应该在制度的设计中充分体现出来，政府需要对社会组织赋予权力这里的权力，就是要让社会组织参与到制定、执行和监督的过程中，让相关的社会组织能够更好地参与到制定、执行和监督的过程中，只有保证社会组织的发言权，才能让法律制度真正地体现并符合社会组织和老年群体的合法权益，才能真正地调动社会组织对家庭养老服务的参与热情，并对相关的法律制度的有效性进行准确的评价。另外，城市社区家庭养老服务所面向的群体比较特殊，大部分人已经丧失了劳动能力，他们的退休金很少，甚至没有退休金，身体状况也有恶化的危险，这给社会组织带来了很大的资金回收压力，因此，必须要有很强的毅力和耐心，长期无私奉献的精神来面对这一本来就应该由政府来承担的社会责任，政府必须要加大政策上的扶持和服务上的监管力度；要把政策规定做得更细，更有针对性，更有可操作性。在社区推广家庭养老服务上，为其提供更多的经费和设备，并为其配备合适的办公场所和工作人员。要在税收上加大力度，比如在建设土地、运营网络等基础设施的成本上给予一定的优惠，以此来吸引更多的社会团体加入进来。此外，还要根据不同的养老服务项目，制定具有可操作性的服务标准以及监管细则。

按照奥斯特罗姆的理论，体制分为三个层次，即宪法层次、执行层次和可操作性层次。因此，完善规范的参与体制，从而提高社会组织参与城镇社区家庭养老服务的积极性，也不应该离开这三个层次。

第一，在宪法层面上，明确了社会组织在家庭养老服务中的知情权、表达权和监督权，并界定了其地位、作用和责任。同时，对社会组织的参与制度进行了补充，以建立更加完整、具体的制度体系。

第二，在执行层面，制定了关于行使社会组织权利的原则性规定，对其行使权利的范围进行了限制。通过法律、法规等方式明确了城市社区家庭养老服务中社会组织的参与范围。然而，这两个层面的实现均需依赖于国家和区域的总体制度安排。因此，要提高城市社区家庭养老服务中的社会组织参与积极性，最直接的方法是落实已在全国范围内出台的相关制度。

第三，例如，民政部门可以公开养老服务信息，对养老服务项目进行影响评估。对于城市社区家庭养老服务中的社会组织参与，最关键的是制度安排上的可操作性。由于家庭养老服务涉及多方面因素，因此我们需要根据全国范围内已出台的制度规范和完善社会组织的参与行为，如参与方式和程序等，使其更具有可操作性。同时，针对城市社区家庭养老服务的特点，开展相关体制改革，对现有体制进行改进，以填补当前在可操作性层面上的不足，确保社会团体得以有效参与。

9.3.2 打造竞争型的选择机制

构建一个"竞争型"选择机制，一方面可以让社会组织对城市社区进行理性的参与，另一方面也可以提升市民对城市社区家庭养老服务的参与积极性，进而提升城市社区家庭养老服务的项目质量和服务内容质量。

（1）强化政府部门的竞争意识

家庭养老服务是一项准公共产品，政府应该担负起供应的职责，起到主导的作用，但这并不代表它就是直接的生产性服务。社区家庭养老服务的供应模式多种多样，有政府直接供应模式，也有特许经营模式和合同购买模式等间接供应模式，但在特定的社区家庭养老服务的供应模式上，政府部门应加强自己的竞争意识；将更多的参与者引入竞选情景，进行理性竞争，从而提升服务效率和质量。换句话说，只有让更多的不同类型、不同规模的社会团体加入到社区家庭养老服务的提供中，形成竞争局面，才能使政府对家庭养老服务的采购有更多的选择余地，从而达到竞争的目的。正如斯蒂芬贝利所说："只有让当地政府保持对服务的购买者的战略性责任，并让潜在购买者主动提出竞争（竞争契约），才能使服务的效率和质量得到最大程度的提升。"

在怀特看来，竞争并不是一件容易的事情，而是一件容易发生的事情，越是激烈的竞争，就越是有价值。封闭的选举气氛肯定会带来一系列的不利因素，比如对服务提供的垄断性要求不高，不能在特定的资源中达到最低的服务质量与服务水平，从而对最终的服务效率产生影响；高的可应用性，可提高服务质量，降低成本，如果政府部门根据其与社区机构的关系，直接选择家庭养老服务的承担者，那么，在向社区机构提供家庭养老服务的过程中，往往只考虑了政府的意愿，而忽视了管理成本和管理效率，无法主动满足老人的养老需求，也无法满足公众的利益需求。鉴于此，政府部门应从全局的角度出发，以长远的战略性眼光来看待这一问题，培育并强化选择观念；让各部门的工作人员了解到竞争型选择机制的必要性和优势，用各种方式让他们建立起一种正确的竞争理念，让他们在每一个工作人员的日常生活中都能感受到这种理念。特别是在任人唯亲的情况下，要懂得"选才贵广"的道理，为候选人提供更多的机会，以便寻找到更好的社会团体。

（2）明晰选择条件，科学确定竞选主体

确定竞选主体的工作不仅仅涉及政府部门的工作，还涉及了老年人群体和社会组织，这也是科学确定竞选主体的必要前提，也是构建一个竞争性选择机制的基础。换句话说，一个合适的竞选主体，必须要有一个明确的选择条件。为此，我们可以从下面两个方面进行改进：

第一，精挑细选，做到有专人负责。虽然现行《政府购买服务管理办法（暂行）》对参加竞选的社会组织提出了特定的要求，但是，如果认真研究，就会发现，这个要求似乎太笼统了，基本上可以说是对一切正规的社会组织都是通用的，也就是说，参加竞选的要求基本上是没有意义的。这不仅让街道办事处获得了更多的选择自由，也带来了更多的风险。街道办事处对社会组织的候选人要求，比如能力要求，实力要求，都是建立在对社会组织进行独立评价的基础上，这就像是在自欺欺人，会影响到候选人的公平性，会让社会组织无法参加家庭养老服务的竞争。因此，除了一些基本的选择条件外，比如机构设置、法律规定、财务基础等，还应该将社会组织所能提供的服务内容具体化，针对社区护理、精神慰藉、医疗服务等，设定不同的选择条件，并强调选择的重要性，努力让自己的工作人员能够胜任。

第二，拓宽选择条件，保证全面、客观。在设定选择条件的时候，不仅要对社会组织的规模、财务制度进行限定，而且要对其过去的服务经验和服务的成效进行详尽的考察，以避免在选择的过程中，对候选人的评价存在的随意性和主观性。同时，还要对潜在的行为主体展开面试、考察和民主测评，把他们的社会认可度、老年人满意度、服务结果等作为重要的选择条件，避免出现高分低能的情况除此之外，根据目前社会组织的运营情况，一方面要对社会组织的整体服务能力进行考察。另一方面，还要重视对社会组织中服务人员的服务态度和服务技能的考核，防止所选择的社会组织硬件设施达到了要求，而服务质量却落后。

（3）建立陪审制度，提高社会组织的竞选热情

托克维尔在谈到美国陪审团制度的政治用途时，指出，由陪审团组成的法院实际上是一个教育人们治理国家、培养人们遵守法律的自由的学校，这说明，陪审团制度不仅具有保证法院的公正性和民主性，而且还具有将某种知识和观念传播给公众的功能，因此，我们可以在家庭养老服务计划的招标过程中，通过增设陪审团，设立陪审团，以提高社会团体的选举积极性。

第一，加大对陪审团的宣传力度加大陪审团的宣传力度，增强民众对陪审团的认识，这是提升社会团体选举积极性的首要步骤；同时，也是最基本的一步，相关部门要定期积极地对陪审团制度进行宣传，并将其贯彻到各利益主体的日常生活中，通过线上线下两种形式的宣传，引导社区的老年人和居民，让他们认识到社会组织参加家庭养老服务的重要性，从而为社会组织参加家庭养老服务的宣传创造一种包容、合理的环境，从而提升社会组织参加家庭养老服务的积极性，同时，在宣传手段的选择上，虽然网络宣传速度很快，覆盖面很广，但仍有一些不足之处，比如，公众对大量的信息缺乏理智的判断力，因此，政府需要对其进行正确的引导。在网络、电视、广播等媒体进行宣传的时候，必须保证宣传内容的生动，在保证观众了解和吸收的同时，辅以线上线下的宣传；通过陪审团制度进入社区，及时与社区居民进行面对面的交流，为社区居民解惑，提高了宣传的有效性。

第二，完善陪审团的组成和成员的组成，建立起一套完整的陪审团，是一套行之有效的陪审制度的先决条件，在此，我们可以参考法庭的经验；首先，根据和家庭养老服务有关的不同，我们决定了陪审团的组成，将他们分成了社区中的普通居民，社区中的老人，以及社会机构，并对他们的人数做出了相应的规定，我觉得他们的人数应该在69人左右。由街道办事处或社区居民委员会依据其成员的组成情况，向其推荐适当的候选人，并以此为依据，为每位成员建立一个个人资料档案，档案中应包含住址、年龄和家庭情况；可以说，评审团就像是一个免费的代言人，可以将评审团的工作内容传达给大众，让大众更好地了解城市社区家庭养老服务的运作，从而提高大众对城市社区家庭养老服务的认识，让大众对家庭养老服务的运作有更多的了解，从而更好地发挥出自己的优势。

第三，关注陪审员对竞标结果的反馈，关注陪审员对竞标过程的反馈，以

及他们在竞标过程中所起到的作用，这都是一个很有价值的决策意见，关注陪审员在竞标过程中所起到的作用，保证他们在竞标过程中的发言权。不但能够针对性地及时修改和完善陪审制度和评审环节，保证社会组织在家庭养老服务评选中的长期作用，还能将各方代表的利益要求和价值判断真正融入评审过程中，增强陪审员的存在感，从而进一步提升社会组织的参与评选的积极性。

9.3.3 建立多元协同的实施机制

由于缺乏一套行之有效的执行机制，常造成参加者机会不均、目标分散、参与过程混乱等问题，因此，要使社会组织在城镇社区家庭养老服务中发挥出应有的作用，必须建立一套有效的执行机制，才能使城镇社区家庭养老服务中的家庭养老服务得到公平、合理地使用，从而提高城镇社区家庭养老服务的质量。因此，必须建立一套有效的执行机制。

（1）制度化的实施标准

第一，在确定社区家庭养老服务的过程中，我们将改变传统的"自上而下"的官僚体制提供方式，通过"三社"的互动，逐渐转变为"问需于民"的"自下而上"的"议商型"服务方式，推动社区家庭养老服务的"议商"服务方式的形成，它是由基层党委、政府及其派出机构、群众自治组织和社会组织等组成。将社区居民等多元主体的协商共治作为一条路径，将协商民主的制度和技术作为保障，将供需衔接作为原则，将提高公共服务质量、保障和改善民生作为目标，通过多主体的审慎思考、理性对话、偏好转换来实现。折中的集成，挖掘出了基层社区居民的高关注度，广泛的受益者，贴近居民的日常公共生活；市民急切盼望能得到公共服务。首先，通过协商，可以准确地确定社区老人对社区养老服务项目的具体需求，从而使社会组织可以提供更有针对性的服务，从而有效地避免由于科层制供给模式而造成的供需失衡、资源浪费等问题。其次，协商不仅仅是对项目成果的关心，也为社区居委会、社区居民和社会组织之间的互动搭建了一个无形中的沟通交流平台，使社区居民的知情权、参与权、表达权和监督权在此情景下得到最大程度的发挥，从而为解决社区基层社会矛盾提供了有效的途径，也为促进"老年宜居"和"老年友好型"城市的发展做出了贡献。

第二，关于社区版家庭养老服务计划的申报情况，要保证申报过程的公开、公平、透明。所谓的公开，就是将有关社区版家庭养老服务计划的有关内容和有关承办者的资格要求，及时、充分地向社会公开，并制定标准的申报程序。公正性是指在选择候选人时，必须严格遵守有关部门制定的采购法律，并采用合理的方法对候选人进行严格的选择；不能以人为目的对社团机构设置隐藏的障碍，也不能以社团机构与社团机构的亲密程度来挑选候选人。透明就是在竞选的全过程中，特别是在签约的项目上，比如家庭养老服务的范围，质量要求，服务时间等方面都要做到透明；在经费运作方式、合同相关方的权利义务以及违法处罚等方面，都要做到阳光透明，并在第一时间将相关的结果向社会公开，从而提升社会组织的信度和效度。

第三，建立社区家庭养老服务计划的管理机制，保证管理主体的责任制度化，从宏观角度来看，社区家庭养老服务计划的执行主体包括政府和政府两个层面，从宏观角度来看，社区家庭养老服务计划的执行主体包括街道办事处和社区居委会，从中观角度来看，在执行过程中，由于服务责任、财务收支和操作技能等问题的存在，谁来负责宣传和协调，谁来分配资金，谁来负责整个项目的运行，这是社会组织参与社区家庭养老服务计划的必要条件，其中一个就是责任的制度化。

（2）多方参与的评估主体

评价主体，即价值判断者，可以是个人或组织。建立多元合作评价机制的先决条件是对评价主体进行科学的选择和配合。协同治理理论强调多部门合作解决复杂公共问题，弥补彼此的不足，以达到大多数利益的共识。现在的评价主体主要是政府购买第三方评价机构的服务，这种一元化的评价可能导致评价过程的问题，例如工作不实等。一个解决方案是参考其他地区社区家庭养老服务的评价体系，联合区、街道、社区、第三方评价机构、社会组织、老年人群体，旨在达到公正、客观的社区参与情况。政府的相关部门应积极参与，社区的领导和社区的老年人应发挥作用；第三方评价机构和其他参与者的社会资源和资本需要被整合、广泛收集和吸纳各方评价观点，整合评估主体，以达到全面、客观的评估结果，最大化利益。

第一，政府部门是城市社区家庭养老服务项目的制定和购买主体，它的审批和认证工作是社会组织参与项目的第一道防线，因此，政府在评价过程中需发挥其专业优势。政府可以通过实地考察和随机抽样调查等方法，评价服务效果，并将评价结果及时通报给社会组织，并将其补助资金挂钩。政府作为评价主体，需制定评价的政策法规，完善评价标准，对第三方评价机构的评价报告进行规定，并要求社会组织提交自我评价报告，以便全面了解家庭养老服务中的实际情况，通过优胜劣汰的监督机制，提高效率。

第二，第三方评价机构在我国城市社区家庭养老服务评价体系中担当重要角色。政府主导的评价可能削弱第三方机构的独立性，可参考西方国家的经验，交由第三方机构独立完成评价。例如，政府制定评估标准，其他事项交由第三方机构，以提高其专业性。第三方机构应组织专家和学者针对家庭养老服务项目，纳入政府制定的评价体系，并采用多元化的评估方式，如考核服务对象满意度。第三方机构在评价过程中应保持中立，并制定专业评价标准，以确保客观公正。

第三，社区老人在评价过程中的声音十分重要。他们与社会组织关联最紧密，最能了解实际问题。通过让他们参与评价，可以达到最真实、客观的评价结果。同时，社区老人能提出有针对性的建议，帮助社会组织提高效率。

（3）多层级为主导的评估指标

评价指标是多维协作实施机制的载体，如何衡量社会组织在城市社区家庭养老服务中的参与效果，科学、有效的评价指标能够真实、客观地反映社会组织在城市社区家庭养老服务中的参与效果，从而达到监督和改善社会组织在城市社区家庭养老服务中的作用，并参考北京市家庭养老服务中的多维评价指标体系，将评价指标分为三个层次，尽量将评价指标的类别与单个评价相结合，将评价指标的可量化与非可量化相结合，降低人的主观性，提高评价的客观性。从上到下依次为目标层，标准层，指数层，随着层级的提高，指数层变得更加全面，而随着层级的降低，指标变得更加细化。

评估社会组织在城市社区家庭养老服务中的投入和产出是关键。投入指的是社会组织在家庭养老服务中的运营环境、法律法规、资金管理、组织人员、服务计划以及志愿者团队等方面的支出。反过来，产出则通过评估在城市社区家庭养老服务中所需人群的满意程度来测评。为了详细评价社会组织的参与情况，我们有 26 个关键指标，其包括场地面积、设备设施、人员管理制度、考核奖励制度、安全生产制度、合同管理制度、财务管理制度、资金来源和资金支出、组织人员整体规模、教育背景、专业知识、服务态度、具体服务项目，以及志愿者团队的资源和数量等等。此外，我们关注社会组织服务的质量、数量、及时性、公平性和人性化等方面，都是服务效度的重要组成部分。对每个指标我们设立一个具体的分值权重，根据加权平均法计算出总分，总分值设定为百分制。在这个基础之上，我们可以对每个指标提出改进意见，形成定量与定性相结合的评价方式，从而全面评估社会组织在城市家庭养老服务中的表现。

（4）治理结果为导向的监督管理

在执行机制中，治理成果的处置不能被忽略。目标不仅仅是进行评估和描述，而是要有效地管理社会组织在城市社区的家庭养老服务。

首先，我们要反馈治理成果给相关的社会组织，让他们了解他们在家庭养老服务项目中取得的成就，并在此基础上总结经验，提升他们的公信力。任何存在的问题应被客观地对待，争取做到改正错误。对于对评估结果有异议的，可按照相关程序重新进行评估。

其次，以"治理成果"为评价指标，从评估的角度调整我们的思维方式，强调评估和管理相结合，以结果为导向，并兼顾管理和评估两个维度。通过这样的评估，可以确定社会组织提供家庭养老服务的数量、资助的金额和规模、和运行的资质。对于那些提供高质量和高效率服务的社会组织，应提供更多的支持。但对于那些服务质量和效果不高的，应予以适当的惩戒，甚至可能取消其运营资格。在对社会组织进行处理时，必须要注意进行方式，要对每个社会组织给予必要的尊重。

最后，将管理成果纳入街道办事处的绩效考核指标中。毕竟街道办事处是政府购买社区家庭养老服务的主体，将管理成果纳入他们的绩效考评，有助于改进他们的管理行为，提升管理效率。区级政府还可以通过这个突破口，一方面，对在家庭养老服务中表现出色的单位或个人进行奖励，另一方面，对一些街道办事处的不作为或慢作为进行纠正，确保社会组织能够顺利参与家庭养老服务的实施，更好地推动老年友好型城市和安居型社区的建设。

9.3.4 强化综合性的保障机制

构建健全的保障机制，是使社会组织在城镇社区家庭养老服务中发挥良好作用的重要手段，因此，笔者试图从完善的保障机制入手，弥补目前城镇社区家庭养老服务中社会组织在实施保障机制方面的空白。

（1）能力保障：提升社会组织自身的综合能力

在建立参与型政治文化和建立服务型政府的过程中，社会组织还必须从现实的角度来强化自己的核心能力，从而提高自己的综合能力。

① 筹资能力的提升

在市场经济条件下，筹集资金的能力是社会组织能够长期发展的基础。充足的资金能够保证组织的独立和自治。社会组织普遍存在资金不足的问题，这限制了它们在家庭养老服务中的参与。根本原因在于它们融资能力较弱。因此，从社会资本的角度出发，应建立一个多元化的融资网络系统。

首先，要建立以产品为导向的融资网络。家庭养老服务具有准公益性特征。社会组织可以根据自己的服务特点，设计适合的公益风险投资产品，利用特色产品建立自己的网络，实现融资。此外，还可以通过丰富的产品数量和创新产品，借助市场化方式拓宽资金来源，从而实现自身的造血功能。

其次，要建立以营销为导向的筹款网络。社会组织可以雇佣专业筹款人员，对有特色的家庭养老服务进行有针对性地推广。拓宽服务范围，并尽量寻找潜在投资者满足他们的需求。同时，积极组织大学生参与社团活动，引导他们参与家庭养老服务。

最后，要构建以捐献者为导向的融资网络。相较于城市社区家庭养老服务这一新兴领域，我国的社会组织在调动社会捐款方面存在不足。因此，在不违背服务目标和养老诉求的前提下，应合理地按照捐献者的意愿规划家庭养老服务。将老人的养老需求、政府购买需求与捐献者的利益诉求有机地结合起来，通过多元化方式吸收社会资本，从而实现融资目标。

② 人力资本的提升

人力资本是任何组织长期发展的基础支撑，社会组织的人力资本水平的提高与其参加城镇社区家庭养老服务项目所能提供的养老服务的质量、数量等密切相关，为改进城镇社区家庭养老服务项目所能实施的现状，需要根据实际情况，对其进行适当的提高，并根据实际情况，探讨适合其经济、社会效益的提高方式。

第一，因材施教，根据自己参加家庭养老服务项目的实际情况，根据所面临的具体问题，采用不同的方式，选择最适合自己的人力资源管理方式，并将其纳入自己的知识体系；第二，各社会组织应在参加《都市社区家庭养老服务》的过程中，加强对其人力资本的理解，建立起一套适用于各社会组织的人力资本管理体系；第三，加强社会工作人员的队伍建设，为其参与《都市社区家庭养老服务》的工作提供持续的人才保障；第四，建立健全的社会工作人员队伍，为其参加家庭养老服务的工作人员队伍提供稳定的人才保证；第五，通过社会工作知识的普及，完善社会工作人员激励机制，规范社会工作人员进入的门槛，分阶段分层次地培养社会工作人员，使他们的综合素质逐渐得到提高。

③ 信任资本的提升

信任资本是一种可以对为社会组织提供资源的利益相关方有直接影响的无形资产，它包含了社会组织获得公众信任的能力、社会组织对公众的影响力和号召力、公众对其的满意程度。信任资本既是其生存之本，又是其在家庭养老服务中建立和完善其参与机制的先决条件。

第一，提高员工的综合素质，直接影响到员工的可信度，而可信度是城市社区家庭养老服务所规定的社会组织参与机制的基础，所以，员工的综合素质的提高，就是信任资本的提高，一方面，企业的领导、管理部门要针对老人的养老需求，有针对性地为员工设计适合的专业培训方案。提高工作人员的业务能力和工作态度，如果一个社会组织能够很好地满足老人们的各种养老需求，那么它的可信度就会相应地提高，提高信任资本也就顺理成章地顺理成章了。另外，还可以适当地引进一些优秀的专业人士。建立一套完善的工作绩效评估体系，一方面可以找出社会组织在参加家庭养老服务项目过程中的不足之处，并及时纠正；另一方面也可以实现组织管理的科学化和高效化，帮助工作人员不断完善自己，提高自己为老人提供服务的能力，从而增强社会组织的可信度；积累信任资本。

第二，强化品牌形象的宣传，一个好的品牌形象，不但可以帮助社会组织与政府部门、受惠者、捐赠者之间建立起牢固的信任关系，增强社会组织的对外公信力，还可以帮助社会组织的文化凝聚和共同的价值观，增强社会组织的凝聚力因为大部分的捐赠者都是从间接的途径得到关于社会组织的信息，从而对社会组织的可信度进行了评判，而舆论媒体，也就是信息的传递媒介，在公众和社会组织之间起到了非常重要的作用。社会组织一定要与大众传媒保持适当的交流，利用大众传媒来传播自己的好的品牌形象，提升社会组织的积极报道率，让大众与大众传媒形成良性互动；增进社会大众对该机构品牌形象之认同，进而增进其信赖资本。

第三，加强对捐赠人的合法权益的保护，目前，不管是政府还是社会大众，都在呼吁慈善事业要透明，要严厉打击慈善机构的腐败和黑箱，但是，因为社会团体本身的某些内在因素，慈善机构在阳光下的活动，也只是一种可望而不可即的事情，这就很容易造成信息的不对称，让大众对慈善机构的行动趋势一无所知。所以，社会组织应当尽可能地使用透明的基金操作方法，以及规范的工作方法，这样才能让捐助者的权益获得合理的保障。如果捐助者的利益因为不信任而遭受了损害，那么，社会组织应当积极地帮助捐助者，努力弥补他们的损失；为了维护社会的好感，除返还捐款外，还应对有关人员进行惩罚，使他们遵守承诺，降低捐款人的风险。

（2）资金保障：扩大资金来源，确保资金的长效高效

2013年是中国公益事业向公益事业发展的转折时期，公益事业的发展与公益事业的发展相适应，公益事业的发展与公益事业的发展相适应，公益事业的发展与公益事业的发展相适应。社会组织融资市场的进一步开放，怎样才能更好地利用政府对融资市场的开放这一有利的东风，拓宽融资的渠道，提高融资的效率。因此，转变政府、市场及社会团体的筹款观念，以"众筹"的方式，保证筹款方式的永续发展，就是最好的选择。

首先，政府的财政保障是直接和重要的经济支柱。必须增加对社会组织的投资，改善民生问题，例如在购买家庭养老服务的过程中，减少官僚主义和约束，提升融资能力，并在原有的税收政策基础上增加补贴。

其次，积极培育社会组织的"造血"能力，也就是组织自我筹资的能力。这可以通过提供收费服务和初次的商业活动实现，其目标不在于盈利，而在于减少运作费用和填补支出缺口。例如，社会组织可以提供服务并收取一定费用，或者开展商业活动以增加资本。但这种方式必须符合"利益性"和"合法"的原则，获取的收入应全部用于公益事业。

最后，引导社会其他力量，包括公司和个人的投入，这可以保证资金的持续和效率。例如，公司可以为社会组织提供家庭养老服务所需的资金投入，而个人捐赠虽然在我国占比不大，但通过增强他们的认同度和信任感，我们也可以增加个人捐赠的积极性。此外，频繁邀请捐资人参加活动或给予荣誉性职位，也有助于捐赠人的动机，并增加个人捐资的数量。

总的来说，保障社会组织在家庭养老服务中的参与需要政府、社会组织以及社会其他力量三者共同努力，形成一个良性的融资环境。

（3）组织保障：成立养老服务行业协会，提高社会组织的影响力

在家庭养老服务实施中，强有力的组织结构为社会组织参与机制提供保障，防止社会组织在实施过程中出现分散、盲目和低效的问题。如罗茨在《新的治理》书中指出："没有任何行为体，无论是公共还是私人的，拥有完全的知识和信息来解决这个复杂且不断变化的问题。没有任何行为体能够充分有效地使用必要的工具。"意思是没有一个公司有足够的能力来完全掌控一种经营模式。

你可以这样理解，社会组织的影响力、获利能力都受组织的质量而非数量影响。换句话说，社会组织的综合能力越强，它在家庭养老服务中的角色就越明显。由此，我国倡导建立社会组织的专门机构，明确其具体职能，形成各种社会组织的融合，形成了一个组织的规模和模式。然而，在这一领域，我们还需要做出更多努力。

我国社会组织参与城市社区家庭养老服务，其方式是自上而下的、由政府主导的。在此模式中，社会组织基于对自身能力全面考虑，搭建了多层次、分散的，且没有系统支撑的组织。产业内部合作紧密，以提升整体质量。此外，创建社会组织养老服务行业协会极其重要。

该协会对于其他社会机构具有不可替代的支持作用：第一是提高社会机构养老服务的业务水平，为各组织间的交流提供机会；第二是帮助强化与其他治理主体的协调互动。通过与政府、企业等建立联系，协调政府与社会组织、企业与社会组织之间的关系。

总而言之，各地政府应积极营建社会组织养老服务行业协会，引导和组织社会组织，让其能够更好、更高效参与，让社会组织的声音得到体现，提供一

个利益表达渠道。增强社会组织间的沟通协作与资源整合，从而改变目前零散的管理状况，实现信息共享，避免重复浪费，增强社会组织在社区家庭养老服务中的作用。

　　在"互联网＋"的背景下，传统机构逐渐转变为智能化机构，利用互联网等信息技术，打造人性化、智能化、信息化的社区家庭养老服务。例如，武汉市武昌区目前正在努力将社区家庭养老服务构建为政府、企业和社会组织三位一体的参与方式。

第十章

研究结论与展望

在此基础上，本书对家庭养老服务中的社会支持策略进行了初步分析。本书按照"规范研究—经验研究—对策研究"的思路，按照"家庭养老服务中的社会支持制度不足—家庭养老服务中的需要—家庭养老服务中的社会支持制度建设"的分析框架，进行了系统的研究。通过对国内外现有模式的梳理，分析家庭养老服务在中国老年群体中的需求特征及供给机制，为提高家庭养老服务的适用性提供理论依据，并在此基础上，提出要提高家庭养老服务的适用性，既要增加政府资金投入，又要构建适合我国国情的家庭、社区支持系统，并要进一步健全相关的配套政策及服务机制。本书的主要结论是：

10.1　研究结论

（1）我国家庭养老服务社会支持政策的发展历程具有鲜明的特色与理念

随着我国人口老龄化进程的加快，养老问题受到了全社会的高度重视，不断健全的社区建设与社区服务为家庭养老的出版提供了强有力的支持，随着家庭养老的正式发布，家庭养老的出版思想也已初步成形。与此同时，国家对构建养老服务体系有了较为明确的认识，家庭养老服务提出了社会福利社会化、福利多元化、公共服务均等化等方面的指导意见。家庭养老服务以"家庭为主，社区为辅，机构为辅"为核心，以家庭为本，社区为本，机构为辅，已成为我国家庭养老的典型范本。主要表现出政策客体逐渐扩大、养老服务项目内容日益丰富、家庭养老方式地位日益凸显、市场型、动员型政策工具成为主流、政策效果以服务质量为导向等显著特点。但是，家庭养老服务的发展也有其不足之处，其中最突出的问题是：家庭养老的顶层设计还不够健全，配套政策体系的构建已经远远滞后于我国人口老龄化的发展趋势。如果没有一个统一的法律、法规，这就会造成法律、法规的片面、支离破碎，从而限制了家庭养老服务的可持续发展。目前，私人资本对家庭养老服务的参与热情较低。目前，国内还没有对家庭养老服务进行系统的标准化、规范化建设，这些都说明了家庭养老这一制度还不健全、不成熟。

（2）家庭养老服务社会支持政策体系的各要素具有强关联性

本书指出，家庭养老是针对满足老人（或照顾者）需求而制定的社会支持政策，涵盖了行业企业、政策机关、社会团体及其他相关社会力量。在家庭养老服务的执行中，主体间的互动体现为扶持的政策体系和制度保障。它们是一种"软实力"，极大影响着整个社会保障体系的构建。缺乏政策支持，纵使有再多的呼声、口号、法规也无济于事。

为了让家庭养老服务更好地发挥作用，有必要尊重老年人为一切的原则，注重老年人生活照料、精神慰藉、文化生活和情感交流等多方面需求。需从老年人的需求出发，结合照护关系、家庭代际关系、生活理念以及生活方式的变化，系统全面地掌握老年人需求变化，以提供更有效、优质的服务。

人力和财力是推动家庭养老服务高效发展的根本。政策扶持的关键因素在于强化专业养老服务人员的培养，保证服务的专业化，并积极动员民间机构提供好的家庭养老服务，为服务的发布提供最大限度的人才支持。"财"作为基础，为基层组织的发展提供了有力的支持。应该明确家庭养老是公益事业，需要国家的财政支持。

家庭养老服务涵盖的内容很多，而老年人对养老服务的需求多元化、细腻化不能通过任一养老供应模式满足。这就要求不同的政策支持者之间协同配合，互相促进。从融资角度看，需要加强融资支持系统，建立多元化的融资渠道。从老年福利发展角度看，需要构建家庭养老中的老年社会福利模式。建立一个综合性养老服务体系，既要发挥政府的主导作用，又要积极引入社会资本。利用社会组织的灵活应变能力和弹性组织形态，可以有效满足老人需求的多样性，推动养老服务业产业化发展。

（3）家庭养老服务社会支持政策体系完善的核心内容

政府开发家庭养老服务的责任必须以保护型社会政策的形式体现，一套完善的家庭养老服务社会保障政策的核心要素包括：第一，加强政府对家庭养老服务的提供的引导作用。有力的政策支撑是家庭养老可持续发展的根本保证，也直接影响到家庭养老的出版，乃至整个社会保障体系的构建。在家庭养老的出版中，以政府为主导，提供直接的政策支持，这是家庭养老出版的主要依据。而政府从政策导向、资金支持、有效监管、体制健全等方面，都是推动和保证家庭养老健康发展的重要因素。为此，我们需要在政策导向、资金支持、有效监管、体制机制建设等方面，积极推动家庭养老行业及相关配套行业的健康发展。第二，对家庭养老服务在社区的作用进行了政策升级。家庭养老的发展，以社区为基础，既可以解决家庭养老人手不足的问题，又可以有效地保障老人们的生存，让老人们始终生活在原本的"场域"中，这样就可以更好地满足老人们的心理和精神需要。因此，为使家庭养老的作用得以有效地发挥，政府对社区的职能建设给予政策上的支持是一种客观的必然。为此，必须加强对社区工作的整合，加强对社区工作的经费投入，加强对社区工作的人才培养。同时，要对家庭养老中的社区基础设施进行合理的规划，加大对基础设施的投资，加速现代化社区的建设。要保证家庭养老在社区的健康可持续发展，就必须全面提高其硬件建设水平，以及其软件建设水平。第三，对家庭养老服务中的社会团体进行了政策集成。在对家庭养老服务体系进行持续改进的同时，政府也应重视"第三部门"与"社会团体"在其中所起到的作用。政府，社会团体，市场；家庭与个体之间的互动与协作，促进老年产业的创新与发展，促进家庭养老服务的发展，并在此基础上形成一种广泛的价值观与社会动员，以实现对老年人多种需要的全面满足。尤其是家庭养老服务业的发展，更要充分利用市场的力量和机制，促进与之相关的行业的发展，通过对社会资源的充分挖掘、吸收、开发，促进多元化的综合性养老服务体系的建设。第四，为家庭养老服务中的社会资本杠杆作用提供了政策支撑。首先，要充分利用财政的杠杆效应，将社会资本引入到家庭养老服务中；其次，对政府与社会资本的多元化合作进行了探讨。最后不断健全各项优惠政策。政府补贴，市场准入，土地保障；在税费减免、金融扶持等问题上，给予足够的优惠和扶持。第五，对家庭养老服务的选题进行了针对性的培养。

（4）家庭养老支持性政策体系完善的具体建议

本书指出，家庭养老服务的税收和财政扶持政策制度应关注以下几个方面：

第一，明确家庭养老服务的目标，包括增加服务供应、扶持养老机构发展，以及推进机构和家庭养老服务一体化发展。

第二，根据经济和社会的发展程度，合理确定养老基本服务的层次，并加大政府对养老制度建设的投入力度。

第三，扩大税收和财政的政策空间，建立一个市场、财政、家庭共同分担的资金分配网络，并将家庭养老服务经费纳入财政预算内。

对于人才支撑政策制度，政府应建立完善的人才保障制度，优化人才培养环境，加大家庭养老服务的义工队伍建设力度，同时加大对家属的扶持力度，如推行临时照护政策。

在社会组织支持政策方面，改革社团登记制度，简化审查程序，建立一个规范的政府与社会团体合作体系，提高社团自身的实力并加强与政府的友好合作。同时，制定差别化的行业政策，加强对老年产业的财政扶持，促进金融产品与养老服务的有效结合，关注老年产品与服务的需求结构与水平差异，以改善老年商品和服务市场体系。

第四，促进医疗保健与养老相结合的政策，特别是针对老年人的医疗需求，为他们提供更好的保障。总体来说，要构建一个多方参与、多层次支持的家庭养老服务体系。

10.2　研究不足与展望

本书通过对家庭养老服务政策支持的研究，对供需存在的问题进行了分析，包括政府扶持政策，特殊群体的老人家庭等问题。同时，我们还向民政部门和社区进行了实地走访调查，借助问卷调查、深度访谈和案例分析等方式，对家庭养老服务实施过程中的老人需求对实施效果及预期进行深度剖析。

此外，虽然我们颇有收获，却也意识到有一些方面由于认知层次及知识结构的限制，未能进行深入细致的探索，例如详细处理财税政策、人力资源政策、社会组织政策、老龄产业政策等对家庭养老服务社会支持政策体系的具体影响。

　　同时，我们并没有具体深入地讨论在微观层面上的支持政策，例如如何更好地通过支持家庭成员以帮助家庭养老，如何更好地支持老人以帮助家庭养老等。

　　在未来的研究中，我们将继续探索并试图找到更多详细而有效的支持家庭养老服务的策略。评估并找出政策效果的客观标准，从而为国家和地方政府在推动家庭养老服务政策制度化、规范化等方面提供有力支持。

参考文献

[1] 吴元元，袁铎珍. 我国农村家庭养老社会支持政策体系构建 [J]. 合作经济与科技，2023（20）：175-177.

[2] 胡湛. 传统与超越：中国当代家庭变迁与家庭政策 [M]. 北京：社会科学文献出版社，2018.

[3] 马姗伊. 人口老龄化视角下我国家庭养老支持体系建设研究 [J]. 当代经济研究，2021（03）：104-111.

[4] 李永萍. 老年人危机与家庭秩序：家庭转型中的资源、政治与伦理 [M]. 北京：社会科学文献出版社，2018.

[5] 姚兆余. 农村社会养老服务的属性、责任主体及体系构建 [J]. 求索，2018（06）：59-65.

[6] 李连友，李磊，邓依伊. 中国家庭养老公共政策的重构——基于家庭养老功能变迁与发展的视角 [J]. 中国行政管理，2019（10）：112-119.

[7] 唐灿，张建. 家庭问题与政府责任：促进家庭发展的国内外比较研究 [M]. 北京：社会科学文献出版社，2013.

[8] 陈宇翔，余清，李晓培. 农村老人养老保障体系重构与运行中的政府责任——以湖南省为例 [J]. 吉首大学学报（社会科学版），2016，37（03）：89-94.

[9] 郭林，高姿姿. "老有所养"家庭支持政策体系的完善——基于"资源-服务"视域下的家庭养老功能 [J]. 中国行政管理，2022（10）：99-108.

[10] 孟艳玲，张洁. 养老服务人才职业发展困境与对策探析 [J]. 中国管理信息化，2023，26（13）：117-120.

[11] 杨晓奇. 我国老龄产业政策的现状、问题及其完善建议 [J]. 老龄科学研究，2022，10（08）：1-13.

[12] 丁志勇. 老龄产业与金融支持 [J]. 中国金融，2018（20）：94-95.

［13］ 赵洁. 建立基本养老服务财政支持机制的思考——从全国居家和社区养老服务改革试点说起 ［J］. 中国社会工作，2021（17）：32-33.

［14］ 唐兰叶. 乡村振兴背景下农村独居老人社会支持网络构建研究 ［J］. 太原城市职业技术学院学报，2022（10）：38-41.

［15］ 董梅艳. 社会支持视角下农村空巢老人养老困境的研究 ［J］. 黑龙江粮食，2022（06）：120-122.

［16］ 郝梓竹，赵庆波. 我国城镇养老保障模式研究综述 ［J］. 智库时代，2018（33）：121，124.

［17］ 平付敏，张文娴，安静. 河北省城镇居家养老支持性服务体系研究 ［J］. 河北学刊，2012，32（04）：241-243.

附录：2016 年河北省城镇家庭养老服务需求问卷调查

此次问卷调查旨在了解河北省城镇居家老年人对城镇家庭养老服务的基本需求与影响因素。调查对象主要为河北省 65 岁及以上城镇居家老年人，访员都是来自西南财经大学一年级至研究生二年级的在校学生。展开访问前，与受访者签订保密协议。按照《国家统计法》的保密规定，在问卷调查整个过程中对受访者的信息进行严格保密。

第一部分：人口统计学特征

非常感谢您对我们的支持与帮助，现在我们正在开展 2016 年入户访问工作，需要您或您的家人帮助我们完成一份问卷，这份问卷主要想了解您家老年人养老服务需求和支出的基本情况，先从了解您的家庭情况开始。

家庭编码，家庭住址：　　　　　　河北省　　　　　　区/县

变量编号	变量内容	家庭成员 1	家庭成员 2
[A1]	请问您的性别是：_____ 1. 男 2. 女		
[A2]	请问您是哪一年出生的？_____ 访员注意：出生年份≥1951 年		
[A3]	请问您的文化程度是？_____ 1. 没上过学 2. 小学 3. 初中 4. 高中 5. 中专/职高 6. 大专/高职 7. 大学本科及以上		

续表

变量编号	变量内容	家庭成员 1	家庭成员 2
[A4]	请问您的政治面貌是？_____ 1. 中共党员 2. 民主党派或其他党派 3. 群众		
[A5]	目前，您的户口类型是？_____ 1. 农村户口 2. 城市户口		
[A6]	您当前的婚姻状况是？_____ 1. 未婚 2. 已婚 3. 离婚 4. 丧偶		
[A7]	您目前或者退休前的职业是？_____ 1. 国家机关党群组织、企事业单位负责人 2. 专业技术人员 3. 办事人员和有关人员 4. 商业、服务业人员 5. 农、林、牧、渔水利生产人员 6. 生产、运输设备操作人员及有关人员 7. 军人 8. 其他（请注明）		
[A8]	您目前的主要经济来源是_____ 1. 工作收入 2. 储蓄投资 3. 子女供养 4. 退休金 5. 房屋租金 6. 社会和亲友支持 7. 政府津贴 8. 其他（请注明）		
[A9]	您每个月可以支配的总收入是多少？（包括以上提到的所有收入）_____元 访员注意：如果本题受访者不愿意回答或者回答不知道，直接询问 A10。		
[A10]	您每个月可以支配的总金额在以下哪个区间？_____元。（单位：元） 1.0～1 000 2. 1 001～2 000 3. 2 001～3 000 4. 3 001～4 000 5. 4 001～5 000 6. 5 000 以上		

第二部分：家庭基本情况

非常感谢您对我们工作的支持与配合，现在我们简单了解一下您的家庭基本情况。

[B1]	请问您有几个亲兄弟姐妹？（不包括自己）_____		
[B2]	您总共有个子女？ _____		
[B3]	其中，儿子有个？ _____		
[B4]	可以陪伴在您身边的亲人人数是多少？ _____		
[B5]	日常照顾情况主要是以下哪一种：_____ 1. 自我照顾 2. 有家人相互照顾 3. 有家人但无法相互照顾		

第三部分：养老服务需求情况

[C1]	您去年平均一个月的伙食费是多少，包括在外就餐？（单位：元）_____		
[C2]	您去年平均一个月，水、电、燃料费、物业管理费等支出总共多少？（单位：元）_____		
[C3]	您去年平均一个月，用于购买日常用品的支出总额是多少，这里的日用品指洗衣粉、香皂等，不包括食品和衣着支出？（单位：元）_____		
[C4]	您去年平均一个月，雇佣保姆、小时工、司机以及家政服务公司提供的清洁清洗、管道疏通等家政服务花费多少？（单位：元）_____		
[C5]	您去年平均一个月的本地交通费花了多少？包括自驾的油费、停车费等。（单位：元）_____		
[C6]	您去年平均一个月的电话、网络等通信费共有多少钱？（单位：元）_____		
[C7]	您去年平均每个月书报、光盘、影剧票、歌舞厅和网吧等文化娱乐总支出有多少？（单位：元）_____		

[C8]	去年，您旅游、探亲总支出是多少？（单位：元）		
[C9]	去年，您的保健支出有多少，不包括医疗支出（单位：元）＿＿＿＿＿		
[C10]	您平时消费的主要考虑是以下哪个方面呢？＿＿＿＿＿ 1. 饮食、生活照顾及医疗护理 2. 家人没时间照顾，怕自身安全没有保障 3. 和朋友一起参加休闲活动 4. 希望日子活得有尊严，不想成为子女的负担 5. 人生任务完成了，想享清福 6. 其他（请说明）		
[C11]	您平时了解到的信息的主要渠道是：＿＿＿＿＿ 1. 亲友介绍 2. 子女推荐 3. 社会团体 4. 广播电视媒体 5. 广告、报纸和等 6. 医疗机构介绍 7. 其他（说明）		

第四部分：养老服务购买模式

[D1]	请问您有没有使用过养老服务？＿＿＿＿＿ 1. 有 2. 没有 注：如果回答没有，请直接调至第五部分。		
[D2]	到目前为止，您接受养老服务的时间为：＿＿＿＿＿ 1. 一年以下（包括一年） 2. 一至两年（包括两年） 3. 两至三年（包括三年） 4. 三至四年（包括四年） 5. 四年及以上		
[D3]	在您使用养老服务的时间内，平均每个月的医疗支出大概是元？		
	注：请按照李克特五级尺度，让受访者从五个选项里面选择一项他（她）认为最恰当的评价（访员不必念出题干）		

[D4]	在您使用养老服务的时间内，需要有医生会诊吗？ ____ 1. 非常同意　　　　4. 不同意 2. 同意　　　　　　5. 非常不同意 3. 无所谓		
[D5]	在您使用养老服务的时间内，应该配备专业的护士和助理人员吗？ _____ 1. 非常同意　　　　4. 不同意 2. 同意　　　　　　5. 非常不同意 3. 无所谓		
[D6]	在您使用养老服务的时间内，有时候需要有大医院协助转诊吗？ _____ 1. 非常同意　　　　4. 不同意 2. 同意　　　　　　5. 非常不同意 3. 无所谓		
[D7]	在您使用养老服务的期间，应该有专门的保健机构派专门的照护人员协助护理吗？ _____ 1. 非常同意　　　　4. 不同意 2. 同意　　　　　　5. 非常不同意 3. 无所谓		
[D8]	在您使用养老服务的期间，配备必要的无障碍空间设施吗？ _____ 1. 非常同意　　　　4. 不同意 2. 同意　　　　　　5. 非常不同意 3. 无所谓		
[D9]	在您使用养老服务的期间，应该有现代化的医疗服务设备吗？ _____ 1. 非常同意　　　　4. 不同意 2. 同意　　　　　　5. 非常不同意 3. 无所谓		
[D10]	在您使用养老服务的期间，医护人员应该态度亲切有礼貌，仪表干净整洁吗？ _____ 1. 非常同意　　　　4. 不同意 2. 同意　　　　　　5. 非常不同意 3. 无所谓		
[D11]	在您使用养老服务的期间，服务人员应该随时告知确切的服务内容吗？ _____ 1. 非常同意　　　　4. 不同意 2. 同意　　　　　　5. 非常不同意 3. 无所谓		

[D12]	在您使用养老服务的期间，日常照料时应该让人有足够的安全感吗？_____ 1. 非常同意　　　4. 不同意 2. 同意　　　　　5. 非常不同意 3. 无所谓		
[D13]	在您使用养老服务的期间，服务人员能够及时处理各种突发情况吗？_____ 1. 非常同意　　　4. 不同意 2. 同意　　　　　5. 非常不同意 3. 无所谓		
[D14]	在您使用养老服务的期间，服务人员应该具备专业知识吗？_____ 1. 非常同意　　　4. 不同意 2. 同意　　　　　5. 非常不同意 3. 无所谓		
[D15]	在您使用养老服务的期间，护理人员应该及时准备各种日常护理资料吗？_____ 1. 非常同意　　　4. 不同意 2. 同意　　　　　5. 非常不同意 3. 无所谓		
[D16]	在您使用养老服务的期间，护理人员应该了解不同看护者的不同需要吗？_____ 1. 非常同意　　　4. 不同意 2. 同意　　　　　5. 非常不同意 3. 无所谓		
[D17]	在您使用养老服务的期间，看护机构应核准是履行对被看护者做出的各种承诺和协议吗？_____ 1. 非常同意　　　4. 不同意 2. 同意　　　　　5. 非常不同意 3. 无所谓		
[D18]	在您使用养老服务的期间，护理机构能保持不犯错的看护记录，在第一时间就把工作做好吗？_____ 1. 非常同意　　　4. 不同意 2. 同意　　　　　5. 非常不同意 3. 无所谓		
[D19]	在您使用养老服务的期间，附近的自然环境较好，购物方便吗？_____ 1. 非常同意　　　4. 不同意 2. 同意　　　　　5. 非常不同意 3. 无所谓		

续表

[D20]	在您使用养老服务的期间，交通便利，方便和家人团聚吗？_____ 1. 非常同意　　　　4. 不同意 2. 同意　　　　　　5. 非常不同意 3. 无所谓		
[D21]	在您使用养老服务的期间，服务机构应该具备良好的信誉吗？_____ 1. 非常同意　　　　4. 不同意 2. 同意　　　　　　5. 非常不同意 3. 无所谓		
[D22]	在您使用养老服务的期间，服务价格（包括产品售价和入住保证金等）应该尽量便宜吗？_____ 1. 非常同意　　　　4. 不同意 2. 同意　　　　　　5. 非常不同意 3. 无所谓		
[D23]	在您使用养老服务的期间，每月的服务费用（管理费、租金和伙食费等）应该尽量低吗？_____ 1. 非常同意　　　　4. 不同意 2. 同意　　　　　　5. 非常不同意 3. 无所谓		
[D24]	在您使用养老服务的期间，应该满足基本的餐饮服务需求吗？_____ 1. 非常同意　　　　4. 不同意 2. 同意　　　　　　5. 非常不同意 3. 无所谓		
[D25]	在您使用养老服务的期间，应该有专门负责居家清洁打扫的清洁人员吗？_____ 1. 非常同意　　　　4. 不同意 2. 同意　　　　　　5. 非常不同意 3. 无所谓		
[D26]	在您使用养老服务的期间，服务机构可以提供多元的养生娱乐活动吗？_____ 1. 非常同意　　　　4. 不同意 2. 同意　　　　　　5. 非常不同意 3. 无所谓		
[D27]	在您使用养老服务的期间，看护机构能提供必要的健康咨询服务吗？_____ 1. 非常同意　　　　4. 不同意 2. 同意　　　　　　5. 非常不同意 3. 无所谓		

续表

［D28］	在您使用养老服务的期间，看护机构注重被看护者的个人隐私吗？＿＿＿＿ 1. 非常同意　　　　4. 不同意 2. 同意　　　　　　5. 非常不同意 3. 无所谓		

第五部分：保险与保障

［E1］	请问您退休/离休后领取的是下列哪种退休/离休工资或社会养老保险？＿＿＿＿ 1. 公务员退休工资 2. 城镇职工基本养老保险金（城职保） 3. 城镇居民社会养老保险金（城居保） 4. 新型农村社会养老保险金（新农保） 5. 城乡居民社会养老保险金 6. 离休工资 7. 都没有 8. 其他（请注明）		
［E2］	目前是否拥有医疗保险？＿＿＿＿ 1. 有 2. 没有		
［E3］	目前拥有的医疗保险最主要的是哪一种？＿＿＿＿ 1. 公费医疗 2. 单位报销 3. 城镇职工基本医疗保险 4. 城镇居民基本医疗保险 5. 新型农村合作医疗保险 6. 其他（请注明）		

第六部分：健康状况

非常感谢您对我们工作的支持与配合，现在我们简单了解一下您的健康状况。

[F1]	您的身高是厘米？ _____		
[F2]	您的体重是千克？ _____		
[F3]	与同龄人相比，您现在的身体状况如何？ 1. 非常好 2. 很好 3. 好 4. 一般 5. 不好		
[F4]	您在过去一年，有没有生过病？ _____ 1. 有 2. 没有		
[F5]	目前，您觉得以下哪种病是最严重的？ _____ 1. 三高（高血压、高血糖和高血脂） 2. 癌症等恶性肿瘤 3. 慢性肺部疾病等（肺气肿和肺心病等） 4. 肝脏疾病 5. 心脏病 6. 与记忆相关的疾病 7. 关节炎或风湿病等 8. 其他疾病。		

第七部分：对养老产品及服务需求的基本特征

[G1]	您以前有计划过养老吗？ _____ 1. 有 2. 没有		
[G2]	您目前的养老方式，最主要的养老方式是以下哪一种？ _____ 1. 子女赡养 2. 自己储蓄、投资 3. 社会养老保险 4. 离退休工资 5. 商业养老保险 6. 配偶或亲属支持 7. 其他（请注明）		
[G3]	您认为有子女的老人的养老应该主要由谁负责？ _____ 1. 主要由政府负责 2. 主要由子女负责 3. 主要由老人自己负责 4. 政府/子女/老人责任均摊		

续表

[G4]	您希望将来以什么形式养老？_____ 1. 机构养老 2. 家庭养老 3. 社区养老		
[G5]	您觉得以下哪种养老服务最重要？_____ 1. 生活照料 2. 医疗护理 3. 休闲看护 4. 服务照护 5. 经济需求 6. 居住需求 7. 其他		

第八部分：养老的态度和观念

注：请按照李克特五级尺度，让受访者从五个选项里面选择一项他（她）认为最恰当的选项（访员不必念出题干）

[H1]	把钱存在安全的邮局或者银行，不应该拿出去做投资_____ 1. 非常同意　　　　4. 不同意 2. 同意　　　　　　5. 非常不同意 3. 无所谓		
[H2]	节假日应该经常与家人团聚_____ 1. 非常同意 2. 同意　　　　　　4. 不同意 3. 无所谓　　　　　5. 非常不同意		
[H3]	能与家人共进晚餐_____ 1. 非常同意　　　　4. 不同意 2. 同意　　　　　　5. 非常不同意 3. 无所谓		
[H4]	可以参与中国固有的传统文化节日和活动_____ 1. 非常同意 2. 同意　　　　　　4. 不同意 3. 无所谓　　　　　5. 非常不同意		
[H5]	可以经常有机会做一些义工（帮助社区和邻里） 1. 非常同意 2. 同意　　　　　　4. 不同意 3. 无所谓　　　　　5. 非常不同意		

续表

[H6]	老年人应该经常出去旅游观光投入大自然的怀抱_____ 1. 非常同意　　　　4. 不同意 2. 同意　　　　　　5. 非常不同意 3. 无所谓		
[H7]	最好经常有能让自己全力投入的事情_____ 1. 非常同意　　　　4. 不同意 2. 同意　　　　　　5. 非常不同意 3. 无所谓		
[H8]	能够在社会上享有受尊重的地位与权力_____ 1. 非常同意　　　　4. 不同意 2. 同意　　　　　　5. 非常不同意 3. 无所谓		
[H9]	当前社会，金钱是衡量一切价值的标准_____ 1. 非常同意　　　　4. 不同意 2. 同意　　　　　　5. 非常不同意 3. 无所谓		
[H10]	说服家里人，与其把坏掉的旧东西拿去修理，还不如购买新的_____ 1. 非常同意 4. 不同意 2. 同意 5. 非常不同意 3. 无所谓		
[H11]	购买产品前，应该询问亲朋好友的意见后再买_____ 1. 非常同意　　　　4. 不同意 2. 同意　　　　　　5. 非常不同意 3. 无所谓		
[H12]	购买产品时，应该尽量购买国外的产品_____ 1. 非常同意　　　　4. 不同意 2. 同意　　　　　　5. 非常不同意 3. 无所谓		
[H13]	按时起居，饮食定时定量_____ 1. 非常同意　　　　4. 不同意 2. 同意　　　　　　5. 非常不同意 3. 无所谓		
[H14]	老年人应该经常运动，保持身体健康_____ 1. 非常同意　　　　4. 不同意 2. 同意　　　　　　5. 非常不同意 3. 无所谓		

续表

[H15]	应该花钱订阅专门介绍预防保健和有助于健康的或报纸 _____ 1. 非常同意　　　　　4. 不同意 2. 同意　　　　　　　5. 非常不同意 3. 无所谓		
[H16]	婚姻生活一定要有小孩_____ 1. 非常同意　　　　　4. 不同意 2. 同意　　　　　　　5. 非常不同意 3. 无所谓		
[H17]	现代社会还是应该有养儿防老的观念_____ 1. 非常同意　　　　　4. 不同意 2. 同意　　　　　　　5. 非常不同意 3. 无所谓		
[H18]	人应当与时俱进,不断了解新生事物_____ 1. 非常同意　　　　　4. 不同意 2. 同意　　　　　　　5. 非常不同意 3. 无所谓		
[H19]	宁愿住在大城市,不愿意住在郊区_____ 1. 非常同意　　　　　4. 不同意 2. 同意　　　　　　　5. 非常不同意 3. 无所谓		
[H20]	在一个新的陌生环境里,很担心自己的适应能力_____ 1. 非常同意　　　　　4. 不同意 2. 同意　　　　　　　5. 非常不同意 3. 无所谓		

第九部分：养老服务的供给能力评估

[I1]	请问过去的一年里,您的家人(包括子女、亲朋好友)及自己提供的用于生活的资金及物品总共值远? _____		
[I2]	请问今年(截至9月份),您的家人(包括子女、亲朋好友)及自己提供的用于生活的资金及物品总共值元? _____		
[I3]	请问过去的一年里,您觉得政府提供的用于生活的资金及物品总共值远? _____		
[I4]	请问今年(截至9月份),您觉得政府提供的用于生活的资金及物品总共值远? _____		

［15］	请问过去的一年里，您觉得社区提供的用于生活的资金及物品总共值远？ _____		
［16］	请问今年（截至 9 月份），您觉得社区提供的用于生活的资金及物品总共值远？ _____		
［17］	请问过去的一年里，您觉得社会组织提供的用于生活的资金及物品总共值远？ _____		
［18］	请问今年（截至 9 月份），您觉得社会组织提供的用于生活的资金及物品总共值远？ _____		